Jürgen Balitzki
Castorf, der Eisenhändler

Dieses Buch entstand in Zusammenarbeit
mit Radio Brandenburg

Jürgen Balitzki

Castorf, der Eisenhändler

Theater zwischen Kartoffelsalat und Stahlgewitter

Ch. Links Verlag
Berlin

Die Deutsche Bibliothek – CIP-Einheitsaufnahme

Balitzki, Jürgen :
Castorf, der Eisenhändler : Theater zwischen Kartoffelsalat
und Stahlgewitter / Jürgen Balitzki. – 1. Aufl. – Berlin : Links, 1995
ISBN 3-86153-092-9

1. Auflage, September 1995

Zehdenicker Straße 1, 10119 Berlin, Telefon: (030) 449 00 21
Umschlaggestaltung: KahaneDesign, Berlin, unter Verwendung
eines Fotos von David Baltzer/Sequenz
Satz: LVD GmbH, Berlin
Schrift: New Century Schoolbook
Druck- und Bindearbeiten: Wagner GmbH, Nördlingen
ISBN: 3-86153-092-9

Inhaltsverzeichnis

Wenn Castorf – in einer Rückblende auf die DDR-Zeit – den Satz »Wir brauchen ein neues Stahlgewitter« sagt, ordnet ihn die hilflose westdeutsche Kritik gleich neben dem ins Völkische trudelnden Botho Strauß ein, also rechts. Dabei ist dieser von Langeweile geschüttelte Apokalyptiker ein zynischer Moralist aus linker, Brechtscher Tradition.

Peter Glotz

Weil ich so eine tolle Frau bin, vergewaltigt mich Philipp Klapproth inmitten des Kartoffelsalats. Alles riecht sauer und nach Hering. So 'ne Art von Kartoffelsalat kannte ich vorher gar nicht, hätte ich nie gegessen. Sobald ich von der Bühne bin, ist das Zeug eklig. Auf der Bühne aber ist das geil. Man spürt total die Wirkung: Wenn ich langsam aufstehe, mich umdrehe, hinten auf dem schönen schwarzen Kleid der Kartoffelsalat klebt und die Leute aufheulen – das ist wie Streicheln für eine Schauspielerin.

Josephine Krüger

Castorf contra Kultainment
Ein Vorspruch

Castorf trat ins Studio von Radio Brandenburg, unterwarf sich für Sekunden dem Mikrofon-Schock, riß dann die Zunge vom Gaumen, drosselte gewaltsam die Atemfrequenz und begann:

»Also das ganze Ding ist rot mit schwarzen Querstreifen, aus Emaille und garantiert über 80 Jahre alt. Und das verlosen wir für jemanden, der in etwa sagt, was das sein könnte. Und das hat etwas mit dem Theater, das ich vertrete, zu tun – das ist die Volksbühne am Rosa-Luxemburg-Platz ...«

Das Ding hätte eine Kaffeekanne, Waschschüssel oder Lampe sein können – niemand ahnte, daß Castorf ein Firmenschild seines Großvaters beschrieben hatte, niemand wußte mit dem titelgebenden Eisenhändler irgendwas anzufangen. Das spannende Gespräch mit seinem Volksbühnenkollegen Hans Kresnik und dem damals auf die Berliner SPD-Führung hoffenden Walter Momper hielt den debütierenden Rundfunkmoderator zunächst derart in Schach, daß ihm alte Rundfunktugenden auch dann nicht in den Sinn gekommen wären, wenn er sie gekannt hätte. Also rief niemand an – und das wunderbare Firmenschild wanderte in den Jackpot der nächsten Sendung, zu der Sohn Castorf, journalistisch erstaunlich schnell vorangeschritten, ein Interview mit Vater Castorf einbrachte, das die diversen Eisenhändler-Assoziationen sinnfällig machte.

Flotte Radio-Designer würden einen Mann wie Castorf niemals ins Studio lassen, schon gar nicht als Moderator. Flotte Radio-Designer finden pure Kultur langweilig. Sie sprechen lieber von Kultainment, von flott designter, anstrengungslos überhörbarer Kultur eben. Dank flotter Designer mutieren kulturelle Problemfelder in standardisierten, überfrachteten Talkshows tendenziell zu Fußballfeldern, vergleichbar der Bundesliga-Zusammenfassung am Wochenende – Tore, gelbe, rote Karten, knappe Statements, Statistiken, Koordinaten, Kurven, die nur jene interessieren, die sie am Computer programmieren.

Ein Beispiel.

Im Metropolen-Fernsehen stellt eine durchaus professionelle Talkshow-Moderatorin Heiner Müller im Frühjahr 1995 eine Frage. Zu dieser Stunde steht nicht die Zeit, wie Müller sagt, als Immobilie zum Verkauf, sondern das Berliner Ensemble höchstselbst. Müller denkt nach. Husten. Es dauert. Die Moderatorin schickt neue Fragen auf den Weg. Sie ahnt die Nervosität hinter den Regiemonitoren, spürt die Verkrampfung des Publikums. Das Spiel läuft nicht, das Tor will nicht fallen. Müller saugt an der Zigarre, greift zum Glas. Die Moderatorin, professionell eben, läßt auswechseln, kündigt die nächste musikalische Darbietung an. Geschafft. Es ist wieder nett im Studio. Kultainment.

Von Lukas Langhoff, damals noch Castorfs Regieassistent, hatte ich erfahren, daß sein Chef gern Radio machen würde. Da bei Radio Brandenburg gerade eine Reform diskutiert wurde, zu der auch die Erweiterung des Nachtprogramms gehörte, wurden wir bei einem Italiener am Luxemburg-Platz schnell handelseinig. Frank Castorfs antiprofessionelles Anarcho-Radio würde, das war im Herbst 1994 meine Redakteurshoffnung, der Hörerschaft etwas bieten, was in der cliporientierten Hochgeschwindigkeitsästhetik auszusterben droht: ein tatsächliches Gespräch, nicht dem Drei-Minuten-Takt folgend, nicht ehrgeizig auf den Austausch von Aperçus bedacht – privat scheinbar, doch stets mit überraschenden radikalen Ausfällen in die quetschende Enge kultureller und politischer Bastionen, in die diffusen Bereiche gesellschaftlicher Utopien und Apokalypsen. »Es geht um Gott und die Welt, um Brasilien und Heino, um Ernst Jünger und die Stalinallee, um fröhlichen Zynismus und um trotzige Hoffnung – ein entspannter Radiostammtisch, meilenweit entfernt von den üblichen Talkshow-Nichtigkeiten und Politikerphrasen«, hatte Peter Laudenbach in der »Berliner Zeitung« die erste Eisenhändler-Sendung vom 18. November 1994 charakterisiert.

Castorfs Dilettanten-Radio ist eine Wohltat am Frequenzhimmel über Berlin und Brandenburg – wobei ich nicht so tun will, als hätte Castorf den Rundfunk neu erfunden oder gar revolutioniert (dazu müßte er sich wohl eine Lizenz für Radio Volksbühne besorgen). Jedenfalls kam mir spätestens nach der dritten Sendung die Idee, daß eine Essenz dieses entspannten Radiostammtisches durchaus geeignet wäre, Frank Castorf, den das bundesdeutsche Feuilleton einerseits als Irren verunglimpft, andererseits als Intendanten-Punk verkultet (und so nur das eine oder andere Image verdichtet), facettenreich-widersprüchlich, also als Persönlichkeit einigermaßen umfassend einer Leserschaft nahezubringen. Der grundsätzlich einverstandene Verleger riet mir zu einer Materialerweiterung – und so entstand dieses Buch. Sämtliche Castorf-Zitate stammen entweder aus Eisenhändler-Sendungen oder persönlichen Gesprächen bzw. sind, zum geringen Teil, aus öffentlichen Debatten ergänzt. Andere Zitate dienen der Beschleunigung bzw. sachlicher oder ironischer Brechung inhaltlicher Stränge.

Ich bedanke mich bei allen Volksbühnen-Mitarbeitern (also nicht nur bei den Interviewpartnern), speziell natürlich bei Frank Castorf, der mich in seinen privatesten Unterlagen wühlen ließ, dessen »Nibelungen«-Inszenierung beinahe schwer unter meiner journalistischen Penetranz gelitten hätte. Wir haben einige Whisky getrunken, nächtens Gundermann und »You've Got To Move« von den Rolling Stones gehört, Gysis Inszenierung im Berliner Prater gesehen…

Heute stelle ich bei meinen eigenen Sendungen fest, daß mich die merkwürdige Castorfsche Moderationsmethode beeinflußt hat. Noch weiß ich nicht, ob das gut ist.

Jürgen Balitzki
Juli 1995

Von Donald D. zu Rosa L.

Eine montierte Biographie

Abzeichen für Gutes Wissen

Fahnenappell

Broschüre für Pionierleiter: Feierlich ist der Augenblick, da, begleitet vom Trommelwirbel, unsere Fahne langsam den Mast emporsteigt. Zur Eröffnung des Lagers, zum Abschluß und an wichtigen Feiertagen. Schön ist ein Appell, wenn er exakt und diszipliniert verläuft. Dazu muß man den Ablauf kennen.

Pionierfreundschaft – stillgestanden! Zur Flaggenhissung – die Augen links!

Hißt Flagge!

Erste Erinnerungsreihe

F.C.: Humboldthain-Kino, Humboldthain-Bad, Wörther See, Pension Schöller, Ku-Damm, Nürnberger Straße, Flughafen Tempelhof, Sahnebaiser, Schlagsahne, Tarzan, Peter Alexander, Trude Herr, Donald Duck, Heinz Erhardt, Freddy Quinn, Fix und Foxi, Der heitere Fridolin, Lucky Luke.

Ich bin mit der S-Bahn oft zum Westberliner Gesundbrunnen gefahren. Im »Corso«, gleich am Bahnhof, wurden (zum Umtauschkurs von 1 : 1) Filme gezeigt, oder Onkel Tobias vom Rias erzählte Märchen. Die Badstraße bestand damals noch aus lauter Holzbuden, wo Strickjacken in grauenvollen Neonfarben und Silastikhosen verkauft wurden.

Von meinem Vater hatte ich Kriegsspielzeug – Panzer, Haubitzen, Flugzeuge, Soldaten. Ich malte immer Panzer, und in der ersten Klasse fragte mich meine Lehrerin, als sie das Wehrmachtskreuz auf meinen Zeichnungen sah, wie ich denn auf so was komme. Ich weiß nicht mehr, was ich für 'ne Ausrede hatte. Ein anderes Mal nahm mir 'ne Lehrerin eine nette kleine Rakete weg, in deren Spitze man ein Zündplättchen legte, was dann beim Runterwerfen schön knallte.

Das Comic-Heft »Der heitere Fridolin« brachte mir die Geschichte des Koreakrieges bei – auf jeder Seite eine gelbe Masse in braunen Anzügen, also Millionen heimtükkischer nordkoreanischer und chinesischer Offiziere. Das war illustrierte amerikanische Propaganda. Scharf war ich auf die Kaugummi-Automaten mit Totenköpfen und kleinen Pistolen, von denen ich nie was erwischt und mich immer sehr geärgert habe. Aber das entscheidende Erlebnis hatte ich an einer fantastischen Imbißbude: Currywurst und Coca Cola – das war's! Später habe ich oft versucht, den konservierten Geschmack wiederzufinden. Es klappte nie. Die bei Konopke am U-Bahnhof Dimitroffstraße oder am Savignyplatz kommen dem noch am nächsten. Ab und zu fuhr mein Onkel zur Leipziger Messe und brachte mir Zweiliterflaschen Cola mit. Das Zeug war für mich so göttlich, daß ich's mit Wasser gestreckt habe (was den Genuß nicht unbedingt erhöhte). Das waren prägende Sachen und natürlich Filme, im Kino die Werbung und die rumlaufenden Eisverkäufer. Ich trug schwarze und blaue Jeans. Meine Mutter ist ja eigentlich Modezeichnerin und hat mich immer toll mit Westzeug angezogen oder mir Klamotten machen lassen.

Bißchen was Flottes

Mutter Castorf: Damals war's mit Kinderkleidung ganz schlecht. Da ich aus der Modebranche kam, gefielen mir die Sachen aus dem Konsum natürlich nicht. Das war mir zu schnieke. Als wir nicht mehr rüberfahren konnten, habe ich entweder von Westberliner Freunden was bekommen, oder ich kannte jemanden, der Frank einen Mantel geschneidert hat. Als es mit den Jeans kam, war die Situation gelöst. Da hat man eben Jeans gekauft, obwohl es da wieder andere Schwierigkeiten gab: Frank sollte gefälligst nicht mit den westlichen Jeans in die Schule gehen.

Antifaschistischer Schutzwall

F.C.: An der Ecke Pappelallee/Stargarder Straße, mitten im Prenzlauer Berg, lag der Laden (und befindet sich auch heut' noch dort). Aber meine Eltern lebten eigentlich mehr

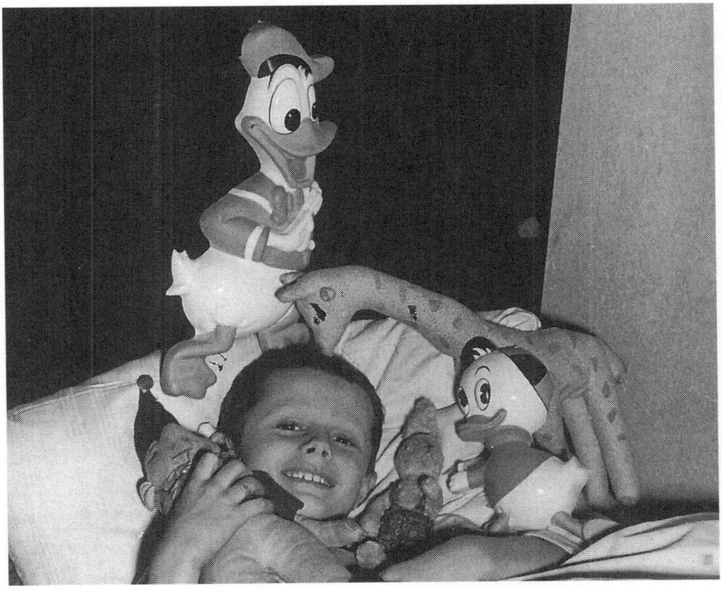

Donald-Duck-Fan mit fünf Jahren (1956), Comic-Leser und Kino-Gänger mit 13 Jahren

im Westen. Ich sollte auf ein Westberliner Gymnasium gehen, und wenn nicht das Geschäft gewesen wäre, wären meine Eltern auch abgehauen. Das sind eben die Bausteine des Kleinbürgertums: Man versucht zu verteidigen, was man hat. Mein Vater wollte selbständig bleiben und hat deshalb Angebote abgelehnt, in Westberlin als Geschäftsführer zu arbeiten. Dann kam die Mauer.

Noch am Vorabend des Mauerbaus waren meine Eltern drüben im Kino, hatten aber nichts mitbekommen. Jede Menge Gerüchte kursierten, an die Nervigkeit kann ich mich erinnern. Ulbricht war in Moskau, der berühmte Satz fiel, niemand hat die Absicht, eine Mauer zu bauen. Vorher schon durften die Grenzgänger nicht mehr zu ihren Arbeitsstellen in den Westen. Dann fuhren die Panzer die Bornholmer Straße rauf, und meine Eltern sind mit mir von Grenzübergang zu Grenzübergang gefahren – eine apathische Stimmung. Bekannte von meinen Eltern sind reihenweise in den Westen gegangen. Jeder redete von der Mauer, aber keiner hat's wahrhaben wollen. Danach gab's eine Zeit ungeheurer wirtschaftlicher Schwierigkeiten. Laufend kam der Steuerprüfer ins Haus, und meinem Vater gelang es, sich mit ihm anzufreunden. Er hatte Hunderttausende Mark Schulden, was für den Osten unheimlich viel Geld war. Mein Großvater hatte, bevor er das Geschäft meinem Vater überschrieb, das gesamte Warenkapital aus der Vorkriegszeit nach Westberlin gebracht. Dadurch war keine Warendecke da. Ich kann mich nur an Schulden erinnern und an Kuckuck-Zettel, die überall klebten. Mein Vater ist dann in die NDPD eingetreten, wurde anfangs als Kommunalpolitiker gewählt und bei der nächsten Wahl aus irgendwelchen Gründen nicht mehr aufgestellt. Wenigstens konnte er von dieser Partei größere Aufträge bekommen, wodurch er Mitte der siebziger Jahre halbwegs saniert war.

Ich wollte in die Pionierorganisation. Trommeln, Uniform und Pioniertuch fand ich schon gut. Und in der 8. Klasse ging ich in die FDJ. – Der Westen war einfach weg, der hatte nicht so 'ne wahnsinnige Dominanz. Viel hatte sich für mich auch nicht verändert: Meine Schulfreunde blieben die gleichen, auch die Freunde in der Straße. Erst 1964 passierte etwas Einschneidendes, als nämlich mein bester Freund durch einen Tunnel in den Westen abhaute. Zu dieser Zeit war ich bekennender Antikommunist. Mein Freund und ich (Kaugummi von meiner Tante im Mund, mit Pepitaanzug, rotschwarzgeringelten Socken und Bürstenschnitt), wir standen am Grenzübergang, und als uns die Grenzer wegscheuchen wollten, sagte ich: Ach, nicht mal gucken kann man, Scheißsystem! Später allerdings habe ich mich geändert und den historischen Fortschritt für mich entdeckt.

Abitur und Prager Frühling

Abitur war ein Brückenschlag in ein anderes Leben, zu anderen Leuten, zu einer Freundin (von der Kant-Oberschule), die ich sehr gemocht habe, die ich sehr bewundert habe, die eher aus einem aufgeklärten, intellektuellen großbürgerlichen Haushalt kam, was mir maßlos imponierte.

Ein bißchen Abitur, zwei Tage in der Woche Berufsausbildung – das war Freizeit. Ich habe Reichsbahnkarten verkauft und sollte beispielsweise auch Reisende in den Zügen kontrollieren, was mir sehr peinlich war. Peinlicher war allerdings, mit der Reichsbahnuniform rumzulaufen. Ich bin immer an den Häuserwänden langgeschlichen. Damals war ich relativ klein, vielleicht ein Meter fünfundfünfzig. Und das sah nun wirklich aus wie Schulabgang nach der sechsten Klasse (was mit dem kollidierte, was meine Eltern und meine Großmutter von mir dachten, anderen über mich erzählten, und was ich selbst von mir hielt). Die langen Haare unter der Mütze waren systemkritisch, die blauen Reichsbahnerhosen – es war die Zeit der Röhrenjeans – wurden ganz eng gemacht, dazu gelbe Strümpfe und rote Kordschuhe. Und unbedingt die Rolling Stones.

Meine Großmutter brachte mir manchmal abgegriffene Groschenhefte mit, was mich 1965 dazu veranlaßte, meinen ersten Roman zu schreiben. Eigentlich wollte ich von jungen Ungarinnen bewundert werden. Anstatt mit ihnen im Balaton baden zu gehen, saß ich am Strand und schrieb etwas, was stark von Jerry Cotton und Phil Decker beeinflußt war. Später las ich daraus ein paar Auszüge in einem »Zirkel schreibender Pioniere«. Ich hatte sogar Besuch von Älteren, die dachten, dieses Talent müsse gefördert werden. Sie waren dann doch etwas enttäuscht von der selbstproduzierten Schund- und Schmutzliteratur, wie das damals bei uns hieß.

1966 habe ich angefangen, Marx zu lesen – eine gute Ausgangsposition zur Erringung der Abzeichen für gutes Wissen in Silber und Gold im FDJ-Studienjahr. Andererseits erlaubte ich mir, beim 66er Nahostkrieg in der Schule eine Liste auszulegen und meine Mitschüler aufzurufen, für die Israelis zu unterschreiben – kann ja wohl nicht sein, daß wieder Auschwitz ... Meine Unterschrift blieb dann wohl die einzige, weil die Liste sofort beim Direktor landete. Der sagte: Castorf, jetzt ist Schluß. Vorher hatte ich schon mal mit Freunden aus der 12. Klasse, die dann relegiert wurden, in der chinesischen Botschaft in Berlin-Karlshorst Propagandamaterial geholt – Abzeichen, Maofibeln und so'n Zeug. Damals meinten sie noch, ich sei blöd. Doch jetzt war Schluß.

Auf Empfehlung meines späteren Uni-Professors Ernst Schumacher bin ich in die Laienspielgruppe unserer Schule gegangen und habe gleich alle Hauptrollen gespielt. Ein Stück wurde von einem grauenvoller Fernsehregisseur inszeniert, der das große Werk »Ich, Axel Cäsar Springer« gedreht hatte. Der ließ uns »Zwei in einer kleinen Stadt« von Reiner Kerndl spielen, abgedruckt in der NDL 1966, zu einer Zeit, als die früher verteufelte Kybernetik wieder hoffähig war. Der Held hatte in einem großen Rechenzentrum gearbeitet, sich in die Provinz verdrückt und sollte nun, nach der kybernetischen Wende, zurückkommen. Schulfreunde besuchten ihn, unter ihnen ein Grenzoffizier, der ihn agitatorisch zur Rückkehr bewegen wollte. Natürlich geht der Held am Schluß des Stückes wieder in die große Stadt. Nur bekleidet mit einer Dreiecksbadehose, hatte ich unter einer Decke 'ne Liebesszene mit einer, die mir sehr gefiel. Leider hatte sie einen älteren Freund. In gemalten Pappkulissen ging der Abend über zwei Stunden im fürchterlichsten 60er-Jahre-DDR-Realismus. Dann brach in der Schülervorstellung eine Kulissenmauer zusammen und flog anderthalb Meter runter. Hat Spaß gemacht.

An der Klement-Gottwald-Oberschule hatte ich Tschechisch-Unterricht – das war ein Grund, warum wir oft im Haus der Tschechoslowakischen Kultur in der Friedrich-

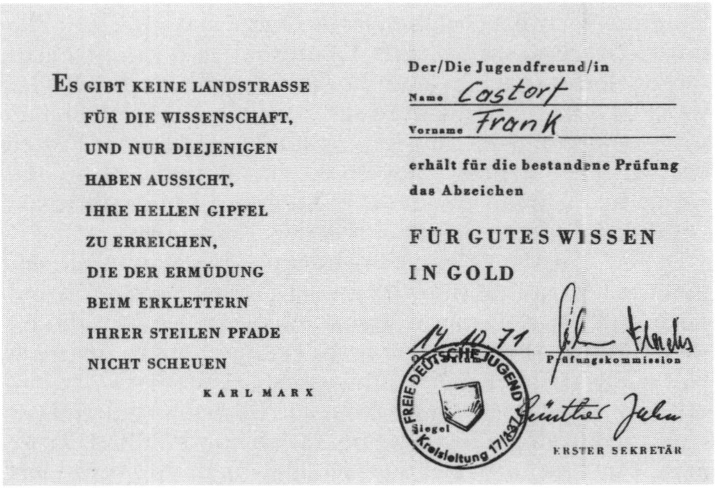

Es gibt keine Landstrasse
für die Wissenschaft,
und nur diejenigen
haben Aussicht,
ihre hellen Gipfel
zu erreichen,
die der Ermüdung
beim Erklettern
ihrer steilen Pfade
nicht scheuen

KARL MARX

Der/Die Jugendfreund/in

Name Castorf

Vorname Frank

erhält für die bestandene Prüfung
das Abzeichen

FÜR GUTES WISSEN
IN GOLD

14.10.71
Ort, Datum

Prüfungskommission

FREIE DEUTSCHE JUGEND
Siegel

Günther Jahn
ERSTER SEKRETÄR

Oberschulzeit mit Tschechisch-Unterricht und Prag-Wochenenden (1965-69) straße waren. Dort bekamst du Stones- und Beatles-Platten, die es im Osten sonst nicht gab, dort gastierte das legendäre Schwarze Theater, und du konntest ziemlich verrückte neue Filme sehen, u.a. frühe Milos-Foreman-Sachen. Das war eine Ästhetik, die einem Heranwachsenden genau entsprach, z.B. der Film »Ende August im Hotel Ozon«. Der spielte nach einem Atombombenschlag – total grüne Gegend, alles kaputt, eine Horde von sieben Frauen zieht marodierend durch die Landschaft. Eine Lichtung tut sich auf, ein Rindvieh steht da, das sie mit ihren Fingernägeln umbringen. Dann kommen sie in das Hotel Ozon, wo sie einen alten blinden Mann und einen Jungen vergewaltigen. Später rächen die sich natürlich. Total grausam mit starken sexuellen Momenten.

Damals war ich jedes zweite Wochenende bei Freunden in Prag. Wir zogen durch Diskotheken und hörten eine Rockband nach der anderen. Da ging das Herz auf, rote Fahnen und glückliche Leute, Platten, die's in der DDR nicht gab, Untergrundzeitschriften, Literatur ... Das war 'ne ganz wichtige Prägungszeit. Ging total ab. Der »Popmusic-Express« war damals die ultimative Rockzeitschrift. Jiri Korn sang noch in einer Rockband, auch Vaclav Nečkar war viel härter. Meine Freunde waren in der Gastronomie tätig und damit beschäftigt, Westgeld zu kriegen. Für sie bestand nach dem Einmarsch die Katastrophe darin, daß sie nicht mehr an dieses Geld kamen. Ihr Verhältnis zu Dubček definierte sich über das rein Konsumtive.

Der 21. August 68 war ein Hammer. Ich war gerade mit meinen Eltern in Zinnowitz an der Ostsee, saß im Strandkorb und hörte davon in meinem kleinen Kofferradio namens Micki. Das war der erste richige Schlag für mich, viel mehr als 1961. Ich wußte, was das bedeutet.

In der Schule redeten sie dann von Revisionisten und verbaten uns weitere Besuche im Tschechen-Pavillon. Trotzdem: Für uns hatte sich unmittelbar nicht viel verändert, denn wir konnten ja noch bis 1970 visafrei hinfahren. Die Russen haben damals wahnsinnig viel Geld reingepumpt, wodurch du noch mehr kaufen konntest als vorher.

Zweite Erinnerungsreihe

Eisenbahner, Rahnsdorf, Gentlemen, Joko Dev, Continentals, nachgespielte Rolling Stones, Summertime Blues von Blue Cheer, Modern Soul Band, Werner Holt, Mila-Kino, Abenteuer in Rio, Fechtfilme, SFBeat, Anything Goes, Hippie Kraesze, Underground, Zappa, kein DT 64, 'ne Freundin an der Kant-Oberschule.

Was ich studieren sollte, wußte ich nicht. Fast hätte ich an der Dresdner Verkehrshochschule angefangen. Weil volkswirtschaftlich wichtig, hat man dort fast jeden genommen. Unser Lehrobermeister meinte jedoch, ich solle es doch lieber sein lassen. Nun waren meine Eltern mit Prof. Wolfram Heicking befreundet, einem Komponisten und Musikwissenschaftler von der Musikhochschule Hanns Eisler. Als Studienfach empfahl Heicking Theaterwissenschaften – er kenne da jemanden. Dieser Jemand war Prof. Ernst Schumacher. Ich habe mich beworben, nicht wissend, was das eigentlich ist – fürs Theater hatte ich mich wahrlich nicht interessiert. Nicht früh aufstehen zu müssen, wäre allerdings eine wichtige Triebfeder zur Wahl dieses Berufes gewesen. Meine erste Bewerbung verlief positiv. Da die eigentlich Leute mit praktischer Erfahrung vorzogen, bewarb ich mich von der Armee aus noch mal. Diese Unterlagen möchte ich gern mal wieder lesen. Ich habe da ein Hohelied auf die Nationale Volksarmee, auf die Kameradschaft, die Solidarität, die Überwindung der Teilung von Kopf- und Handarbeit und die Aufhebung der Unterschiede zwischen Stadt und Land gesungen. Den Grundgestus dieses Traktats möchte ich als hocheuphorischen, deshalb wenig reflektierten Opportunismus bezeichnen.

Form, Schnitt und Farbe

»Ich werde Soldat«, DDR-Staatsverlag 1983: Die Uniform kennzeichnet den jeweiligen Bürger als Angehörigen der Nationalen Volksarmee. Ihre Form, ihr Schnitt bzw. ihre Farbe sind von unserem Staat durch den Minister für Nationale Verteidigung festgelegt. Durch die Uniform drückt unser Staat seinen Stolz auf seine Streitkräfte aus. Sie ist das Ehrenkleid der Angehörigen der Nationalen Volksarmee. In gewisser Beziehung hebt sie den Betreffenden aus der Anonymität heraus und alle anderen erwarten von ihm,

daß er sich so verhält, wie man es von einem Armeeangehörigen verlangen kann, wie es einem Verteidiger des Sozialismus entspricht.

Kühe und Schafe bewacht

F.C.: Ich war bei den Grenztruppen im Norden stationiert, wurde auch gefragt, ob ich notfalls mit der Waffe umgehen würde, was ich nicht verneinte. Ich stand damals an einem 80 cm hohen Zaun am Ratzeburger See – hätte rübersteigen können, wär' im Westen gewesen. Das kam mir damals nicht in den Sinn. Meine Freundin, die mich unbedingt heiraten wollte (gedacht als Machtprobe, um mich aus meinem Elternhaus zu reißen), hat mich in dieser Zeit verlassen, und das war das einzige, was mir an der Armee gar nicht gefallen hat. Dann gewöhnte ich mich dran und lernte Tierzüchter, Schweinezüchter, Agronomen und Agrotechniker kennen, denen ich sonst nicht begegnet wäre (im Hinterland durfte ich nämlich Kühe und Schafe bewachen, denn Berliner durften höchst selten ganz vorn an der Grenze Dienst tun). Nach einem halben Jahr konnte ich mich in dieser deutschesten aller deutschen Institutionen ganz gut bewegen und, aus Kenntnis des Militärgesetzbuches der DDR (vielleicht auch mit einem Schwejkschen Ansatz), anderen Leuten helfen, die vielleicht nicht so denken, nicht so formulieren konnten, auch mehr Angst hatten. Das war gewissermaßen praktizierte Anarchie in einer deutschen Institution, ohne diese grundsätzlich in Frage zu stellen.

Geschäftsinteressen

Vater Castorf: Als Sohn eines privaten Einzelhändlers war die Entwicklung von Frank benachteiligt. Für die SED waren wir privatkapitalistisch, da zählte die geschäftliche Leistung nur sekundär. Weil wir weder zur HO noch zum Konsum gehörten, war Frank eben kein Arbeiterkind, und seine Leistungen mußten demzufolge immer weit über der Norm liegen – sonst wäre er nicht weitergekommen. Und da die Lehrer auch gute Genossen waren, bemühten sie sich um die schulische Planerfüllung mit Arbeiterkindern, denn Arbeiterkinder mußten gefördert werden. Es war schwierig, aus dem Privatbereich Kinder in die Oberschule zu kriegen.

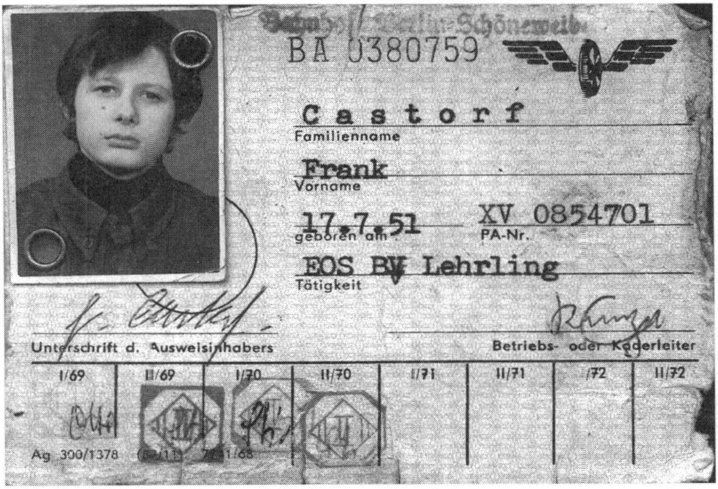

BA 0380759

Castorf
Familienname

Frank
Vorname

17.7.51 geboren am

XV 0854701 PA-Nr.

EOS BV Lehrling
Tätigkeit

Unterschrift d. Ausweisinhabers

Betriebs- oder Kaderleiter

I/69	II/69	I/70	II/70	I/71	II/71	I/72	II/72

Ag 300/1378

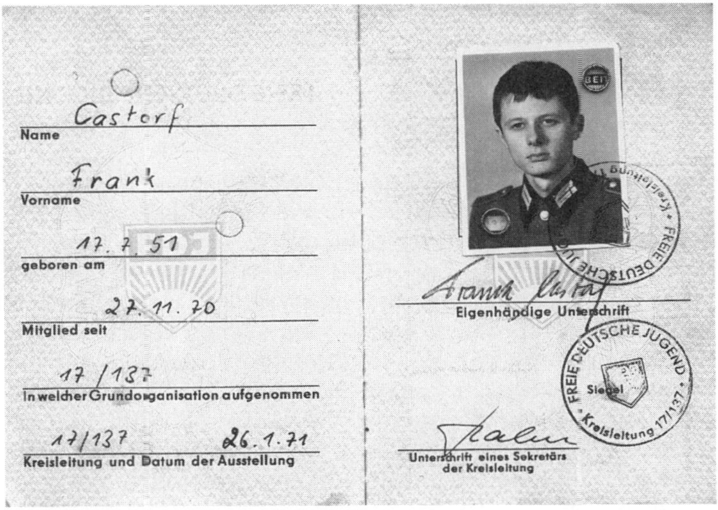

Castorf
Name

Frank
Vorname

17. 7. 51
geboren am

27. 11. 70
Mitglied seit

17 / 137
In welcher Grundorganisation aufgenommen

17/137 26. 1. 71
Kreisleitung und Datum der Ausstellung

Eigenhändige Unterschrift

FREIE DEUTSCHE JUGEND Siegel Kreisleitung 17/137

Unterschrift eines Sekretärs der Kreisleitung

Reichsbahn-Lehrling (1969/70) und Grenz-Soldat (1970/72)

F.C.: Ich hatte lange Zeit Probleme, weil mein Vater so bekannt war, weil die Leichtmetalljalousetten in der DDR sehr begehrt waren. Dadurch hatte ich frühzeitig Kontakt mit berühmten Theaterleuten wie Manfred Wekwerth, der schlicht und einfach seine Westdevisen woanders verjubelte und lieber eine Ost-Jalousette vorzog, auf die man normalerweise fünf Jahre warten mußte. Und er suggerierte immer, daß am Berliner Ensemble oder woanders vielleicht irgendwas möglich wäre. Das hat allerdings nicht geklappt, war die Illusion eines Kleinbürgers, meines Vaters. Wenn ich mich irgendwo vorstellte, kam der Satz: Sind Sie nicht der Sohn von Castorf, dem Eisenhändler? Vorm Krieg war das 'ne sehr reputierliche Firma mit einem breiten Warensortiment und einer ungeheuren Materialqualität. Die Firma wurde 1889 gegründet, hat die Wilhelminischen Jahre, die Weimarer Republik und die Weltwirtschaftskrise, den Faschismus und den DDR-Sozialismus überlebt. Das ist schon eine erstaunliche Fähigkeit, privat durch die Zeiten zu kommen. Darauf war mein Vater sehr stolz. Trotzdem hat er mich nie gedrängt, diese Tradition fortzusetzen, mir jedoch – ohne nach dem Sinn zu fragen – finanziell geholfen.

Vater Castorf: Daß Frank unser Geschäft eines Tages übernehmen könnte, habe ich von vornherein völlig ausgeschlossen, und zwar wegen der politischen Situation. Für Ostverhältnisse war der Laden ein großer Betrieb an einer attraktiven Ecke mit acht Schaufenstern. Das war gefährlich, weil selbstverständlich die HO an solchen Geschäftsräumen interessiert war. Wir mußten damit rechnen, daß der Staat perspektivisch keinen privaten Einzelhandel, sondern nur noch die Form einer Verkaufsstellenführung zugelassen hätte – die Tendenz war ja eindeutig vorhanden. Verkaufsstellenleiter hätten 400 oder 500 Mark verdient, allerdings mit der Verantwortung für sechs, sieben Leute. Also war ich von vornherein dagegen, wohlwissend, daß es für mich und das Geschäft eine Benachteiligung bedeutet.

F.C.: Wenn ich von Kleinbürgerlichkeit rede, meine ich eine bestimmte soziale Schichtung, eine Tradition, wie man zu leben hat, wie man Familie zu bilden, Kinder zu erziehen hat, wie man ein nützliches Mitglied der menschlichen Gesellschaft wird. Solche Sachen habe ich gelernt und frühzeitig die Aversion dagegen entwickelt. Auf der anderen Seite kenne ich dieses Kleinbürgertum von innen, Familienfeiern, die mit einem starken Alkoholpegel auch sehr unterhaltsam sind – theatralische Aktionen der Sinnlichkeit. Irgendwann griff Onkel Walter der Tante Erna unter die Achseln. Es fing immer ganz harmlos an, mit großer Übersichtlichkeit, und zum Schluß waren's immer Saalschlachten. Das waren erste Detailbeobachtungen, von denen ich der Meinung war, die dürfen nicht vergehen, die muß man aufzeichnen, im Gedächtnis bewahren und weitergeben. Da habe ich meine Dramaturgie kennengelernt: es fängt ordentlich an oder, noch einfacher, vorher/nachher. Darüber müßte man, dachte ich mir, einen Vierzeiler machen oder ein bißchen Theater.

Wir leben ja augenblicklich in einer Gesellschaft, wo sich das Kleinbürgertum in seiner mentalen Ausprägung flächendeckend durchgesetzt hat, wo sich das Großbürgertum intensiv verkleinbürgerlicht. Und das ist in Deutschland Ost nicht anders als in Deutschland West. Wobei wir im Osten einen entscheidenden Vorteil haben: Wir wissen, daß wir nur graue kollektive Masse sind, weshalb wir auch keine Probleme haben, uns mit dem Milchmann zu unterhalten. Die West-Gesellschaft ist von ungeheuren Individualisten geprägt, die ungern von Abhängigkeit oder Dürftigkeit ausgehen. Das mußten wir in der DDR einfach trainieren, und ein Akademiepräsident Wekwerth mußte sehen, daß er mit dem kleinen Eisenhändler Castorf gut auskam. Der hatte seine Interessen, und das schafft einen sehr freundlichen Umgang miteinander.

Vater Castorf: Vom Grundsatz wird der Begriff Kleinbürger schon zutreffen, obwohl Bekannte dagegen opponiert haben, als sie Frank mit dieser Bemerkung hörten. Die waren nämlich alle der Meinung, wir wären nicht zum Kleinbürgertum zu zählen. Ich bin schon der Meinung, daß da was dran ist. Man kann auch sagen, ein gewisser Mittelstand ist erreicht worden – und nicht mal ein ganz schlechter. Mich trifft das nicht, muß ich sagen.

Schwarzer Kriegsprofi

F.C. in einer Studentenarbeit von 1974 zur Shakespeare-Rezeption des Regieteams Karge/Langhoff an der Volksbühne:

Othello hat also seinen »Burgfrieden« geschlossen, aber in dieser Welt der Scheinliberalität wird er nie den Zweifel, das Mißtrauen ablegen können. Man braucht ihn seiner militärischen Fähigkeiten wegen, das weiß er, geliebt wird er nicht, und selbst wenn es jemand tut, so will »... er diese Zuneigung als Lüge entlarven«.

So ist Othello eigentlich von vornherein eifersüchtig, er ist der realistisch denkende Stratege, der plötzlich von einer grenzenlosen Liebe gepackt wird. Othellos Liebe zu Desdemona ist von Anfang an mit diesem Widerspruch belastet, so werden seine Aktionen verständlich, die einen Höhepunkt mit der Szene des sich auf dem Boden wälzenden und stöhnenden Othello finden. Das Schicksal des Othello ist tragisch, aber es wird aus der Distanz gezeigt. Bisher zeigte man das Wesen der Figur fast nur anthropologisch – jetzt löste man es sozial auf. Er ist in dieser Inszenierung nicht mehr direkter Antipode des schurkischen Jago, nicht mehr übermächtiges Symbol des Guten, Tragischen, nicht mehr der in die Intrige gestoßene Neger schlechthin, sondern vielmehr ein schwarzer Kriegsprofi, der die Wolfsgesetze Venedigs respektiert und sich ihrer bedient.

Nichts wurde ausgeklammert

Erhard Ertel: 1972 – das war erst vier Jahre nach den 68er Ereignissen und dem Ende des Prager Frühlings. Die meisten unseres Studienjahres hatten um 68/69 ihr Abitur gemacht. Diese Phase war durch starke politische Veränderungen und durch starke kulturelle Akzente gezeichnet – 1973 Chile, 1975 Saigon und die KSZE, der Zusammenbruch der portugiesischen Kolonien. Das waren globale Hoffnungsmomente. Diese Umbrüche schlugen in eigene rabiate Haltungen um. Das heißt nicht, daß jeden Tag Krawall oder irgendwas Spektakuläres stattfand. Das Rabiate bezieht sich eher auf die Denkweise. Die Leute kamen nicht so motiviert für das Fach, für das Studium an die Uni, sondern sie waren ziemlich stark politisiert, ziemlich aktiv.

Anfang der 70er Jahre waren wir häufig in Polen. Reisen war beschränkt, also fuhren wir nach Osten. Die polnische Kultur – Rock, Jazz vor allen Dingen, Film, Theater – gehörte seinerzeit wahrscheinlich zu den wesentlichsten Szenen Europas. Und wenn man zum Sopoter Jazzmarathon fuhr, wo sechs, acht Stunden die besten Avantgardebands spielten, dann hatte das auch viel von dem, wovon man meinte, so könnte Woodstock gewesen sein. Auf den Osten bezogen, gab's Aufbruchsmomente. Daß dies unter Umständen der Anfang vom Ende war, steht auf einem anderen Blatt.

Wir hatten das große Glück, daß sich die kunstwissenschaftlichen Disziplinen an der Humboldt-Uni intensiv damit auseinandersetzten und dabei klug genug waren, aufs Öffnung signalisierende Begriffspaar Weite und Vielfalt zu setzen. Nun ist auch die Theaterwissenschaft eine ziemlich abwegige Disziplin in einem Universitätsgebilde. Wir saßen fernab vom Schuß, die Ausbildung kannte keine Tabus, bei uns hörte die Moderne nicht vor dem Ersten Weltkrieg auf, sämtliche Ismen wurden zur Kenntnis genommen, waren Teil der Ausbildung. Bei solchen interessanten Sachen wie dem Dadaismus versuchten wir an Land zu ziehen, was nur greifbar war. In dieser Bewegung lag eine unglaubliche Faszination, vor allem auch wegen des Schritts aus dem Theatertempel hinaus, hinein in die Realität, auf die Straße. Und hier kamen auch wieder die Erfahrungen der 68er zum Tragen: Straßenaktionen, Rockmusik, Happening. Wir waren nicht nur intellektuell beeindruckt, sondern angedockt durch die eigene Biographie. Und deswegen tauchen diese Dinge auch in Castorfs Theater auf, weil sie zweierlei immer berühren die künstlerische und gleichzeitig die alltagspolitische Seite, verbunden mit einem Aspekt, der der hehren Kunst stets abgeht: Diese Ismen waren und machten fähig, sich selbstironisch zu verhalten. Im Prinzip waren es vor allem die kulturellen, künstlerischen Prozesse der ersten Jahrhunderthälfte, die den stärksten Einfluß hatten, allerdings nicht beschränkt auf Westeuropa, sondern die gesamte osteuropäische Avantgarde einbeziehend, vor allem die russische. Das Theater betreffend, sind das Meyerhold, Tairow, Wachtangow.

Es gab an der Humboldt-Universität seinerzeit eine starke Besetzung mit den Professoren Schumacher, Fiebach und Münz, die völlig verschiedene Spezialgebiete vertraten und dabei ein Spektrum bedienten, das ohne Tabus einen Weg vorbei am Eurozentrismus einerseits und Sozialismus-Zentrismus andererseits suchte. Und in allen drei Fällen spielten mediale, subkulturelle Aspekte eine große Rolle, was natürlich die Erfahrungen und Interessen junger Menschen nährte. Aus heutiger Perspektive war das ein Glücksfall. Es gibt eben Momente, wo eine bestimmte Generation mit bestimmten Erfahrungen für eine bestimmte kurze Zeitspanne Möglichkeiten hat, ihr Denken zu entfalten und zu trainieren.

F.C.: Es war ein kleiner Wissenschaftsbereich, der von loyalen Menschen geführt wurde, die ein Interesse daran hatten, daß man auch das, was politisch querliegt, zur Kenntnis nehmen darf. Wir konnten lesen, was wir lesen wollten, also die ganze linksradikale Literatur oder Schopenhauer, Nietzsche, die Frankfurter Schule, auch Ernst Jünger. Mich hat damals zugleich die stalinistische Phase der Sowjetunion und deren Auswirkungen auf die DDR interessiert. Das konnte man zur Kenntnis nehmen (was schon ein großes Privileg war). Dieses Studium war wie ein Elfenbeinturm. Es war die Zeit vor 1976, also vor der Biermann-Affäre, es war die frühe Honecker-Zeit mit dem berühmten Slogan: Es gibt keine Tabus. Mit dem verbanden wir 'ne gewisse Hoffnung auf gesellschaftliche Veränderungen. Ein, zwei Jahre später merkte man, daß diese kleine Stabilisierung, dieser kleine Kapitalismus der Honecker-Zeit schlimmer war als die Indoktrinierung der Ulbricht-Ära, wo ja tatsächlich noch der Versuch unternommen worden war, eine andere Gesellschaft, die sozialistische Menschengemeinschaft, zu installieren, verbunden mit dialektischen Tricksereien wie Überholen ohne Einzuholen.

Starke Neigung zur Reibung

Erhard Ertel: Frank Castorf war einer der theoretischsten Köpfe. Hätte man damals gewettet, hätte wohl keiner dar-

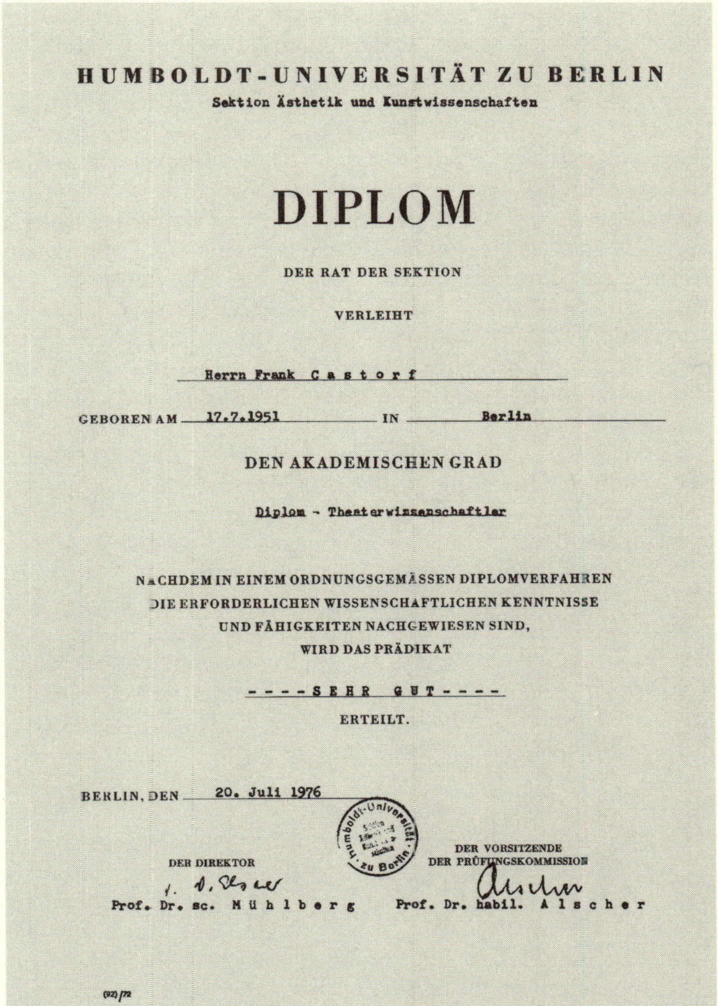

HUMBOLDT-UNIVERSITÄT ZU BERLIN

Sektion Ästhetik und Kunstwissenschaften

DIPLOM

DER RAT DER SEKTION

VERLEIHT

Herrn Frank C a s t o r f

GEBOREN AM 17.7.1951 IN Berlin

DEN AKADEMISCHEN GRAD

Diplom - Theaterwissenschaftler

NACHDEM IN EINEM ORDNUNGSGEMÄSSEN DIPLOMVERFAHREN
DIE ERFORDERLICHEN WISSENSCHAFTLICHEN KENNTNISSE
UND FÄHIGKEITEN NACHGEWIESEN SIND,
WIRD DAS PRÄDIKAT

- - - - S E H R G U T - - - -

ERTEILT.

BERLIN, DEN 20. Juli 1976

Humboldt-Universität zu Berlin

DER DIREKTOR

Prof. Dr. sc. M ü h l b e r g

DER VORSITZENDE DER PRÜFUNGSKOMMISSION

Prof. Dr. habil. A l s c h e r

(92)/72

Studium im Elfenbeinturm (1972–76)

auf gesetzt, daß er es sein würde, der die größte praktische Karriere macht. Er hatte aber auch keine Ambitionen, an der Uni zu bleiben. Er ging ans Theater nach Senftenberg. Mir war damals auf jeden Fall klar, daß er die funktionale Einengung auf die Dramaturgenposition mit Sicherheit nicht aushalten kann. Dazu interessierte ihn viel zu sehr der Gesamtprozeß, und es hätte von dorther sofort Streit und Ärger gegeben, und da er sehr polemisch auftritt, wäre eine solche Beschränkung ein Unding gewesen. An der Uni hatte jeder seine Regieambitionen. Also war absehbar, daß mit dem Schritt zum Theater auch der Versuch kommen würde, im guten Sinne ziemlich eigensinnig die ganze Sache selbst zu bestimmen. Warum sollte er jemandem zuarbeiten, anstatt es selbst zu machen.

Er hatte eine unglaublich starke Neigung, sich zu reiben, aber nicht der Reibung wegen, sondern des eigenen Beharrungswillens wegen. Er bevorzugte eine außerordentlich polemische Art, verbunden mit einer Fähigkeit, diese Polemik pointiert vorzutragen – was nur geht, wenn im Kopf Klarheit herrscht. Aber Ambitionen zu einer Führungsrolle waren eher nicht vorhanden. Auch heute ist das Leiten für ihn eher eine Qual. Er kennt sicherlich seine Rolle als Person, und die Leitung ist auch nicht übertragbar – aber Spaß macht ihm das bestimmt nicht. Er weiß aber, daß er eine bestimmte Rolle spielen muß.

Kleine Bomben produzieren

F.C. in einem an die Stasi weitergeleiteten Gespräch vom 22.9.1988: Ich wollte an der Humboldt-Universität bleiben. Ich wollte eigentlich einmal über so eine Aspirantur einen akademischen Weg einschlagen, was mich damals sehr interessiert hat. Ich bin dann aber zufällig in der Praxis hängengeblieben, irgendwann durch Zufall nach Senftenberg gegangen. Mir hat das immer Spaß gemacht, in den Entfernungen von Berlin zu arbeiten, weil ich eigentlich den Zentralismus, den die Kunst in der DDR widerspiegelt, der durch Berlin repräsentiert wird, nicht gut finde. Ich glaube, daß ungeheuer viele Potenzen in ganz vielen Häusern sitzen. Es wäre wichtig, daß gute Leute massenhaft auch diese Chance nutzen und in den Randsphären eigentlich immer wieder kleine Bomben oder Spannungsherde, was mit Spaß behaftet ist, produzieren.

Ich finde, er wiederholt sich

Prof. Joachim Fiebach: Die Zeit zwischen 1972 und 1976 war günstig, was das Theaterleben selbst betraf – es war die große Ära der Volksbühne und der zweite Versuch, das Berliner Ensemble mit Ruth Berghaus bedeutsam zu machen. Am Institut haben wir versucht, Theater und Kunst als eine ungeheuer offene, bewegliche Tätigkeit zu betrachten.

Das Studienjahr war außerordentlich gut. Es gab zwei, die waren besonders hervorstechend – Castorf und sein Freund. Castorf fiel mir als besonders intelligenter Mensch auf.

Damals war nicht zu sehen, daß sich er oder irgendein anderer besonders für den Horizont des Dadaismus interessiert hätte. Das mußte wahrscheinlich erst mal sortiert werden. Ich nehme an, dies hat sich in seiner praktischen Theaterarbeit so herausgebildet.

Der Zech an der Volksbühne und der Ibsen in Anklam, wo sein Inszenierungsprinzip deutlich wurde, haben mir am besten gefallen. Seit Mitte der 80er Jahre hat sich diese Linie, diese eigenartige Sicht, Theater zu machen, ganz klar herausgebildet.

Wer ihn heute als Stückezertrümmerer bezeichnet, muß wissen, daß dies seit Mitte der 60er Jahre nichts Neues im europäischen Theater und zudem auch nicht das wichtigste an seinen Inszenierungen ist, sondern seine Methode, Szenen oder Vorgänge zu nehmen, sie in einer ganz derben, unerhört originalen, provokanten Art und Weise in andere Bilder, in andere Vorgänge zu setzen oder – scheinbar verdreht – direkt und ganz pur zu nehmen. Das war immer verblüffend, ist es heute aber nicht mehr. Ich finde, er wiederholt sich, und das wird schon recht langweilig. Aber das machen ja viele Regisseure, Künstler und auch Theoretiker, weil sie immer wieder ihren selben Phänomenen nachjagen.

Senftenbergische Dramaturgie

Kritische Lebensphase

F.C.: Depressionen, verbunden mit dem ersten Höhepunkt meiner alkoholischen Karriere, hatte ich nur als Dramaturg in Senftenberg, wo man eigentlich überhaupt nicht wahrgenommen wurde. Ein paar Freunde hatten mehr Erfolg, weil sie bei Manfred Wekwerth am Berliner Ensemble engagiert waren – das hat mich schon sehr geärgert. In Senftenberg schlugen sich viele mit dem Problem herum, die größten Theatermacher der Welt zu sein. Insofern war's eine kritische Lebensphase. Man mußte ja irgendwie die Erfolglosigkeit ausgleichen. Wobei ich immer das Gefühl hatte, bald geht's richtig los.

Materialistisch definiert

Helvetius: Sowenig die Flüsse zu ihren Quellen zurückfließen, sowenig schwimmen die Menschen gegen den schnellen Strom ihrer Interessen.

F.C., Dramaturgie-Konzeption für Paul Gratzigs »Handbetrieb«, Senftenberg 1978: Aber was sind Interessen? Der Mensch ist auf Gedeih und Verderb materialistisch definiert – die Befriedigung seiner Bedürfnisse ist ein Akt materieller Art, und in dem Niveau der »Sättigung« zeigt sich auch der kulturelle Standard der Zeit. Am Anfang war nicht das Wort, sondern der langsam das Tierische abstreifende und zur Gemeinschaft findende Frühmensch, der sich sättigen, trinken und kleiden mußte.

In allen Entwicklungsphasen der menschlichen Gesellschaft wird die Geschichte von Menschen gemacht, die dazu durch ihre Interessen veranlaßt werden.

Der Sozialismus ist die erste echte Leistungsgesellschaft – sie basiert auf der Unterschiedlichkeit ihrer Mitglieder bei einem im großen und ganzen einheitlichen Bewertungsmaßstab der erbrachten Leistung. Motor für diese Leistungen sind aber oft genug egoistische, gegen die anderen Gesellschaftsmitglieder gerichtete Aktionen.

Das unmittelbare und spezifische Nahziel des sozialistischen Betriebes ist der Gewinn; das Ziel der sozialistischen Produktion insgesamt aber die Befriedigung der Bedürf-

THEATER DER BERGARBEITER
SENFTENBERG

den 16. Februar 1978

Kollegen
Frank Castorf

im Hause

Sehr geehrter Kollege Castorf!

Im Ergebnis des mit Ihnen am 14. 2. 1978 im Beisein des Intendanten, des BGL-Mitgliedes Memmert, der leitenden Dramaturgin Carlitscheck und des Spartenleitungsmitgliedes Mieth geführten Disziplinargespräches erteile ich Ihnen auf der Grundlage des § 254 des Arbeitsgesetzbuches einen

V e r w e i s .

Begründung:

Sie haben nach einer bereits erfolgten Aussprache am 7. 11. 77 und nach mehrmaligen Mahnungen seitens Ihrer staatlichen Leiterin erneut gegen den Produktionsplan des Theaters verstoßen. Der am 1o. 2. 1978 fällige Theatertip für die Inszenierung "Tag für Tag" konnte bis zur Stunde auf Grund Ihres Versäumnisses unseren Zuschauern noch nicht zugänglich gemacht werden.

Ich hoffe, daß Sie aus diesem Disziplinargespräch und dem Verweis die notwendigen Schlußfolgerungen für Ihr zukünftiges Verhalten ziehen.

Rechtsmittelbelehrung ist erfolgt.
Der Verweis wird öffentlich ausgehängt.

Fricke
Intendant

Erste Anstellung als Dramaturg in Senftenberg (1976–79)

nisse der Gesellschaft. Der einzelne Betrieb hat gegenüber der Gesellschaft also auch besondere Interessen. Daraus resultieren Konflikte. Solche Zusammenstöße registriert »Handbetrieb«.

Kurt ist Kommunist. Also Kämpfer für die Interessen des Menschen. Aber Kurt ist auch ein Betriebsleiter, also mit seinem Kopf verantwortlich für die Gewinnerbringung seines Wirtschaftsbereiches. Die Taktik ... führt den Kommunisten Kurt, der das Beste für seine Leute machen will, und den Chef Kurt, der mit begrenzten materiell-technischen Möglichkeiten optimale Arbeitsergebnisse abrechnen muß, in einen ständigen Konflikt.

Von der Sowjetunion lernen ...

F.C. in: »Darsteller und Darstellungskunst«, Berlin 1981: Es ist eine allgemeine Tendenz an vielen Theatern der Republik zu beobachten (unser Theater macht da keine Ausnahme): Der Schauspieler erscheint reduziert auf seine Sprache. Daß da auch noch ein Körper mit rumzuschleppen ist, wird offenbar als notwendiges Übel empfunden und dementsprechend stiefmütterlich behandelt. Hier liegt sicherlich ein Manko, auch bedingt durch die deutsche Schauspieltradition, das durchaus vom Publikum (unbewußt) registriert wird.

Gerade die Theatergeschichte und die Inszenierungsmethoden Polens und Sowjetrußlands vom 19. bis ins 20. Jahrhundert sind von unserer Seite wenig aufgearbeitet. Aber hier liegt nicht nur eine wesentliche Traditionslinie sozialistischer Kunst, sondern auch eine Energiequelle für die großen künstlerischen Erfolge unserer sozialistischen Nachbarländer. Zweifellos würde uns eine solche »Vitaminspritze« recht gut tun.

Stahl Brandenburg

Auf dem dienstlichen Weg der Wahrheit

Mutter Castorf: Der erste Schock kam, als Frank anrief, daß wir nicht nach Brandenburg fahren sollen – es gäbe keine Vorstellungen.

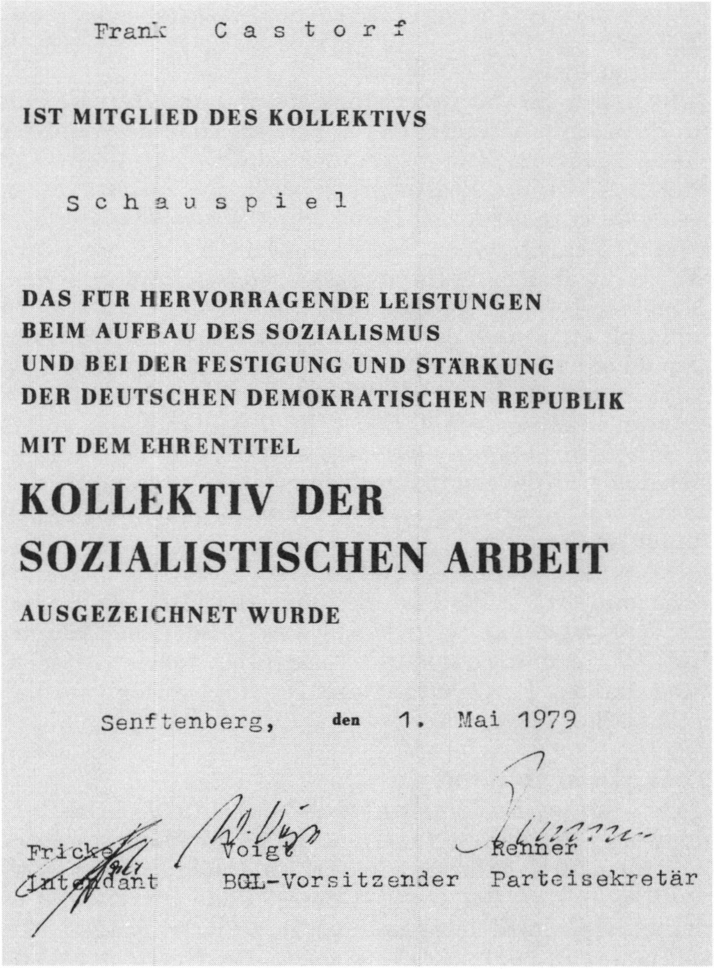

Frank Castorf

IST MITGLIED DES KOLLEKTIVS

Schauspiel

DAS FÜR HERVORRAGENDE LEISTUNGEN
BEIM AUFBAU DES SOZIALISMUS
UND BEI DER FESTIGUNG UND STÄRKUNG
DER DEUTSCHEN DEMOKRATISCHEN REPUBLIK

MIT DEM EHRENTITEL

KOLLEKTIV DER
SOZIALISTISCHEN ARBEIT

AUSGEZEICHNET WURDE

Senftenberg, den 1. Mai 1979

Fricke	Voigt	Renner
Intendant	BGL-Vorsitzender	Parteisekretär

Nachträgliche Ehrung in Brandenburg für »hervorragende Leistungen« in Senftenberg

Brandenburger Theater, Oberspielleiter Dieter Wardetzky, 22.2.1979:

Sehr geehrter Herr Castorf!

Sie haben sich über das Stück, das Sie und Herr Rafeldt in Brandenburg inszenieren werden, in abwertendster Weise geäußert. Nun dürfen die Schauspieler doch wohl fragen: Wenn die Regisseure so über das Stück denken, wenn sie so an die Arbeit herangehen, wie soll das werden? Und schließlich sollen Sie, nach Darstellung von Herrn Weize, die er in einer Sitzung gegeben hat, ihm unter dem Siegel eines Gespräches von Leuten, die sich doch kennen und sich außerhalb des dienstlichen Weges die Wahrheit sagen können, mitgeteilt haben, daß Sie das Stück für absolut schlecht halten. Herr Weize meint nun feststellen zu müssen, daß die von Ihnen sehr fragmentarisch vorgebrachten Argumente eindeutig »reaktionär« sind und er sich damit an die von Ihnen gewünschte Übereinkunft, daß es sich um ein privates Gespräch handelt, nicht gebunden fühlen kann.

Die von Herrn Rafeldt und Ihnen eingereichte Stückfassung muß am 2. 3. der Parteileitung des Theaters vorliegen. Es wäre sicher gut, wenn ich sie am 1. März lesen könnte. Eine Woche danach muß die Konzeption vor der Kreisleitung und der Parteileitung des Theaters vorlegt werden.

Seien Sie gegrüßt.

Text genau abklopfen

Hanno Meyer, Rundfunk-Rezension, 8.5.1979: DDR-Bühnenwerke der frühen fünfziger Jahre kommen in letzter Zeit vermehrt auf die Spielpläne. Im Jubiläumsjahr unserer Republik ist das nicht schlecht, finde ich. Da gibt es mancherlei Entdeckungen, auch mancherlei Fragen. Wie soll man z.B. heute Stücke spielen, die damals als Waffe im Kampf gegen faschistische Restbestände oder gegen westdeutschen Machtanspruch gemeint waren? Oder gegen unsere eigenen Fehler, Schwächen, Unzulänglichkeiten? Sind wir ehrlich und politisch aufmerksam, wird klar, das alles hat sich als Aufgabe, als Forderung in vielem nur graduell geändert, wenngleich wir insgesamt auf einer wesentlich stabileren Position stehen. Karl Grünbergs Verdienst ist, im Jahre 1950 als erster Schriftsteller Fragen des Klassenkampfes im Produktionsbereich, des Verhältnisses von Arbeiterklasse und Intelligenz auf die Bühne gebracht zu haben.

»Golden fließt der Stahl« – so ja auch der Titel – im nun volkseigenen Stahlwerk erst wieder, als ein übler Sabotageakt abgewendet und ein Mord aufgeklärt werden. Der Wert des Stückes liegt neben seiner damaligen brennenden Aktualität in der lebensechten Schilderung des Betriebsmilieus. Die Schwäche des Stückes liegt meiner Meinung nach darin, daß die weitere Sicht auf ideologische Kämpfe durch die Reduzierung auf einen noch dazu recht konstruiert wirkenden Kriminalfall verstellt ist. Kolportage und agitatorische Elemente mischen sich zu einer Episode, wo man gern den Ausschnitt eines ganzen Entwicklungsprozesses gesehen hätte.

Wie also inszenieren? Nostalgie oder Heldengesänge – geht nicht! Eine Art heiterer Verfremdung, etwa im Sinne von Kants »Aula« – paßt hier nicht! Also sollte man – wenn man sich schon für dieses Stück entschieden hat – den Text genau abklopfen und dann ohne Experimente spielen lassen. Darum konnte ich den beiden Gastregisseuren Castorf und Rafeldt bei ihrem Bemühen, einigen Darstellern übersteigerte, überhöhte sprachliche und gestische Mittel abzufordern, nicht folgen. Renate Krößner und Olaf Polenske sind gute Schauspieler, sie können das, aber ob es hier angebracht ist, bezweifle ich. Man spürte das übrigens auch an den Reaktionen und am sehr dünnen Höflichkeits-Schlußbeifall des Premierenpublikums …

Unfähigkeitserklärung

Dieter Wardetzky in einem Brief: Mit der Durchführung der Inszenierung »Golden fließt der Stahl« ist die Befähigung zur Ausführung des Berufes, für den sich beide Regisseure in Brandenburg beworben haben, unter den Bedingungen des Brandenburger Theaters nicht erbracht. Die Regisseure sind den Anforderungen, die die Schauspieler und Mitarbeiter anderer Abteilungen an einen Regisseur stellen, nicht gewachsen.

F.C.: »Golden fließt der Stahl« habe ich 1979 mit meinem Kommilitonen Manfred Rafeldt für den Gabentisch der Republik vorbereitet. Ein sehr ulkiges Stück, eine unfreiwillig apologetische Sicht auf DDR-Geschichte, geschrieben wie ein amerikanischer Krimi – Industriespionage, CIA und Westultras, die ständig den friedlichen Aufbau des Sozialismus stören. Das Stück spielte damals in der ersten DDR-Formalismusdebatte eine große Rolle und galt als Beispiel für progressive DDR-Dramatik – mit dem Effekt, daß es nur zweimal inszeniert wurde, weil sich natürlich kein Schwein dafür interessierte. 30 Jahre später beim Wiederlesen und auch beim Inszenieren hat man gemerkt, daß es viel systemkritischer daherkam als so'n Heiner-Müller-Stück, was ja immer geschichtspessimistisch, aber doch mit großem inneren Wohlwollen die Aufarbeitung der DDR wie im »Bau« angeht, letztlich mit einer großen Sympathie für diesen DDR-Aufbau. Und dort – unfreiwillig und quasi entschlüsselt durch die Jahre der Distanz – kam etwas hervor, was wirklich gruselig war. Ein Bastard entpuppte sich – Idealsetzung und gleichzeitige Denunziation. Damals sahen sich die Damen und Herren starr dieses Machwerk an (in Brandenburg saß die Generalverwaltung der Metallwirtschaft), und sie wußten, daß darin die DDR-Stahlindustrie nicht gerade besungen wurde. Das war 'ne sehr böse Geschichtssicht. Wir hatten's sehr naiv gemacht, nicht gegen die DDR gerichtet. Diesem Stück, das vor 1953 geschrieben wurde, ist bereits der 17. Juni immanent. Es signalisiert unfreiwillig, daß man ab einem bestimmten Zeitpunkt Nein sagen, streiken, prinzipiell etwas in Frage stellen muß. Die Aufstände in Ungarn und der DDR waren neben dem Mauerbau und der Solidarnoćź in Polen striktes Tabu-Thema. Einmal wurde das Stück in Brandenburg gespielt, dann abgesetzt. Wir freuten uns natürlich, denn es sprach sich ganz schnell rum. Solche Sachen sind damals aber nicht politisiert worden. Man hat versucht, uns über Arbeitsrechtsprozesse loszuwerden. Gregor Gysi war unser Anwalt. Zum Erstaunen des Richters haben wir diesen Prozeß gewonnen. Dann sind wir weggelobt worden nach Anklam, wo kein Mensch hingehen wollte. Einerseits war das nach DDR-Maßstäben mit einem sozialen Aufstieg verbunden, nämlich mit der Leitung eines Theaters, andererseits war Anklam so weit weg, daß man wohl meinte, so oder so hat sich die Sache erledigt.

»Golden fließt der Stahl«, Brandenburg 1979

Mit Versöhnlertum Schluß machen
Programmheft zu »Golden fließt der Stahl«: Die Hauptaufgabe auf kulturpolitischem Gebiet wurde 1950 in der Entschließung des III. Parteitages der Sozialistischen Einheitspartei Deutschlands »Die gegenwärtige Lage und die Aufgaben der SED« wie folgt formuliert:

Auch auf dem Gebiet der Kulturpolitik ist der Kampf um den Frieden, um die demokratische Einheit Deutschlands und um die Festigung unserer antifaschistisch-demokratischen Ordnung Mittelpunkt der gesamten Arbeit. Durch die Kulturpolitik werden die Menschen zu wahren Demokraten, zu selbständig und verantwortungsvoll handelnden Bürgern, zu hochqualifizierten Fachkräften erzogen ...

Diese Erziehung kann nur im unerbittlichen Kampf gegen die kannibalischen Lehren der imperialistischen Kriegshetzer erfolgen. Jeder Versuch, diese feindlichen Ideologien objektivistisch darzustellen, bedeutet eine Verbreitung und damit Hilfe für diese Ideologie. Darum ist es die entscheidende kulturpolitische Aufgabe, einen radikalen Umschwung auf allen Gebieten des kulturellen Lebens zu erzielen und mit der Lauheit und dem Versöhnlertum unerbittlich Schluß zu machen.

Sauber rausgearbeitet
Gregor Gysi: Meine Schwester hatte mich gebeten, Castorf und seinen damaligen Freund Rafeldt zu vertreten. Die Leitung des Theaters war ganz scharf auf die Inszenierung von »Golden fließt der Stahl«. Und dann geriet sie aber so, daß sie die eher als eine Kritik oder partiell auch als eine Verarschung der DDR verstanden haben, und daraufhin wurde nach der Premiere das Stück sofort abgesetzt. Auf Grund der vertraglichen Situation wurden beide entlassen. Nun gab es keine Rechtsnorm, um das Spielen eines Stükkes zu erzwingen. Wir konnten also arbeitsrechtlich nur gegen die Entlassung vorgehen. Das haben wir auch gemacht mit mehreren Anträgen, nämlich festzustellen, daß ein richtiges Arbeitsverhältnis besteht, daß der ihnen nicht gezahlte Lohn nachzuzahlen ist, daß es ein unbefristetes Arbeitsverhältnis ist (also ohne weiteres nicht kündbar), daß die Entlassung unwirksam ist, daß die Kosten

des Verfahrens das Theater trägt. Die Schwierigkeit bestand darin, daß wir nicht nur die Leitung des Theaters gegen uns hatten, sondern leider auch den Kreisvorstand der Gewerkschaft und natürlich auch die Kreisleitung der SED – etwas viel auf einmal. Ein bißchen Respekt habe ich im nachhinein vor dem Arbeitsrichter, denn der hat uns in allen Punkten Recht gegeben. Es machte dem gar nichts aus, daß da so 'ne Front dagegen stand.

Nun standen sie vor dem Problem, Castorf und Rafeldt dennoch loszuwerden (was nur noch über Angebote ging). So ist, möglicherweise auf ZK-Empfehlung, Anklam zustande gekommen. Über dieses Verfahren haben wir uns kennengelernt, und ich glaube, daß ich das rechtlich ganz gut und sauber rausgearbeitet hatte – auch anhand der Rechtsprechung des Obersten Gerichts, die ja in Arbeitsrechtssachen eher für Werktätige ausgerichtet war. So ohne weiteres kam man auch bei politisch Unliebsamen nicht um die bisherige Rechtsprechung herum. Wenn dieses Urteil damals nicht gefällt worden wäre, wenn das Arbeitsgericht etwa festgestellt hätte, die Entlassung sei zu Recht erfolgt, hätte es mit Sicherheit nie eine Anstellung in Anklam gegeben. Das hätte künstlerisch durchaus Auswirkungen gehabt. Und das Wichtige: Die Inszenierung selbst ist vom Gericht nicht als ein Anlaß genommen worden, der die Entlassung gerechtfertigt hätte.

Das sprach sich dann schnell rum, und so kamen verschiedene Schauspielerinnen und Schauspieler oder Regisseure zu mir und erwarteten von mir, daß ich deren Prozesse führte (was ja höchst anstrengend war und auch nicht viel Geld brachte). Das ging dann bis in die Unterhaltungsszene hinein. Ich hatte z.B. viele Rockbands, bei denen auch Verträge willkürlich gebrochen wurden, wenn Jugendliche Remmidemmi gemacht oder Funktionären irgendwelche Texte nicht gefallen hatten. Einmal habe ich für eine Band gegen den FDJ-Zentralrat Schadenersatz geltend gemacht. Das empfanden die zwar als Unverschämtheit, haben sich aber entschieden zu zahlen. Das hat wirklich Furore gemacht. Dafür hat mir dann ein hoher FDJ-Funktionär seine Scheidung übertragen, weil der hinterher meinte, wenn der sich das traut, dann muß er auch in Scheidungssachen gut sein.

Nicht die Arbeit schwänzen

Moderatorin im Frühprogramm von Radio Brandenburg, 8.6.1995: Die einen schreien Verräter, und die anderen erklären sich mit ihm solidarisch. Seit dem neuesten Gutachten der Gauckbehörde ist Gregor Gysi jetzt erneut zwischen die Fronten geraten. Der ehemalige Regimekritiker Rudolf Bahro hat seinen früheren Rechtsanwalt Gysi verteidigt und gegen den Vorwurf des Mandantenverrats in Schutz genommen. Ganz anders ist es mit Bärbel Bohley, die an ihrer Behauptung festhält, Gysi sei ein Stasispitzel gewesen, und jetzt (weil sie vom Landgericht Hamburg verurteilt worden ist, das nicht mehr sagen zu dürfen) entweder bis zu 500 000 Mark Geldbuße zu zahlen oder bis zu zwei Jahren Haft zu erwarten hat. Nun haben sehr viele Menschen ihre Erfahrungen mit Gregor Gysi gemacht, einer davon ist Frank Castorf, Intendant der Volksbühne. Sie selber waren auch Mandant von Rechtsanwalt Gysi. Welche Erfahrungen haben Sie gemacht, wie war das damals?

F.C.: Das waren Prozesse, die sich nicht in dem Rahmen politischer Brisanz bewegten, von denen Sie eben sprachen, sondern politisch gefärbte Arbeitsrechtsprozesse. Ich kann bloß sagen, daß er mich (wie die meisten, die ich kennengelernt habe) sehr, sehr gut vertreten hat. Eine andere Sache ist für mich wichtig. Man muß den konkreten Rechtsrahmen beachten, in dem man sich damals bewegte – das war die DDR. Die Frage richtet sich eigentlich auf die Effizienz seiner Beratung, was ist für den einzelnen tatsächlich bei der ganzen Sache rausgekommen. Hätte sein Mandant sonst kein Publikationsverbot gehabt, hätte er sonst eine schnellere Ausreise in den Westen bekommen, wäre die Haftstrafe geringer ausgefallen, wie sind die Bedingungen innerhalb dieser Haftstrafen z.B. auch für Rudolf Bahro gewesen? Und da glaube ich sagen zu können, daß er sich sehr für seine Mandanten eingesetzt hat. Wenn man sich in diesem Raum der DDR, in dieser Diktatur bewegte, mußte man mit denjenigen sprechen, die die Macht hatten.

M.: Haben Sie gewußt, Herr Castorf, daß das, was er damals mit Ihnen über den Prozeß und die Prozeßtaktik besprochen hat, eventuell ans MfS weitergeht?

F.C.: Das wär' mir doch damals schnurzpiepegal gewesen. Wir wußten doch, daß das MfS überall ist. Jeder Gang durch ein Haus hatte immer die Möglichkeit der Bespitzelung, des Abhörens – das war doch ganz klar. Ich war damals eine operative Kontrollmaßnahme »Othello«. Ich habe meine Akten eingesehen und muß sagen, daß ich auch den Grad der kleinbürgerlichen Humorigkeit nicht übersehen kann. Also wir wußten doch, was da gespielt wurde. Und natürlich wollten wir möglichst effizient verteidigt werden. Es kann nur um den Nachweis gehen, daß er als Anwalt schlecht gearbeitet hat – aber nicht im Sinne eines imaginären Verrats, der sich in den konkreten Verhältnissen der DDR ganz anders dargestellt hat als jetzt für die Damen und Herren der CDU. Es war ganz wichtig, daß man sich mit bestimmten Leuten unterhalten hat. Ein ähnlicher Fall für mich wie bei Stolpe oder Heiner Müller …

M.: Stolpe, sagen jene, die das nicht vergleichen wollen, hat's zugegeben, wenn auch nur peu à peu. Gysi gibt nichts zu.

F.C.: Im Gegensatz zu dem Herrn Schnur, der sehr lange von Herrn Kohl gehalten wurde, ist für mich schon wesentlich, ob ich eine offizielle IM-Tätigkeit, ein bewußtes Bewegen in diesem Apparat mit Unterschrift, Stempel, Siegel usw. nachweisen kann oder ob ich einfach mit jemandem, der Macht in diesem Staate hatte (also auch die Macht, meinem Mandanten zu schaden), gesprochen habe. Fast jeder Mandant hatte damals das Interesse, möglichst – ich sag das mal so kleinbürgerlich – glimpflich davonzukommen. Deshalb halte ich es für ein völlig legitimes Mittel, mit den Leuten dieser Macht zu reden, und halte das für alles andere als Verräterei. Vielleicht sollten Frau Bohley, Frau Klier und Herr Weiß endlich mal etwas machen, was mit ihrer Arbeit zu tun hat – wieder mal versuchen, ein Bild zu malen, eine Regie zu führen oder einen Dokumentarfilm zu produzieren – und nicht immer ihre Arbeit zu schwänzen.

M.: Es geht ja bei der Debatte, wenn man sie ernst nimmt, auch um den Blick nach vorn. Gysi ist Bundestagsabgeordneter, und heute wird von ihm von einigen Seiten verlangt, sein Mandat zurückzugeben. Was sagen Sie zu diesen Forderungen?

F.C.: Es ist offensichtlich, daß hier natürlich auch ein politisches Verhalten vorliegt. In Ostdeutschland gibt es eine große Anzahl von Menschen, die – aus welchen Gründen auch immer – eine Partei wählt, der er symbolisch vorsteht. Und ich glaube, daß es natürlich auch ein Trick ist, den Kopf in der Hoffnung abzuschlagen, daß man den ganzen Organismus vernichten kann. Das ist ein reines politisches Manöver, gerade auch kurz vor den Berliner Wahlen. Das geht mir als naivem politischen Bürger so durch den Kopf.

M.: Es wird ja auch konstatiert, daß die PDS in diesem Fall vor einer Zerreißprobe stünde.

F.C.: Das sind Hoffnungen, die weit in Bonn am Rhein gesponnen werden, obwohl sich merkwürdige symbolische Solidaritäten entwickeln. Wenn ich so einen haßtriefenden Kommentar von der Freya Klier im IA-Sender höre, dann bin ich ein bißchen an Frontstadterfahrungen erinnert.

Die sind nicht nur angenehm, die führen uns nicht weiter. Und ich kann's nur noch mal sagen, bitte prüfen Sie jeden brisanten Fall, ob mit einem anderen Rechtsbeistand ein für den Mandanten positiveres Urteil herausgekommen wäre.

»Othello« in Anklam

Operative Personenkontrolle

»Theater heute«, Heft 12/1982: Wer modernes westliches Theater sehen will, der muß an die Peripherie der DDR, der muß nach Anklam gehen.

F.C.: Provokation ist der Kampf von David gegen Goliath – ausprobieren, was kein Mensch außerhalb eines Mythos bestehen kann. Man war die Ursache einer Wirkung, und der damit zusammenhängende Lustgewinn passierte in einer anderen politischen, und, was meine Arbeit angeht, viel wichtigeren Zeit. Ich stellte damals die Operative Personenkontrollmaßnahme (OPK) »Othello« dar, überwacht u. a. von einem IM namens Dario Fo. Ich muß sagen, der war mein größter Beschützer, der sagte immer, na ja, der Castorf ist politisch kein schlechter Mensch, er will eigentlich nur Karriere im Westen machen.

Daß die mächtigen Institutionen der Gesellschaft so reagiert haben, war eine wichtige Erfahrung, denn wir haben gemerkt, daß man tatsächlich in Zeit und Gesellschaft mittels Kunst und Theater eingreifen konnte.

Kritiker Ost / Kritiker West

Martin Linzer: Ich habe mir »Auftrag« und »Nora« angeguckt, »Trommeln in der Nacht« habe ich nicht mitbekommen, auch nicht »Othello«, der mich am meisten interessiert hätte. Der Punkt für mich war nicht, daß da etwas politisch Hintergründiges oder Aufrührerisches passierte, sondern daß da einer war, der verrückte Sachen machte, die aus den bekannten Schemata völlig rausfielen. Das hat mich interessiert. Als ich merkte, daß die Tageszeitungskritik davon aus politischen Gründen nichts wissen wollte, habe ich versucht, das ganz naiv zu beschreiben – mit der Absicht, so einem Verrückten zu helfen.

Hartmut Krug: Als erste Inszenierung habe ich in Brandenburg den Stanislaw Lem gesehen – ein Stück mit einer modernen Ästhetik für Erwachsene, das in eine Jugendvorstellung gesetzt wurde (weil die Theater offenbar schon damals versucht haben, ihn abzuschieben). So ein Tohuwabohu wie in dieser Premiere habe ich noch nie gesehen. Frank Castorf hat ja nicht versucht, politisches Theater zu machen. Für mich war spannend (obwohl meine westlichen Medien eigentlich wollten, daß ich aus der DDR über politisch aufmüpfiges, Anstoß erregendes Theater berichte), daß er Erfahrung aus der Rockmusik, aus der Populärkultur, aus der Philosophie hineingetan und daraus eine andere Ästhetik gewonnen hat. Es ging nicht um das Zertrümmern von Stücken, was schon irgendwie eine Methode ist, die sich selber genügt, sondern tatsächlich um das Einbringen eigener Erfahrungen aus anderen ästhetischen Zusammenhängen seiner Generation, meiner Generation in diese Stücke. In Anklam habe ich alles gesehen. Das war für mich ganz selbstverständlich. Das war eine moderne Art von Theater, die ich – was für mich das frappierendste war – aus dem Westen so gar nicht kannte. Er ließ Laien mitspielen, z.B. eine Platzanweiserin im »Auftrag«.

Martin Linzer: Da spielten Henry Hübchen aus Berlin und die Platzanweiserin. Diese Brüche und das Hineinholen von Welterfahrungen über bestimmte Medien waren sehr spannend. Rockmusik war immer so ein Punkt. Das habe ich schon als Bildungserlebnis begriffen. Beim Geraer »Clavigo« war das Rolling-Stones-Zitat eigentlich der Schlüsselsatz der Inszenierung. Das konnte ich erst später einordnen. Wir haben immer versucht – ob das Castorf war oder andere Leute, die nicht so im Zentrum standen, die Schwierigkeiten hatten –, mit unseren bescheidenen Mitteln zu helfen, indem wir wenigstens gesagt haben, was sie inszeniert haben. Der Theaterverband war ganz froh, daß es jemand macht, der nicht sie selber war.

Hartmut Krug: Als im Westen schon so viel über Castorf geschrieben wurde, war man wohl ganz froh, daß ab einem bestimmten Zeitpunkt Castorf endlich auch mal seriös in der DDR-Theaterzeitung vorkam.

Martin Linzer: Das konnte im ND nicht stattfinden, das war klar. Andererseits hatten wir als das einzige Fachorgan auch ein bißchen die Funktion, mildernd oder ausgleichend in der Provinz zu wirken. Das hat zwar letztlich in Anklam auch nicht mehr geklappt, als die Probleme dort eskalierten. Aber es hat viele Beispiele gegeben, wo eine Kritik in »Theater der Zeit« eine SED-Kreisleitung zumindest besänftigt hat. Man konnte sie ein bißchen düpieren.

F.C.: Man geht durch eine Straße, diese Straße ist die Stadt, sie hat, glaube ich, 18 000 Einwohner, und der Ankommende hat die Gewißheit, dort sein Leben nicht zu beenden. Sinn macht deshalb, das auszuleben, was man vielleicht woanders nicht machen kann oder nicht gemacht hat. Es war die polnische Zeit, als merkwürdigerweise in der DDR sehr viele antipolnische Witze existierten – ich nehme an, die Staatssicherheit hat in ihrer lachindustriellen Abteilung dafür gesorgt, daß das deutsche DDR-Volk und die Staatsführung zusammen über die faulen Polen lachen konnten. Die streikten damals gerade. Ein Nein dieser Art wollten wir ganz gern ins Bewußtsein implantieren (selbst wenn uns die religiöse oder ideologische Bewegung der Solidarnoćz dubios erschien). Wenn man arbeitet, wenn man unten steht, muß dieses Nein prinzipiell möglich sein. Mit solchen Gedanken wollten wir das leere Anklamer Theater neu strukturieren. Wenn etwas passiert, dann dort – mit dieser Überzeugung kamen sehr viele Leute

MfS/BV Neubrandenburg Anklam, den 08.06.83

Diensteinheit KD Anklam Reg.-Nr. III 673/83

Mitarbeiter Hansen

Übersichtsbogen zur operativen Personenkontrolle

BStU 000006

„ Othello"

Deckname

Lfd. Nr.	Name, Vorname	PKZ [1]	Karteikarten erhalten Datum/Unterschrift
01	Castorf, Frank	17 07 51 42 97 52	10.06.83 Fiedler

1. Gründe für das Einleiten C. ist gegenwärtig noch Oberspielleiter am Theater Anklam und kann als der führende Kopf auf künstlerischem Gebiet angesehen werden. Als solcher ist er maßgeblich an der Entwicklung des Theaters zu einer "Experimentierbühne" mit Tendenzen des westlichen absurden Theaters verantwortlich.
Ein durch ihn inszeniertes Stück mußte nach der Premiere abgesetzt werden, da es nicht der sozialistischen Kulturpolitik entsprach.

2. Zielstellung der OPK
- Umfassende Aufklärung der Person hinsichtlich seiner Pläne, Absichten und Zielvorstellungen, seines politisch-ideologischen Wirksamwerdens, seiner Kontaktbeziehungen und Möglichkeiten einer inspirierenden Rolle.
- Vorbeugende Verhinderung eines feindlich-negativen Wirksamwerdens des C. und zielgerichtete Einflußnahme zur Rückgewinnung auf gesellschaftsgemäße Positionen.

3. Entscheidung über das Einleiten Die Einleitung der OPK erfolgt auf Entscheidung des Stellvertreter Operativ, Gen. Oberst Regner.

Bestätigt: Rehfeldt, Major 08.06.83 Datum Hansen/Oltn. Unterschrift

4. Eingesetzte IM GMS Koordiniert mit

IMS "Wolke"
Quelle der HVA, Abt. X/4

1 PKZ bei DDR-Bürgern, bei Ausländern Geburtsdatum angeben!

Oberspielleiter »Othello« am Theater in Anklam (1980–85)

zu uns, die aus politischen oder auch alkoholtechnischen Gründen keine Arbeit hatten; auch Leute mit Vorstrafen.

Gerüchte waren eine ideale DDR-Form der Meinungsbildung. In Gera oder Zeitz hatte man gehört, daß man mal nach Anklam ins Theater fahren muß. Und dann sind tatsächlich Menschen in einen Zug gestiegen, haben sich einem Verkehrswesen ausgesetzt, das mehr als marode war, nicht wissend, ob sie im Winter über den Leipziger Hauptbahnhof hinauskommen. Nicht weil's Mode war, oder weil man's mußte, haben sie sich diesen Strapazen ausgesetzt – sie wollten etwas, was nicht nur ein merkwürdiger Theaterabend war, sondern ein Gesamtereignis. Dieses wache kulturelle und gleichzeitig politische Verhalten (zu bemerken auch in Literatur und Musik) vermisse ich jetzt.

Wenn man in der DDR »Bau«, »Auftrag« oder »Schlacht« von Heiner Müller spielen wollte oder ein Volker-Braun-Stück, dann brauchte man ein Genehmigungsverfahren, das sofort unterlaufen wurde, wenn's politisch nicht genehm war. Also hat man versucht, den Müller oder den Braun in die Inszenierung hineinzuholen. Bei »Othello« konnte eigentlich nichts schiefgehen. Und wenn man dann wirklich eine andere, sehr gegenwärtige Welt hineinholte, dann hatte man den Effekt des trojanischen Pferdes, hatte man Kulturpolitik und Zensurgehabe unterlaufen. Das war die Chance des Theaters der Verrätselung, der schweren Interpretation. Es ist nur zu beklagen, daß eigentlich erst in den letzten Jahren der DDR die Theatermacher Mut gefunden haben, solche Sachen extrem auszuleben. Sie wurden ja auch belohnt – die Leute sind wieder ins Theater gekommen, sie wollten diesen nackten König auslachen, diesen Staat mit seinem Imponiergehabe und seiner totalen Verkleinbürgerlichung.

Stasi-Information zum Landestheater Anklam, 23.11.1982: Konkrete Formen des »alternativen Theaters«, die Etablierung negativ-feindlicher Kräfte, welche analoge Erscheinungen aus dem nichtsozialistischen Ausland anstreben, sind seit längerer Zeit am Landestheater Anklam sichtbar. Sie fanden insbesondere ihren Ausdruck in der Aufführung des Shakespeare-Stückes »Othello«, das in allen

Belangen der klassischen Interpretation widersprach (wurde inzwischen vom Spielplan abgesetzt).

Mit hoher Wahrscheinlichkeit wird durch negativ eingestellte Kunst- und Kulturschaffende am Landestheater getestet, wie weit sie bei Inszenierungen gehen können, bis staatlicherseits dagegen eingeschritten wird.

Nach internen Einschätzungen ist am Landestheater eine Situation entstanden, die das Theater für die sozialistische Gesellschaft untauglich macht, da es nur materielle und geistige Mittel verbraucht, ohne der Gesellschaft zu nützen.

Brief des Münchener Theaterbesuchers L.K. vom 25.10.1989:
Sehr geehrter Herr Staatsminister Tandler!

Noch ganz unter dem Eindruck einer völlig unzumutbaren Vorstellung des Bayer. Staatsschauspiels im Prinzregententheater (Miss Sara Sampson von G.E. Lessing, Inszenierung F. Castorf) stehend, möchte ich Sie von diesem Ärgernis in Kenntnis setzen.

Da ich vom Kulturministerium, der Intendanz und dem Regisseur kein Einsehen erwarte, wende ich mich an das Finanzministerium, da Sie in meinen Augen den Schlüssel zum Wandel in der Hand haben. Wären nämlich Intendanz und Regie darauf angewiesen, den Haushalt ihres Unternehmens über die Gunst des Publikums und die Höhe der Eintrittspreise sicherzustellen, dann wäre dies mit Sicherheit von entscheidendem Einfluß auf das Dargebotene.

Rodrigo öffnet den Kühlschrank

Konspirative Beschreibung der »Othello«-Inszenierung durch IM »Zumpe«, 19.1.1983: Szenen zwischen Othello und Desdemona wurden fast nur auf Englisch gemurmelt. Ansonsten verzichtete man gänzlich auf Shakespeares Text. In der Eifersuchtsszene bellt Othello Desdemona an. Gezeigt wurden musikalische Einlagen, tänzerische Pantomime, vermittelt wurde ein zerstörtes Menschenbild, das Shakespeares Stück seines humanistischen Inhalts, die Figuren ihrer sozialen Bezüge beraubt, die theatralische Form zerstört.

Wie beenden hier die Hauptfiguren, die übrigens nur identifizierbar werden, weil sie oft mit ihren Rollennamen angesprochen werden, ihr Leben? Rodrigo öffnet den Kühlschrank, um sich eine Flasche Bier herauszunehmen. Der Schrank war inzwischen mit einer Selbstschußanlage versehen worden. Eine Explosion ist Rodrigos Todesursache. Othello steckt Desdemona mit dem Kopf in einen Wassereimer und ersäuft sie. Othello stopft sich eine Handvoll Tabletten in den Mund und bricht tot zusammen.

Inbrunst beim Abriß

Hendrik Arnst: Zur »Othello«-Premiere wurde den Besuchern vorsichtshalber schon am Bahnhof erklärt, das Theater fällt aus. Die SED-Kreisleitung hat uns das erklären wollen. Es gab ein langes Gespräch, während die Technik schon die Dekorationen abriß. Mit soviel Inbrunst haben wir die noch nie arbeiten sehen. Keine Solidarität. Das waren Techniker, die nicht aus Begeisterung zum Theater gegangen sind, sondern weil's Arbeit gab und eine Kantine.

Probe gut, Premiere entartet

Protokoll der MfS-Kreisdienststelle Anklam, 6.3.1984: Der IM informierte, daß Castorf gegenwärtig an der Inszenierung »Trommeln in der Nacht« arbeitet, die er am 7. 4. 84 rausbringen will.

Durch den Rat des Bezirkes, Abteilung Kultur, ist vorgesehen, ca. 14 Tage vor der geplanten Premiere eine Leitungsaufführung von »Trommeln in der Nacht« zu machen, um dann einzuschätzen, ob das Stück in dieser Form gespielt werden kann. Es kann nach Einschätzung des IM als sicher gelten, daß Castorf in der Leitungsaufführung eine akzeptable Variante bringen wird. Das heißt aber nicht, daß die Premiere in der gleichen Art ablaufen muß.

Castorf hat diese Form bereits bei dem Stück »Othello« praktiziert, wo die Generalprobe gut war und in der Premiere das Stück völlig entartet dargestellt wurde.

Castorf hat sich fest entschlossen, mit allen Mitteln an ein großes Theater in Berlin zu gehen. Gegenüber *** äußerte sich Castorf in drohender Art, daß er an Kurt Hager einen Brief schreiben wird, damit dieser ihn unterstützt. Andernfalls stellte er in Aussicht, daß er einen Ausreiseantrag stellen wird.

»Trommeln in der Nacht«, Anklam 1984

Der Mann fürs Grobe

Hendrik Arnst: Als Intendant Bonnes seinen Sessel räumte, weil er beim Kaputtmachen nicht helfen wollte, kam der Mann fürs Grobe, der interdisziplinäre Wissenschaftler Dr. Bordel, der in Berlin ein Laientheater betreut hatte. Das war schon dreist. An Franks Inszenierung von der »Schlacht« kritisierte er gleich das viele Blut auf der Bühne. Er hat die ganze Zeit eigentlich nur Unsinn erzählt.

IM »Zumpe« über ein Gespräch mit dem Intendanten, Gen. Dr. Wolfgang Bordel, 27.2.1984: Bekommt C. eine Position an einem großen Theater, gibt es für die »Trommeln« eine ruhige, normale Aufführung, die nach der Premiere kein Publikum mehr finden und abgesetzt wird. Bleibt C. in Anklam im Engagement, findet die Premiere ohne die 120 Berliner Gäste statt – dafür wird der Intendant sorgen. Indem er die Eintrittskarten entsprechend verteilen läßt. Auch in diesem Fall wird die Inszenierung, weil sie beim Publikum durchfällt, nach der Premiere abgesetzt.

Bordel hält Castorf, was theaterästhetische und praktische Kenntnisse betrifft, für einen Könner.

Ich halte ihn dagegen für einen geschickten Manipulator, der ein Weltbild darstellen will, das dem Materialismus Hohn spricht. Ein Theatermann, der auf das Publikum pfeift, hat auf dem Theater der DDR nichts zu suchen. Theater funktioniert – auch im Kapitalismus – nur mit dem Publikum. Theater ohne Publikum ist untaugliche Spielerei, aus dem Fenster geworfenes Geld.

Verhaftet

Hendrik Arnst: Horst-Günther Marx, ein angenehm egozentrischer Schauspieler, hatte große Probleme, bekam in der DDR keine Luft mehr. Also stellte er einen Ausreiseantrag. Eines Tages erschien er nicht zur Probe. Nach zwei Tagen hat Intendant Bordel Kontakt zur Stasi aufgenommen – Marx saß in Untersuchungshaft. Der kam nicht wieder, Schluß.

F.C.: Horst-Günther Marx hatte in »Trommeln« diesen Satz des Kleinbürgers Murk zu sprechen: »Ja, heutzutage muß man auf dem grünen Ast sitzen und Ellenbogen haben.«

Die Anklamer Staatssicherheitszentrale saß in der Ellenbogenstraße.

Es war ihnen unheimlich

Hendrik Arnst: Anfang April 84 sollte die Generalprobe von »Trommeln in der Nacht« sein, Freunde aus der ganzen DDR kamen. Die Genossen der Kreis- und Bezirksleitung hatten die Hosen voll, zitterten um ihre kleinen Stühlchen und verfügten, es gäbe keine Generalprobe, sondern eine »Ansehvorstellung« für die Genossen von der Bezirks- und Kreisleitung. Intendant Bordel forderte die Gäste auf, den Saal zu räumen. Blitzschnell erlebten wir, wie die Jungs von der Technik den Polizeigriff beherrschten. Den Genossen haben wir das Stück zweieinhalb Stunden um die Ohren gehauen. Das hat Spaß gemacht. Zum Schluß haben wir die Bühne mit dem ND ausgelegt – alles nur Papier. Die Versammlung beim Intendanten dauerte dann sehr lange. Inzwischen gab's wieder Alkohol, der vorher verboten worden war. Der Intendant versuchte sich aus dem Theater zu schleichen. Als wir ihn zurückhielten, wollte er uns auf die nächste Versammlung vertrösten. Dann sagte er: Das Stück ist abgesetzt.

»Der Auftrag«, Anklam 1983

Sie waren so feige. Sie konnten nicht mal benennen, was sie gestört hat. Fehlende Werktreue soll's dann gewesen sein, außerdem wäre es inhuman, ständig nur Homos und Geistesverwirrte auf der Bühne zu sehen. Meiner Meinung nach bestand das eigentliche Politikum darin, daß private, erkennbare Menschen auf der Bühne standen. Das hat irritiert. Das konnten sie nicht begreifen, deshalb konnten sie nicht einfach von Sozialismusfeindlichkeit schwafeln – es lief einfach aus dem Ruder. Es war ihnen unheimlich.

Vom Denk- zum Schreibfehler
MfS-Stellungnahme zur OPK »Othello«, 15.4.1985:
Nachdem ein Vertreter des Rates des Bezirkes die Forderung des Intendanten unterstützte, brachte Castorf diesem gegenüber zum Ausdruck: »Vor 50 Jahren wurden schon mal Künstler aus dem Theater gejagt.« Des weiteren warf er dem Sektorenleiter Kulturpolitik beim Rat des Bezirkes Neubrandenburg Unfähigkeit vor, Kunst beurteilen zu können, nachdem dieser sich ebenfalls für den Intendanten einsetzte. Im Ergebnis dieses Leitungsdurchlaufs wurde, wie aus der Aktennotiz v. 10.4.84 hervorgeht, durch den Intendanten eingeschätzt, daß die Inszenierung Mangel an »Historiaität« (!) ausweist, die Fabel entideologisiert wurde und die Beschränktheit in den esthetischen (!) Mitteln kennzeichnet und so nicht dem Anklamer Publikum in einer Premiere vorgestellt wird.

Gegen das herabwürdigende Verhalten des Castorf während des Leitungsdurchlaufs erstattete am 10.4.84 das Mitglied des Rates für Kultur beim RdB Nbg. eine Strafanzeige beim VPKA Anklam.

Kollege Castorf erhält aufgrund des Verstoßes gegen § 252 AGB einen strengen Verweis
Begründung: Voranzustellen ist, daß der Probenprozeß eines Theaters ein nicht öffentlicher Produktionsprozeß ist, einschließlich der Generalprobe. Über die Hinzuziehung von Zuschauern oder Gästen außerhalb des Theaters entscheidet – bei Notwendigkeit – der Intendant. Er ist staatlicher Hausherr. Seine Entscheidungen sind verbindlich. Durch den Intendanten war zunächst für den 29. 3. dann für den 6. 4. 84 ein Leitungsdurchlauf der Inszenierung

»Trommeln« vorgesehen (normaler Vorgang, der hier besonders erforderlich). Diese Qualitätskontrolle war besonders erforderlich, da frühere Inszenierungen des Koll. C. und weitere von ihm als Oberspielleiter zu verantwortende Produktionen nicht der theaterpolitischen Aufgabenstellung durch den Rat des Kreises entsprachen, und es u. a. zur Absetzung von Inszenierungen kam, da diese vom Publikum abgelehnt wurden, bzw. sich nicht an den Erwartungen des Publikums orientierten (Absetzung der Inszenierung »Othello« 1982, Nichtzustandekommen der Inszenierung »Irrer Duft« 1983, mangelnde Publikumsresonanz bei »Der Auftrag« 1983).

MfS-Sachstandsbericht zur OPK »Othello«, 12.09.1984: Das infolge des Auftretens des C. am 06.04.84 gegen ihn eingeleitete Disziplinarverfahren konnte nicht entsprechend der Vorstellung der staatlichen Organe durchgeführt werden. Nach eingehender Beratung mit dem FDGB-KV als auch dem Bezirksvorstand des FDGB und Konsultation mit dem Arbeitsgericht mußte die durch den Intendanten auf Weisung des RdB Nbg. geforderte fristlose Entlassung des C. rückgängig gemacht werden. C. erhielt für sein Verhalten einen strengen Verweis.

F.C.: Ich hatte den Vorteil, politische Verbote erfahren zu haben. Für Ostler war es relativ einfach: Man konnte immer sagen, ich schaffe eigentlich alles, was ich möchte, wenn man mir nur die Gelegenheit geben würde. Es war ja immer dieses Delegieren der eigenen Verantwortung in dieses Sächliche, in dieses MAN, an die anderen, das System. Damit konnte man sich gut rausreden und war von der Neurose ein bißchen entfernt. Natürlich ist das im Westen nun anders, weil man immer guckt, wieso hat denn der Erfolg und ich nicht. Und nun bezieht man's nicht aufs System, sondern sagt: Ich schaff's selbst nicht, ich bin der Versager. Ich glaube, daß viele Ostler, die das jetzt extrem erfahren (z.B. nicht mehr in das selbstverständliche Menschenrecht von Arbeit versetzt zu werden), irgendwann einen radikalen Ausweg suchen werden.

Damals war es einfach nur traurig, daß andere mehr Erfolg hatten. Und was war denn schon Erfolg? Ein paar

Mark mehr im Osten? Jeder konnte sich das Bier leisten, 'ne Soljanka und ein Steak mit Champignons.

Abwandern ins bürgerliche Lager wahrscheinlich

MfS-Stellungnahme zur OPK »Othello«, 15.4.1985: Aus einer Information des Bezirksarbeitsgerichtes Neubrandenburg an den Vorsitzenden des FDGB-Bezirksvorstandes Neubrandenburg ergibt sich, daß arbeitsrechtlich keine Sanktionen möglich sind, um die fristlose Entlassung durchsetzen zu können. Castorf erhielt für sein Verhalten am 6.4.84 einen strengen Verweis ausgesprochen und wurde weiter in seiner Funktion am Theater beschäftigt.

Aus der Abwehrinformation der HVA v. 26.4.83 geht hervor:

»Die pol. Auffassungen Castorfs blieben bisher zumeist unklar. Er äußert sich kaum und seine künstlerischen Arbeiten verweisen sehr stark ins bürgerlich absurde Theater mit all seinen pol. Konsequenzen, die zu Pluralismus und abstrakt ethischen Positionen führen. Es wäre verfrüht anzunehmen, daß es sich hierbei bereits um festgelegte Positionen handelt.

Läßt man ihn sich frei entfalten, ist ein Abwandern ins bürgerliche Lager sehr wahrscheinlich.

Honky Tonk Woman

Bericht des IM »Dario Fo«, 11.2.1985: Mitte Dezember begannen die Proben für das Stück »Nora«, das durch Frank Castorf inszeniert wird.

Mit der ursprünglichen Fassung des Stückes von Ibsen hat diese Inszenierung meiner Meinung nach nichts mehr gemein. Dazu hat C. schon zu viel darin gestrichen und verändert und tut es, wie bereits gesagt, auch jetzt noch. Verändert hat sich auch das Bühnenbild, welches nicht mehr identisch mit dem ist, das anfangs zur Probe aufgebaut war.

Aufgefallen ist mir bei der Inszenierung des Castorf auch, daß er gewisse Erkenntnisse aus dem Bereich der Medizin mit eingebaut hat. So hat er sich z.B. von einem Arzt aus dem Kreiskrankenhaus Bücher geborgt, die Krankheiten psychischer Natur beschreiben. Auf der Bühne baut er dann gewisse dieser Symptome ein. So z.B. verfällt die Figur der Nora in Apathie, erzählt so, daß eine Art krankhafter Ausstrahlung entsteht. So erzählt sie, daß sie nie so richtig mit einem Mann zusammenkommt und z.B. beim Klavierspielen zum Orgasmus kommt.

F.C.: Anklam ging 1985 zu Ende. Wir machten dort die »Nora« von Ibsen. Das war eine sehr schöne Inszenierung. Der Intendant sagte zu mir: Du wirst jetzt wieder eingestellt, das Büro Hager hat interveniert. Und die Bezirksleitung der Partei sagt, du arbeitest bis zur Generalprobe, und dann setzen wir das Stück ab. Und wir garantieren dir, daß wir stärker sind. Vorschlag: Du machst einen Aufhebungsvertrag und darfst eine Besetzung deiner Wahl, ein Stück deiner Wahl nehmen, kannst eine Videoaufzeichnung machen und das Stück fünfmal spielen.

Das haben wir zum Sommer 85 getan. Die Inszenierung lief sehr gut, und er sagte: Paß mal auf, mir gefällt die Inszenierung auch gut, wir können folgenden Deal mit der Bezirksleitung machen: Du hast doch noch eine Wohnung in Anklam. Wenn du uns jetzt die überschreiben würdest, dann würden wir dir weitere drei Vorstellungen genehmigen. Die Herren waren sehr banal.

Noch 'ne Rolex?

Hendrik Arnst: Ich bin dann zum Intendanten Bordel rauf und habe ihm für den ersten Akt eine Pulle Whisky aus'm Intershop angeboten und noch 'ne Rolex, wenn er uns den zweiten und dritten auch noch spielen läßt.

F.C.: Alles was wir machten – die Ausstellung von Nacktheit, die Art des Sexuellen – verhielt sich konträr zu den kulturpolitischen Auffassungen der DDR-Gesellschaft. Erstens hat das Spaß gemacht, und zweitens war es immer inhaltlich determiniert. Man verliert sich heute vor allem in formalen Betrachtungen. Deshalb Tabuverletzungen, deshalb eben solche Versuche, sich über Wirklichkeit zu äußern und nicht nur danach zu fragen, warum der Wassereimer oder der Kartoffelsalat oder all das da ist, was man an Versatzstücken modernen Theaters seit hundert Jahren kennt. Diese Verselbständigung im Formalen finde ich sehr traurig. Wenn ich ein junger Regisseur wäre, wüßte ich heute nicht, wie ich mich in diesem Bereich artikulieren sollte. Eine inhaltliche Debatte ist im Augenblick eher selten.

Die nackte Nora

Hendrik Arnst: Mit den Anklamern hatten wir wenig Kontakt, es gab ja auch nicht so viele Aufführungen. »Nora« endete mit »Voodoo Chile« von Jimi Hendrix, wo Nora und Herr Helmar zu strippen anfangen, nackt zur Tür rausgehen – ein ungeheures Bild und eine verrückte Konsequenz des Stückes. Ja und in der Kneipe »Zum hohen Stein« trafen wir zwei Jungs, die davon gehört hatten, daß bei uns die Nackten rumlaufen. Wir luden sie ein, und ich hatte eigentlich nicht erwartet, daß die was anderes sagen als: Mann, hat die geile Titten. Und was sagten die? – Das war aber schön.

IM »Dario Fo«, 29.03.85: Wenn ich das Stück einschätzen soll, dann möchte ich sagen, daß Castorf hierbei die krassesten Szenen aus seinen bisherigen Inszenierungen zusammengefaßt hat. Es waren Parallelen zu jeder seiner Inszenierungen ersichtlich. Das Stück wurde sehr lang hingezogen, ging über 3 1/2 Stunden. Viele nervenaufreibende Szenen wurden aneinandergereiht, perverse Situationen dargestellt, das alles noch durch ein diffuses Licht untermauert wurde. In der Premiere hat dann auch der Bürgermeister von Anklam die Vorstellung verlassen und auch *** vom Heimatmuseum hat zu mir gesagt, daß er nach 2 Stunden es einfach nicht mehr ausgehalten hat, weil es an den Nerven zehrt.

In der anschließenden Premierenfeier hat Castorf sich dann wieder vollkommen betrunken, so daß er nach Hause gefahren werden mußte.

Rock'n'Roll-Theater

Henry Hübchen: In Anklam hat Frank konsequent zu sich gefunden, also zu seiner Musik, zu seinem Stil, Gitarre zu spielen. Mit diesem Rockding haben wir immer kokettiert. Wenn wir schon nicht richtig singen oder ein Instrument spielen können, dann behaupten wir eben, wir machen Rock'n'Roll-Theater. Das stimmt insofern, als in diesen Abenden etwas Urwüchsiges steckte. Damit ist die Au-

THEATER ANKLAM

INTENDANT Dr. W. Bordel

2140 Anklam

Leipziger Allee 34
Telefon 2401
Konto Nr. 1631-20-612

Anklam, den 16.08.1984

A u f h e b u n g s v e r t r a g

Zwischen dem Theater Anklam, vertreten durch
Herrn Intendant Dr. Wolfgang B o r d e l und
Herrn Frank C a s t o r f – Oberspielleiter
wird im beiderseitigen Einvernehmen ein Aufhebungsvertrag
per 31.Juli 1985 abgeschlossen, und zwar zu folgenden Bedingungen:

1. Koll. Castorf verbleibt bis zum 31.7.1985 in der Stellung des Oberspielleiters. Funktion und Aufgaben des Oberspielleiters übernimmt der Intendant.
2. Das Theater Anklam garantiert in der Spielzeit 1984/85 eine Inszenierung "Nora". Arbeitszeitraum: 26.11.84 bis 26.1.1985. Die Premiere wird bei Einhaltung der sozialistischen Gesetzlichkeiten garantiert – mindestens 4 Vorstellungen.
3. Koll.Castorf bekommt die Möglichkeit, 2 Gäste zu Honorarbedingungen eines C-Theaters zu engagieren.
4. Eine Vidioaufzeichnung kann zu Arbeitszwecken vorgenommen werden.

Theater Anklam

W. Bordel

(Dr.W. Bordel)
Intendant

Frank Castorf

(Frank Castorf)

Zum Abschied: »Nora« (»bei Einhaltung der sozialistischen Gesetzlichkeiten«), Anklam 1985 thentizität eines guten Rock'n'Rollers gemeint, nicht diese Schlagervorstellung. Wobei hier wieder Franks Tugend zu Tage tritt, dieses Rock-Bewußtsein auch auf die Schippe nehmen zu können. Normalerweise, um ein Beispiel zu nennen, tanzt Ibsens Nora bei so 'ner Art Hausparty Tarantella. Franks Grundidee in Anklam machte Herrn Helmer zu einem 68er Typen, der vielleicht gern Rock'n'Roller geworden wäre, aber eben doch die Bankerkarriere vorzog. Eigentlich immer noch 68er, aber 'ne attraktive Frau zu Hause und den Mercedes vor der Tür – das war das Thema. Bei dieser Party holt Helmer die Gitarre raus, schrubbt noch mal das Ding von den Stones runter, und seine Frau, dargestellt von Silvia Rieger, singt mit ihrem klassischen Ansatz »Honky Tonk Woman« – zunächst auf deutsch (was für uns norwegisch war) und dann im englischen Original. Helmer kriegt Frust, winkt ab, stellt die Gitarre hin, geht wortlos raus, knipst draußen den Recorder an, setzt sich hin, guckt seine Frau an und raucht eine Zigarette. Das Original der Stones dröhnt über die Bühne.

Abschlußbericht zur OPK »Othello«
MfS-Kreisdienststelle Anklam, 29.11.1985: Vom November 1984 bis zur Aufgabe seiner Nebenwohnung im Mai 1985 hielt sich C. nur noch berufsbedingt am Theater auf. Sein Einfluß auf das künstlerische Ensemble war weitgehends gering.

Mit Beendigung der Spielzeit 1984/85 ist Castorf nicht mehr am Theater beruflich tätig. Unserer Diensteinheit liegen zur Zeit keine Informationen über ein Arbeitsrechtsverhältnis innerhalb der Republik vor. Es wird vorgeschlagen, die Bearbeitung der OPK abzuschließen und das erarbeitete Material in der Abteilung XII zur Ablage zu bringen.

Für den Frohsinn des Volkes

Unterhaltungskunst-Karrieren
F.C.: Zielesch, ein Anklamer Schauspieler, hatte eine eigene Modegruppe gegründet, die Modekommode, und suchte jemanden, der theatralische Choreographien mit VEB-Textilien inszeniert. Das war die Zeit, wo ich unregelmäßig und

relativ wenig Geld verdient habe. Ich hab' das ziemlich leidenschaftslos gemacht. Manche Models oder Mannequins (wie man damals noch sagte), waren schon für den einzigen international bekannten DDR-Modeschöpfer, für den roten Magdeburger Modezaren Bormann, über den Steg gelaufen. Gefiel mir. Aber es waren auch ganz junge Mädels dabei, die in kurzer Zeit verhältnismäßig anstrengungslos sehr viel Geld verdient haben – besser als an der Bohrmaschine zu stehen oder als studierter Verfahrenstechniker zu arbeiten. Das war wie ein Sammelbecken von Leuten, die sich dem DDR-Leistungsdruck entziehen wollten. Das hat mir gut gefallen.

Bei dieser Gelegenheit habe ich Jalousien meines Vater und meinen Anklamer Bühnenbildner Meyer untergebracht, der praktisch Arbeitsverbot hatte. Mein Werk für Wolfgang Ziegler, er hatte damals gerade eine Soloplatte als großer Guru im weißen Anzug gemacht, habe ich nie gesehen – Zielesch hat das Script für die Bühne umgesetzt und bei einem großen Festival der Unterhaltungskunst in Karl-Marx-Stadt gezeigt. Das war für mich in relativ kurzer Zeit sehr viel Geld – gemessen an dem, was ich mit einer Theaterinszenierung verdient hätte.

Vertragliche Vereinbarungen

Mit diesem Vertrag verpflichten sich die Vertragspartner auf der Grundlage der sozialistischen Kulturpolitik der DDR, nach besten Kräften zur Befriedigung der gesellschaftlichen Bedürfnisse in Form von kulturell-künstlerischen Erlebnissen für unsere Werktätigen beizutragen.

Erstens

§ 1 Herr Castorf übernimmt am Theater Greifswald die Gastregie zu »Energische Leute« von W. Schukschin.

§ 2 Für alle mit der Vorbereitung und Durchführung der Inszenierung anfallenden Arbeitsleistungen zahlt das Theater ein Honorar in Höhe von 900,– M (Neunhundert).

Zweitens

§ 1 Die Konzert- und Gastspieldirektion (KGD) verpflichtet den Künstler mit der Regie »Ziegler in Mode«.

§ 2 Die KGD verpflichtet sich, an den Künstler ein Honorar in Höhe von 2.000,– M bei voller Erfüllung der übernommenen vertraglichen Pflichten zu zahlen.

F.C., Konzeption für »Ziegler in Mode«, 1987: Am gläsernen Klavier sitzt Ziegler, er raucht eine Zigarette, singt ein Lied. Man beobachtet ihn beim Komponieren. Hochgekrempelte Ärmel, leger. Das Instrument wird von unten von einem Lichtstrahl erhellt. Er sitzt auf einem kleinen roten M. Er sieht müde aus. Während er sein »eben« komponiertes Lied singt, öffnen sich im Hintergrund die Lamellen der ersten Jalousie. Dieser Zwischenraum wird jetzt erhellt von einer einzigen nackten Glühbirne. Schemenhaft sichtbar wird ein Mann in Trenchcoat und Hut, der durch die Jalousie starrt. Wenn Ziegler sein Lied beendet hat, schreckt er auf, denn Ziegler hört sein eben komponiertes Lied auf einem (Original-)Recorder aus dem Zwischenraum von eben jenem Typen, der den Recorder in der Hand hält. Als sich Ziegler umblickt, schließt sich jedoch die Jalousiefront wieder und der Ton verstummt.

Wenn der Opportunismus zuschlägt
Vertragliche Vereinbarung
§ 1 Der Auftragnehmer verpflichtet sich, auf der Grundlage der mit dem Organisationsbüro erfolgten Festlegungen folgende Aufgaben zu übernehmen:
Künstlerische Leitung von 6 Bildern des Historischen Festumzuges am 4.7.1987.
(...)
§ 5 Für die übernommenen Aufgaben erhält Herr Castorf ein Gesamthonorar in Höhe von 7.000 Mark (siebentausend).

F.C.: Mein umfangreichstes Unterhaltungskunst-Projekt war der merkwürdige Umzug zur 750-Jahrfeier Berlins. Damals war ich gerade in Halle engagiert, und Zielesch rief mich wieder an, ob ich nicht Lust hätte, bei diesem Straßenfest nach südamerikanischem Vorbild mitzumachen. Ich durfte jene Bilder übernehmen, die wahrscheinlich übriggeblieben waren, die niemand haben wollte – sozialistische Lebensweise, ungesunde Lebensweise, Babyboom, Schwester Monika, Omis und Opis feiern mit ihren Enkeln – alles so'n Schrott. Es ging um ein Hohelied auf die sozialistische Lebenskultur, auf die sozialpolitischen Maßnahmen der SED. Ich erinnere mich noch an durch-

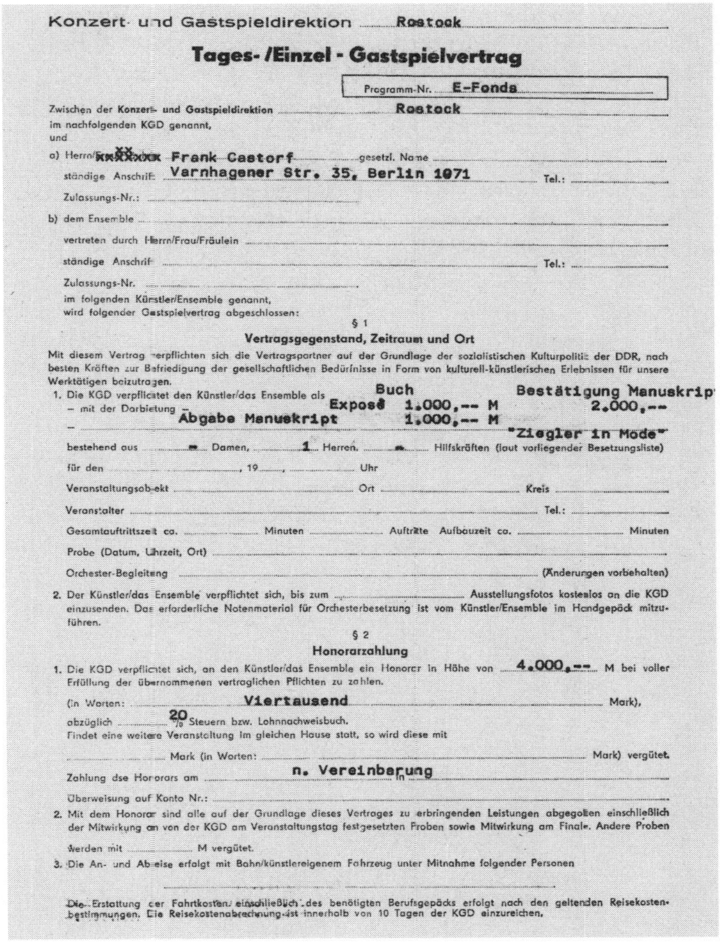

Konzert- und Gastspieldirektion Rostock

Tages- /Einzel - Gastspielvertrag

Programm-Nr. E-Fonds

Zwischen der Konzert- und Gastspieldirektion Rostock
im nachfolgenden KGD genannt,
und

a) Herrn/F xxxxxxx Frank Castorf gesetzl. Name
ständige Anschrift Varnhagener Str. 35, Berlin 1071 Tel.:
Zulassungs-Nr.:

b) dem Ensemble
vertreten durch Herrn/Frau/Fräulein
ständige Anschrift Tel.:
Zulassungs-Nr.
im folgenden Künstler/Ensemble genannt,
wird folgender Gastspielvertrag abgeschlossen:

§ 1

Vertragsgegenstand, Zeitraum und Ort

Mit diesem Vertrag verpflichten sich die Vertragspartner auf der Grundlage der sozialistischen Kulturpolitik der DDR, nach besten Kräften zur Befriedigung der gesellschaftlichen Bedürfnisse in Form von kulturell-künstlerischen Erlebnissen für unsere Werktätigen beizutragen.

1. Die KGD verpflichtet den Künstler/das Ensemble als Buch
– mit der Darbietung – Exposé 1.000,-- M Bestätigung Manuskript 2.000,--
– Abgabe Manuskript 1.000,-- M
"Ziegler in Mode"
bestehend aus – Damen, 1 Herren, – Hilfskräften (laut vorliegender Besetzungsliste)
für den , 19 , Uhr
Veranstaltungsobjekt Ort Kreis
Veranstalter Tel.:
Gesamtauftrittszeit ca. Minuten Auftritte Aufbauzeit ca. Minuten
Probe (Datum, Uhrzeit, Ort)
Orchester-Begleitung (Änderungen vorbehalten)

2. Der Künstler/das Ensemble verpflichtet sich, bis zum Ausstellungsfotos kostenlos an die KGD einzusenden. Das erforderliche Notenmaterial für Orchesterbesetzung ist vom Künstler/Ensemble im Handgepäck mitzuführen.

§ 2

Honorarzahlung

1. Die KGD verpflichtet sich, an den Künstler/das Ensemble ein Honorar in Höhe von 4.000,-- M bei voller Erfüllung der übernommenen vertraglichen Pflichten zu zahlen.
(in Worten: Viertausend Mark),
abzüglich 20 % Steuern bzw. Lohnnachweisbuch.
Findet eine weitere Veranstaltung im gleichen Hause statt, so wird diese mit
Mark (in Worten: Mark) vergütet.
Zahlung des Honorars am n. Vereinbarung
Überweisung auf Konto Nr.:

2. Mit dem Honorar sind alle auf der Grundlage dieses Vertrages zu erbringenden Leistungen abgegolten einschließlich der Mitwirkung an von der KGD am Veranstaltungstag festgesetzten Proben sowie Mitwirkung am Finale. Andere Proben werden mit M vergütet.

3. Die An- und Abreise erfolgt mit Bahn/künstlereigenem Fahrzeug unter Mitnahme folgender Personen

Die Erstattung der Fahrtkosten einschließlich des benötigten Berufsgepäcks erfolgt nach den geltenden Reisekostenbestimmungen. Die Reisekostenabrechnung ist innerhalb von 10 Tagen der KGD einzureichen.

Mode-Shows mit »Eisenhändler«-Jalousien, Rostock 1987

drehende, von der starken Hitze irre gewordene Pferde, die seit dem frühen Morgen vor der Berliner Stadtbibliothek angespannt waren. Oben auf dem Wagen saßen Rentner mit Kindern und eingegipste Kleindarsteller. Der Wagen war hinüber, die eingegipsten Verletzten und Uraltrentner mußten wohl oder übel an der Tribüne vorbeilaufen. Das Bild Babyboom hatte der Berliner SED-Chef Günther Schabowski bei der Generalprobe abgelehnt. Kleinwüchsige Menschen mit großen Köpfen (angefertigt von Eddy Fischer, dem bekannten Plastiker vom Berliner Ensemble) sollten in Erscheinung treten. Nun handelte es sich bei diesen kleinen Menschen um Mädels in der Pubertät mit stark ausgeprägten sekundären Geschlechtsmerkmalen, gekleidet in durchsichtiges enges Zeug, gekrönt mit eben jenen starren Pappköpfen von Eddy Fischer. Sie sahen aus wie Mutanten, es hatte was total Degeneriertes, Mongoloides. Das mußte jedem aufffallen, also auch Schabowski. Ich bekam dann die Weisung, ein Meter breite Basthütchen zu besorgen. Also trugen die Mutanten auf ihren Riesenköpfen nun noch wackelnde Strohhüte, was den Horror nur noch unterstrich. Dann zogen wir, ich mittendrin, an der Ehrentribüne vorbei. Beim Schieben des Wagens gucke ich nach oben, da treffen mich doch die Blicke von Margot und Erich Honecker. Ich gucke zurück – und wußte mich eins mit meinem Herrscherpaar. Das war die tiefe innere Übereinstimmung mit der Macht. Schlagartig kam mir dieses Bild aus Staudtes »Untertan« in den Kopf, wo Dietrich Häßling in Italien seinem Kaiser hinterherrennt und wußte, der Kaiser hat ihn erkannt.

Ab und zu mußte ich dafür sorgen, daß die uns folgenden Prozessionswagen meine Rentner und Säuglinge nicht auffraßen. Also war ich ein bißchen Sklaventreiber und Sklave zugleich. Zu Hause habe ich mir die Aufzeichnung angesehen und gemerkt, daß es doch nicht so richtig brasilianisch war, sondern eher grauenvoll. Da merkt man, wie der Opportunismus gnadenlos zuschlägt.

Hausmitteilungen

Mutter Castorf: Als die Stasioffiziere mit ganz fadenscheinigen Gründen vor der Tür standen, hatten wir schon eine gewisse Angst. Sie sind gekommen, weil Frank in Anklam angeblich drei Monate die Miete nicht bezahlt hätte. Bei zehn Monaten wären es gerade mal 200 Mark gewesen – da schickt man doch keine Offiziere. In Wirklichkeit wollten sie wissen, wo sich Frank zur Zeit aufhält. Der Vorteil an der Geschichte war: Frank wohnte in unserem Mietshaus oben und wir unten, so daß die gar nicht auf die Idee kamen, eine Etage höher zu steigen. Jeder, der reinstürzte, las Castorf und kam zu uns. Frank war damals schon in Karl-Marx-Stadt, hat den »Bau« von Heiner Müller inszeniert.

Vater Castorf: Wir haben auch ein bißchen in den Akten von Frank gelesen. Ich war immer sehr skeptisch, besaß ein ziemlich gutes Feeling und hatte eine hohe Trefferquote, welche Leute zum MfS gehörten. Trotzdem war ich natürlich erstaunt, als ich in Franks Akten las, daß wir seit 1987 observiert worden sind. Meine Post habe ich immer sehr sorgfältig betrachtet, aber nie ist mir aufgefallen, daß ein Brief mal geöffnet worden wäre. Die waren so schön wieder verschlossen, daß der Gedanke daran überhaupt nicht gekommen ist.

MfS-Ermittlungsbericht, 24.3.1988: Die Ermittlung wurde am 9. 3. 1988 an o.g. Anschrift durchgeführt. Der Ermittelte ist ledig und bewohnt mit seiner Lebenskameradin an der o.g. WA alleine eine Wohnung.

Seine Arbeitsmoral ist gut. Seine Arbeitszeit ist unregelmäßig. Bemerkt wurde von den Hausbewohnern, daß der C. seiner beruflichen Tätigkeit vollkommen engagiert und gewissenhaft nachkommt.

Seine konkrete politische Haltung kann nicht eingeschätzt werden. Er selbst äußerte sich bisher weder positiv noch negativ zur Politik von Partei und Regierung. An Gesprächen und Diskussionen über solche Fragen nahm er nicht teil. Zu staatlichen und gesellschaftlichen Höhepunkten sind die Fenster der Wohnung nicht beflaggt. Ob und inwieweit er sich dem Einfluß westlicher Massenmedien aussetzt, ist nicht bekannt.

Negative Anhaltspunkte hinsichtlich seines moralischen Verhaltens ergaben sich nicht, und er gilt in diesem Zusammenhang als sauber und gefestigt. Eine Neigung zum Alkohol besteht bei ihm nicht. Er hat ein angenehmes Äußeres und geht sauber und gepflegt gekleidet.

Es liegen keinerlei Hinweise vor, daß der Ermittelte bzw. seine Eltern derzeitig irgendwelche Kontakte zu Personen aus dem NSW unterhalten.

Karl-Marx-Stadt, Gera, Halle ...

Intendanten fassen Mut

F.C.: Nach dem Aufhebungsvertrag von Anklam sagte man mir im Kulturministerium, ich soll zum Amt für Arbeit gehen, vielleicht bekomme ich dort was. Die OPK »Othello« ist mit meinem Weggang aus Anklam 1985 geschlossen worden. Was Neubrandenburger Stasi-Leute vorbereitet und eigentlich schon durchgeführt hatten, ist von einer Berliner Stelle wieder aufgehoben worden. Das war auf eine gewisse Gruppe um Hager und Leute aus dem Kulturministerium zurückzuführen. Andererseits gab's bestimmte Partikulargewalten, die mich nicht arbeiten lassen wollten. Glücklicherweise entstanden bei diesen Machtkämpfen gelegentlich Freiräume.

Ich bin damals an Osttheater gekommen, die für meine Begriffe sehr groß waren, also Karl-Marx-Stadt, Gera, Halle, Frankfurt/Oder. Ob nun an ihrem Theater selbst oder im Fernsehen – die dortigen Schauspieler hatten ziemlich großen beruflichen Erfolg. Um so mehr wunderte mich, wie sich diese Menschen auf einmal für einen Tölpel öffneten, der was anderes machte, von dem man überhaupt nicht wußte, was dabei herauskommt. Das Existentielle hatte früher auch immer eine politische Komponente. Man mußte anders zusammenhalten, wenn man Theaterarbeit als eine politische vorstellen wollte. Da kamen ästhetisch sehr verschiedenartig gelagerte Menschen zusammen, die sich gar nicht mal so sehr mochten, sich aber über den gemeinsamen Gegenstand des politischen Kampfes in der Theaterarbeit einigen konnten. Die Leute waren teilweise sehr tolerant und aufgeschlossen. Jetzt, und in Westdeutschland merkt man's viel stärker, guckt jeder, ob er innerhalb der Inszenierungshierarchie so vorkommt, wie es seinem Marktwert entspricht. So bringt er sich ein, opfert sich auf oder bildet Widerstände. Aber es geht doch nicht um Einschaltquoten, nicht um Auflagenhöhen, es geht nicht einmal um viel Geld. Es geht eigentlich darum, die Kindlichkeit irgendwie zu verlängern, sich spaßig eine eigene Welt zu bauen und wunderbar glücklich damit zu sein. Geistige, künstlerische Arbeit, wie Marx meinte, als Modellfall freier Arbeit – das könnte Theater sein. Ist es aber nicht. Das war im Osten aufgrund der niedrigen Korruptionshöhe angenehmer.

Ab einem bestimmten Punkt – seit mich Gerhard Meyer vom Karl-Marx-Städter Theater den »Bau« machen ließ, diese Inszenierung auch stabilisierte und zum Erfolg brachte – haben andere Intendanten, wie beispielsweise Sodann in Halle und Dieter Mann in Berlin (vielleicht auch Rödel an der Volksbühne), mehr Mut gefaßt. Hinzu kam, daß Glasnost und Perestroika – im Gegensatz zu den Medien, wo Agitation und Propaganda vehement gegensteuerten, im verrätselten Kunst- und Theaterbereich, in dem man die Spinner ein bißchen gewähren ließ – langsam Fuß faßten.

Brecht, Weigel, Dessau und andere haben immer wieder Leute geschützt, unter ihre Fittiche genommen. Diese Solidarität, ein typisches Produkt der DDR, nahm zwar in der dekadenten Hochphase der 80er Jahre ab, es gab aber immer wieder Menschen wie eben Gerhard Meyer, wie Klaus Erfort in Gera oder Peter Sodann in Halle, die bestimmte Sachen verteidigt haben. Kommst mal zu mir, haben die zu mir (wie zu einem ungeliebten Verwandten) gesagt, dann schieben wir dich zum nächsten, der dich durchfüttert. Damals war das nicht einfach, weil es auch registriert und möglicherweise abgestraft wurde. In Anklam hatten wir damals schon gemerkt, daß man als staatlicher Leiter eines Theaters Leuten mit Ausreiseanträgen helfen konnte. Zwar hat man die Rechnung dafür immer bekommen – aber man konnte es tun.

Ibsen mit Nordhäuser Doppelkorn

F.C: »Volksfeind« in Karl-Marx-Stadt war damals eine meiner besten, politischsten und bösesten Inszenierungen. Um es sehen zu können, sind Zuschauer durch die Toilettenfenster eingedrungen. Ibsens Stück, es sollte eigentlich im Zusammenhang mit der 88er Liebknecht-Luxemburg-Demonstration abgesetzt werden, handelt quasi von einem Badedoktor, der gegen die ganze verfluchte Majorität wettert und Sätze zu sprechen hat, die ich damals streichen sollte, z.B. »Vielleicht ist es im freien Westen auch nicht so viel besser, aber man wird nicht so langsam zu Tode gequält wie hier bei uns.« Laufend solche Sätze von Ibsen! Manchmal war uns wirklich so, als wäre es ein Stück, das sich mit den kleinen Hütchenträgern der SED auseinandersetzte. Ich hatte es nicht so gemeint, aber es wurde sehr politisch verstanden. Während seiner Ansprache säuft Badearzt Stockmann Nordhäuser Doppelkorn. Auch der Schnaps wurde uns per Weisung verboten, weil man eben kein DDR-Produkt in diesen Zusammenhang setzt. Darüber hat sich Gerd Preusche – er spielte den Stockmann – wahnsinnig aufgeregt. In den Stasi-Akten wird gefragt, ob ein Theater, dem der Karl-Marx-Orden verliehen wurde, einen Intendanten weiterhin tragen kann, der solche Inszenierungen zuläßt. Da merkt man, daß Gerhard Meyer ziemlich rangenommen wurde.

Städtische Theater Karl-Marx-Stadt, Generalintendant Gerhard Meyer, 27.4. 1988:
Lieber Frank Castorf,
Gerd Preusche war bei mir und hat mir gesagt, daß er sich eigentlich außerstande sieht, in der Fernsehansprache zu Beginn des zweiten Teiles des »Volksfeindes« die von mir vorgeschlagenen kleinen Striche zu machen; ich hatte Sie ja informiert, um welche zehn Zeilen es sich dabei handelt. Er meint, die Striche wären unlogisch und machen ihm die Gestaltung der Ansprache nicht möglich. Meiner Meinung nach sind die Striche logisch, vertretbar, in keiner Weise die Figur oder die Situation beschädigend. Sie bringen auch keinen Zeitgewinn, sie verhindern – und darum habe ich sie vorgeschlagen – lediglich, daß sich Zuschauer ... genau dort mit demonstrativem Applaus äußern und damit natürlich die Stimmung und Haltung im Zuschauerraum in eine Richtung beeinflussen, die – da bin ich eigentlich sicher – Sie genauso wenig wollen wie ich. Ich habe Gerd Preusche versprochen, Sie von seinem Gespräch mit mir zu informieren, und ihn meinerseits verständigt, daß ich bei

»Ein Volksfeind«, Karl-Marx-Stadt 1988

den Strichen bleiben möchte, auch weil die Aufführung im Repertoire zu halten für mich ein Anliegen ist, zu dem ich stehen will und das ich nicht durch Streit um Strohhalmnichtigkeiten erschweren will.

Existentielles Lachen

Matthias Lilienthal: Wenn man spürt, daß ein Lachen aus dem Zuschauerraum eine existentielle Qualität bekommt, wie z.B. in der Karl-Marx-Städter »Volksfeind«-Premiere, dann merkte man schon die unvergleichbare Wichtigkeit von Theater in der DDR.

Andere Theaterauffassung

IM »Peter Klein«, MfS-Dienststelle Halle, 15.12.1986

Eine künftige Regiearbeit von Castorf ist konkret noch nicht benannt. Es ist lediglich so, daß von den Zeitabläufen her ein engagierter Regisseur – richtiger: ein im Engagement befindlicher Regisseur – eigentlich im Frühjahr eine nächste Inszenierung machen müßte. Ob wir die Produktion überhaupt unterbringen können, ist relativ offen durch die Werkstattbelastung. Es ist auch noch nicht entschieden (und das wird Gegenstand des Gesprächs sein, und es wird davon abhängig sein, inwieweit Castorf unsere Argumente akzeptiert und auf diese eingehen wird), ob Castorf überhaupt bereit ist, Inszenierungen zu machen, die auf der Theaterauffassung von Sodann beruhen, die bisher praktiziert worden ist. Es kann durchaus sein, daß er sagt, daß er anderes, als er bis jetzt gemacht hat, nicht inszenieren kann. Dann wird es wahrscheinlich keine Fortsetzung der Arbeit in Halle geben.

Landestheater Halle, Schauspieldirektor Peter Sodann, 26.3.87:

Lieber Frank Castorf!

Nach unserem letzten Gespräch habe ich mir gemeinsam mit meinen engsten Mitarbeitern und der Dramaturgie Gedanken gemacht, ob eine Zusammenarbeit mit Dir in der jetzigen Situation für die Arbeit des Schauspiels am Landestheater Halle und namentlich im »neuen theater« sinnvoll ist. Der Ausgangspunkt meines Nachdenkens ist selbstverständlich die Inszenierung »Bernarda Albas Haus«. So sehr ich mich dazu bekennen möchte – Du weißt selbst, daß wir Deine Arbeit mit Toleranz unterstützt und ohne Reinreden gestattet haben –, ich kann in mir zu dieser Inszenierung keine Affinität herstellen. Das mag an meinem Alter liegen, nur das war nicht das Bestimmende.

Nach wie vor bastele ich am Landestheater Halle und sehe in Deiner Arbeit für mich im Moment keine aufbauende Seite für dieses Haus.

Im Klartext: Ich suche einen Regisseur, der sich zu den »Gepflogenheiten« dieser Stadt mit Leib und Seele (Haus und Hof) bekennt. Dies können wir gemeinsam wohl nicht finden.

F.C.: Peter Sodann wollte mich eigentlich als seinen Kronprinzen inthronisieren und hat gemerkt, daß ich erstens nicht aus Berlin verschwinden und zweitens über Halle auch noch an andere Häuser wollte. »Bernarda Albas Haus« war sehr schön, die Frauen hatten fellinihafte und stark sexuelle Momente. Wenn du mit vielen Frauen arbeitest, gibt es ein besonderes Verhältnis zwischen Schauspielerinnen und Regisseur, wodurch es am Theater zu Sachen kommt, die unter die Kategorie Sexualneid fallen. Die Kontroversen hingen eher mit dem Unterleib als mit Politik zusammen. Er merkte, daß dieses Doppelgespann Sodann/Castorf als Papa und Sohn nicht aufging. Deshalb wollte er's nicht mehr. Hinzu kommt, daß meine Ästhetik der seinen grundsätzlich widerspricht. Das wußte er zwar vorher, aber er dachte, daß wir beide, jeder in eine andere Richtung arbeitend, sehr gut auskommen könnten. Dies funktionierte nicht, also zog er lieber einen Schlußstrich. Das ist völlig legitim, und ich war ihm auch nicht böse. Ein Jahr lang hatte ich sehr gute Bedingungen, einen sehr guten Vertrag, Ich mag ihn auch noch heute, weil er ein sehr vitaler Theatermann ist. Natürlich steht mir so'n älterer Herr wie Gerhard Meyer näher, der mit Übersicht und Einordnungverständnis arbeitet, der auch akzeptieren kann, was ihm nicht gefällt. Dem habe ich viel zu danken, zumal »Bau« und »Volksfeind« die gravierenden zentralen Inszenierungen von mir in der DDR waren, die meinen Durchbruch skizziert haben. Meyer hat sie immer verteidigt.

Städtische Theater Karl-Marx-Stadt, Generalintendant Gerhard Meyer, 4.11.1986:
Lieber Frank Castorf,
hoffentlich waren Sie – alles in allem – mit dem Gedankenaustausch zum »Bau« am Sonnabendvormittag ähnlich zufrieden wie ich. Ich war darüber hinaus froh über Ihre Haltung; einmal darüber, daß Sie sich geäußert haben, zum zweiten, wie Sie sich geäußert haben. Beides entsprach meinen Erwartungshaltungen in bezug auf den Kollegen Castorf.

F.C.: Ich besaß dieses Riesenprivileg, rechtzeitig verboten worden zu sein. Damit hatte man den politischen Adelsschlag bekommen. Ist doch schön, wenn man in seinen Akten findet, daß man als ein politisch eingreifender Mensch wichtig genommen wurde.

In der feudalistisch-sozialistischen Gesellschaft warst du mit Kunst a priori ein politischer Faktor. Das ist jetzt nicht mehr der Fall. Die Produktionsweise hatte im Osten Spaß gemacht – es gab Krach, aber keinen Druck und eine ungeheure Freundlichkeit. »Paris, Paris« im Deutschen Theater war auch so ein Mißverständnis. Alle wollen in den Westen, nach Paris, egal unter welchen Demütigungen. Für mich stand dahinter eigentlich so'n daseinsanalytischer Zug: Soll ich von einer in die andere Kiste gehen, von der ich nicht weiß, ob's die bessere ist? Vielleicht geht's bloß um den Grad der Ausstattung! Das war der Sinn – kein direkt politischer, eher ein therapeutischer: Auslachen und weg von seinem Trauma, von seinen Bedrängnissen. »Paris, Paris« sollte eigentlich auch durch die ZK-Abteilung abgesetzt werden. Dieter Mann aber hat sich sehr stark engagiert. Dieses Verhalten, keinen Schritt weiter zurückzuweichen, war sehr wichtig.

Heute ist es nicht mehr so, daß du aus Not zusammengerückt bist, daß du diese Intimität, diesen Austausch von Meinungen miteinander pflegst, gemeinsam zu einer neuen Kraft findest. Die Leute müssen ja auch nicht mehr von Berlin nach Gera fahren, um sich eine Arbeit anzusehen, um diese politische, ästhetische Bestätigung zu bekommen.

Westkontakte

Aus staatspolitischen Gründen

F.C.: Ich wollte mich in einem anderen Kulturraum vorstellen und dort natürlich mit spektakulären Arbeiten Erfolg haben; ich wollte Westgeld verdienen, einen Paß haben, Grenzgänger sein, die Freundin mitnehmen können – also all das, worüber sich der DDR-Bürger geärgert hätte.

1987 wurde meine West-Tante 95 Jahre alt, also stellte ich einen Besuchsantrag bei der Polizei. Als ich dran war, hatte der Hauptwachtmeister ein bißchen Mitleid, denn mein Vater war ja ein angesehener Mann im Prenzlauer Berg, ein ordentlicher Bürger, der Jalousetten verkaufte, die jeder haben wollte – ob er in der Partei war oder nicht. Ich muß Ihnen sagen, sprach er, daß Ihr Antrag abgelehnt ist. Ich konnte nichts Böses erwidern, meinte nur, daß es mich für den Optimismus unserer Behörden freut, weil sie offenbar die Meinung vertreten, ein Mensch mit 95 ist einfach zu jung, um besucht werden zu können. Ich komme zum Hundertsten wieder, könnte mir vorstellen, das wäre eine runde Sache. Wenn nicht, warten wir aufs Hundertfünfundzwanzigste. Ich bin nur lachend rausgegangen, weil mir das zu aberwitzig erschien. Schlimm war nur, wie die Leute, stundenlang an Heizungen gelehnt, voller Demut und Untertänigkeit auf ihr Visum warteten.

Werter Genosse Dickel!
Der freischaffende Regisseur Frank Castorf stellt den Antrag, in der Zeit vom 15. 06. bis 20. 07. 1988 mehrmalig nach Berlin (West) fahren zu dürfen, um der Einladung zur Teilnahme an der Heiner-Müller-Werkschau folgen zu können. Die Ausreise soll über die Kontrollpunkte Friedrichstraße oder Invalidenstraße erfolgen. Aus staatspolitischen Gründen befürworte ich diesen Antrag und bitte um Visaerteilung. Zentrale Zustimmung ist beantragt.

Mit sozialistischem Gruß
Dr. Hans-Joachim Hoffmann
(Minister für Kultur)

Müller oder Millowitsch

F.C., Diskussionsbeitrag zur Westberliner Heiner-Müller-Werkschau, 26.6.1988:

Ich glaube, nur aus einem ganzheitlichen Gedankengang ist eine Figur wie Heiner Müller zu verstehen. Und es ist dieser ungeheure schwarze Humor, der mir sehr viel Spaß gemacht hat. Willy Millowitsch muß solche Texte sprechen. »Einfach die Texte sprechen« – das ist ein Trick, mit dem Müller arbeitet, um seine Sachen zu verkaufen. Aber bei Millowitsch wird's große Kunst, weil es was Heiteres, Überfallartiges, Natürliches ist. Bei Müller wird's immer dann interessant, wenn Natürlichkeit, Witz da ist. Das ist die Technik, mit der man Müller meiner Meinung nach modern inszenieren kann.

Provinz und Metropolen

F.C.: In München habe ich »Miss Sara Sampson« inszeniert, das erste bürgerliche Trauerspiel, was de facto unbekannt, schwer zugänglich ist und kaum gespielt wurde. Bei der Premiere gab es den ersten wirklichen Skandal. Die Leute schrien und jubelten, und mitten in der Vorstellung brach ein Zuschauer auf seinem Sitz zusammen, was einen ungeheuren Krach machte. Der kam dann zu mir, wollte das Mißverständnis aufklären, weil ihm die Inszenierung sehr gefallen hatte.

Wie so oft, ob in Hamburg, Köln oder München, wußten sich die Leute nach der Aufführung nicht zu verhalten. Soll das nun genial sein, darf man diejenigen grüßen, die den Abend gestaltet haben, wer beobachtet mich, wenn ich mich positiv äußere ... Solche symptomatischen Dinge, die nur mit der eigenen Verunsicherung und nicht mit der Kunstbeobachtung zu tun haben, sind mir häufig in Westdeutschland widerfahren (im Gegensatz zu Basel, wo immer eine große Freundlichkeit herrschte). Bei »Torquato Tasso« in München war's sehr extrem. Da brüllte ein aufgeregter, gutsituierter älterer Herr im blauen Zweireiher kurz vorm Ende der zweiten Vorstellung »Kommunisten raus«. Silvia Rieger, Darstellerin der Gräfin Scandiano, kam von der Bühne runter, hat dem ein paar auf die Fresse gehauen und mit entsprechenden Worten und Fußtritten zur Tür begleitet.

Frank Castorf, Berlin 1988

Die Leute in der Bundesrepublik sind immer erstaunt, wenn ihnen ihre eigene Arroganz wie ein Spiegel entgegenkommt. Dann reagieren sie entweder verunsichert oder sehr offen, enthusiasmiert. Andere spucken Gift und Galle und führen sofort den Ruf nach ihren Steuern im Munde.

Bei der »Raststätte« in Hamburg hat mich der pornographische Punkt interessiert, die Verwechslung von Freizeit und Freiheit. Die jagen so gnadenlos ihrer Freizeit hinterher, halten das für den Gipfelpunkt von Freiheit, müssen noch mal das neue Sexuelle ausprobieren – wie in einem Laufrad, in dem man nie von der Stelle kommt. Genau diese forcierte Geschmacklosigkeit der Inszenierung hatte Hamburg verdient. Am Anfang war's ein Skandal, jetzt kommt Publikum hin, das mehrheitlich doch entschlossen ist, sowas zu wollen. Aber es ist kein Publikumshit. Bei uns würde es wohl sehr gut laufen. Deshalb werden wir es auch an die Volksbühne holen. Trotzdem: In Hamburg ist es eigentlich fast richtiger placiert, weil die Leute sich sehr viel mehr ärgern.

Intellektueller contra Dorftrampel

Friedrich Engels: Wo ist der deutsche Spießbürger, der nicht begeistert ist für Wilhelm Tell, den Vaterlandsbefreier …

Matthias Lilienthal: Frank nimmt seine Inszenierungen oft aus der Beobachtung der ihm auf der Probe zur Verfügung stehenden Menschen, die stets ihre eigene Welt mitbringen. Dadurch schwappt in seine Inszenierungen ein hoher Anteil der dortigen, für ihn vielleicht unbekannten Realität hinein. Verglichen mit anderen Regisseuren, die in Basel gearbeitet haben, besitzt er eine große Besonderheit. Alle Beteiligten waren maßlos verwirrt, wie wenig er probiert. Normalerweise wird zwischen 10 bis 15 Uhr und 19 bis 23 Uhr geprobt, also immerhin volle neun Stunden am Tag. Und plötzlich kommt jemand und probiert lediglich anderthalb Stunden, manchmal gar nicht, trinkt und schwatzt in der Kantine rum. Damit kommt er ihrer natürlichen Faulheit entgegen, woraus sich eine merkwürdige Art verschworener Clique entwickelt.

F.C.: Beim Baseler »Tell« gab's starken Protest – allerdings schweizerisch gemäßigt. Zu einer Publikumsdiskussion waren 500 Leute gekommen. Eine ältere Frau, die 1939 (als die Schweizer das Überrennen ihrer Alpenfestung fürchteten) mit der Waffe in der Hand Wehrhaftigkeit demonstriert hatte, fand es empörend, wie sich ein Deutscher über Schweizer Geschichte lustig machen konnte. Die Deutschen wollten hier bloß Geld verdienen, meinte sie. Als ich ihr sagte, daß ich in München, Hamburg oder Köln viel mehr Geld verdiene, schlug ihre Haltung plötzlich um. Sie versprach zu intervenieren, daß wir als Deutsche in der Schweiz nicht unterbezahlt werden.

Im Gegensatz zur offenen Art der Schweizer (gestärkt vermutlich durch ein anderes republikanisches Selbstbewußtsein) ist das Faschistoide in den Gefühlsstrukturen der Deutschen stets rekrutierbar – sofort muß was kaputtgemacht, abgeschlachtet, denunziert, verboten werden. In der Schweiz baut man auf einen Diskurs zwischen verschiedenen Haltungen, man kann miteinander sprechen. Das habe ich als sehr angenehm empfunden.

Diese, wie ich meine, märchenhaft-naive »Tell«-Inszenierung brachte eigentlich erst im zweiten Teil ein paar Bösartigkeiten. Geßler, der österreichische Oberschurke, ist ein bißchen wie Pontius Pilatus in Bulgakows »Meister und Margerita«. Er plagt sich in diesem heißen, unzivilisierten Palästina mit Kopfschmerzen, ist nervös, will raus, zurück in die Kultur, ist angewidert von all dem Plebejischen um ihn herum. So was Ähnliches war für mich der Geßler, der sich bei diesem Bergvolk, das sich nicht benehmen kann, das nichts von höfischer Kultur weiß, total unwohl fühlt. Deshalb zitierte der bei mir auch aus der »Genealogie der Moral« von Nietzsche, redete über die Mittelmäßigkeit der Zeit, daß jeder nur Schmerzabsicherung will, daß alles chinesischer, christlicher wird. Diese Lust am eigenen Untergang, mit der er sich Tell zum Abschuß anbietet, ist für ihn als Intellektuellen ein geistiger Akt unter lauter Dorftrampeln. Wenn Schweizer als absolute Hinterwäldler skizziert werden, muß sie das provozieren.

Im zweiten Teil, kurz bevor Geßler mit einer Maschinenpistole erschossen wird, zitiert er noch Texte des Nationalratsabgeordneten Jean Ziegler, Autor des Buches »Die

Schweiz wäscht weißer«, in dem es um Flucht- und Drogengelder auf Züricher Nummernkonten, um Waffen- und Drogengeschäfte ging, darum eben, wie die Schweiz am Völkermord aktiv verdient. Ziegler schlugen damals ungeheure Haßwellen entgegen. Die Inszenierung bekam nun einen sehr starken polemischen Zug, weil Geßler, der Feind der Völker der Schweiz, praktisch einen Schweizer Nestbeschmutzer zitiert.

Weil eine staatliche Schweizer Institution gegen das offizielle Schweizer Geschichtsbild motzte, war »Tell« wahrscheinlich gerade bei Schulklassen, bei Jugendlichen der totale Hit. Die haben das absolut abgefeiert – ähnlich wie in Gera oder an anderen DDR-Theatern, wo man sich mit so einem Kunstding aufgeputscht, gegen die herrschende Ordnung demonstriert hatte. Die Schweiz ist mir als reiche DDR ganz angenehm gewesen. Sie besitzt eine ungeheuer präsente Ordnungsmacht. Damals wurde gerade ein besetztes Haus geräumt, und die Schweizer Polizei ist mit einer ungeheuren Brutalität gegen die Hausbesetzer vorgegangen. Das kannte man aus Westdeutschland so nicht, das erinnerte eher an den Oktober 89.

Den wirklichen Skandal hatten wir zu den Schillerfestspielen 1990 in Mannheim. Da konnten wir nicht zu Ende spielen, Silvia ließ sich wieder in einen Disput und ein Handgemenge mit Zuschauern ein, was sich über viele, viele Minuten hinzog, so daß es zehn Minuten vor Schluß zum Abbruch der Vorstellung kam. Sowas habe ich mit der »Raststätte« auch in Duisburg, Recklinghausen oder Mühlheim erlebt. Die westdeutsche Provinz ist bei allem, was ihre Sicherheit attackiert, was ihre Selbstsicherheit, ihr Wissen, ihr Zeitgefühl durcheinanderbringt, ungeheuer reaktionär. Wenn zehn Minuten nichts passiert, Wiederholungen einsetzen, dann ist das für sie keine Kunst. Was der Bauer nicht kennt, frißt er nicht. Bezogen auf eine ästhetische Erwartung, ist diese bäuerlich-kleinbürgerliche Moral, wenn sie (wie im Ruhrgebiet) sozialdemokratisch-gewerkschaftlich geprägt ist, absolut reaktionär. Nicht ein Jota vom Weg ist abzugehen, sonst werden sie bösartig. Das ist der Unterschied zur Schweiz.

Das Jahr 1989
F.C.: Meine Freundin und ich sahen im Sommer in Mallorca Fernsehberichte von Leuten, die eine halbe Nacht im ungarischen Unterholz gelegen hatten. Bei diesen weinenden Gesichtern wußte ich um den Grad der Darstellungskunst in Deutschland.

Wegen einer Umbesetzung für Ibsens »Volksfeind« saß ich am Abend des 9. November mit Peter Brasch in der Kantine des mittlerweile legendären Karl-Marx-Städter Schauspielhauses. Keiner von uns ist aufgestanden und losgefahren. Komisch lethargisch haben wir unser Bier weitergetrunken. Irgendwann sind wir doch noch mit dem Trabant Richtung Berlin. Uns entgegen kamen Kolonnen von Autos. Mit 'ner Bekannten fuhren wir zum Westberliner Zwiebelfisch, alte 68er Kneipe am Savignyplatz. Mehr war nich'.

Volksbühne am Luxemburgplatz

Also rätselte die Theaterszene
Einschätzung der Volksbühne im sogenannten Nagel-Papier zur Situation der Berliner Theater, 6.4.1991: Der Bau ist von schlagender Häßlichkeit. Hier sollte man (eben deshalb) ein junges Theater gründen: mit ästhetischer Innovationslust, politischem Mut, ähnlich wie (und sicher ganz anders als) einst die Schaubühne am Halleschen Ufer. In diesem Haus (in bröckelnder SED-Stuck-und-Marmorpracht, auf der Strecke von Prenzlauer Berg nach Kreuzberg, mit Blick sowohl aufs Liebknecht-Haus als aufs Programmkino Babylon) ließe sich etwas bewegen. Bespielbar, belebbar ist nicht nur die Hauptbühne, sondern drei Foyers und ein Studio. In der besten Zeit des Hauses haben das Besson, Karge/Langhoff, Müller vorgeführt – in Ostberlin unvergessen. Wir schlagen vor, daß das Land Berlin (mit dem Mut, den es 1970 hatte, Peter Stein und die Seinen aufzunehmen) die Volksbühne am Rosa-Luxemburg-Platz einer jungen Truppe, vermutlich mit Ex-DDR-Kern, gibt – einer Truppe, die ihr Theater machen will. Die sozialen, kulturellen Schocks und Wirrnisse unserer Lage könnten sich gerade in Berlin umsetzen, in einen neuen, erhel-

lenden und verstörenden Blick des Theaters ... Bis zum Beginn des dritten Jahres könnte sie entweder berühmt oder tot sein.

Matthias Lilienthal: Als Frank im April/Mai für Basel »Wilhelm Tell« inszenierte, wußte er wohl schon, daß ihm vermutlich die Volksbühne angeboten werden würde. Zum einen war's der formulierte Wunsch des Ensembles, zum anderen hatte die Berliner Kommission seinen Namen offenbar auf der Vorschlagsliste. Also hat er mich vor einer Kneipe nachts um halb drei gefragt, ob ich Lust auf den Chefdramaturgen hätte. Damals sah ich kein Problem, hatte Lust und sagte Ja. Das unheimlich Schlaue von Ivan Nagel bestand darin, daß er nicht reingeschrieben hat, wen er meint. Also rätselte die Theaterszene wochenlang, wer das denn sein soll. Durch Ironie und Chuzpe war eine unheimliche Spannung vorhanden, wer da nun als Figur protegiert werden würde.

Groß, leer und kaputt

F.C.: Ein kleineres Theater hätte ich nie übernommen, das hätte ich nicht schaffen können. Die Volksbühne aber war so groß, so leer und so kaputt – da lohnte es anzugreifen. Von Anfang an habe ich gesagt, daß sich alle bewußt sein müssen, wenigstens im ersten Jahr alle Kräfte zu investieren, absolut zu powern. Sonst sind wir nach einem Jahr weg. Trotzdem pochten einige auf ihre Fünfjahresverträge, fragten, ob ich einen Stich hätte. Dabei hätte für jeden, der sehen konnte, klar sein müssen, daß es irgend jemanden in diesem Russischen Roulette treffen würde – neun Monate später haben sie das Schiller-Theater geschlossen. Zu DDR-Zeiten tauchte durch Heiner Müller die Frage auf, ob Tragelehn, Schleef und ich die Volksbühne übernehmen könnten. Im Herbst 1990 wollten wir uns darüber bei einem Brecht-Seminar in Paris verständigen und gingen gemeinsam an einem sommerlich warmen Oktobertag in den berühmten Luxembourg-Park. Tragelehn sah aus wie Brecht, setzte sich auf eine Bank, rauchte Zigarre, bewegte sich überhaupt nicht. Schleef sah in seinen blauen Trainingshosen, den Jesuslatschen, in seinem Anorak und mit seiner Stullentasche aus wie bei 'ner vormili-

Volksbühne, Rosa-Luxemburg-Platz, Berlin-Mitte: Open-Air-Konzert zur Eröffnung der Spielzeit 1994/95; Podiumsdiskussion im überfüllen Großen Saal »Alles Stasi – außer Mutti«, Januar 1995

tärischen Ausbildung. Er stürmte im Landserschritt durch den Park, wodurch wir, übertrieben gesagt, einen Abstand von zwei, drei Klilometern bekamen. Und ich immer wie ein Sputnik hin und her, um sie zusammenzubringen. Da wußte ich, daß es mit uns nichts werden könnte – jeder hatte einen anderen Rhythmus. 1991 war ich mit Ivan Nagel essen. Er fragte mich, ob ich Lust hätte, Intendant zu werden. Ja, sagte ich. Ich sage immer Ja. Die Frage war bloß, wie macht man denn sowas. Kein Problem, meinte er, das kann man vorbereiten. In bezug auf dieses Gespräch entstand dann wohl das Gutachten. Ich hatte aber nie daran geglaubt, daß es wirklich zu so einem Abschluß kommt. Die Verhandlungen zogen sich hin, ich hatte verschiedene Berater, z.B. den Verwaltungsdirektor vom Thalia-Theater, der uns beim Durchchecken des Hauses sehr geholfen hat. Den offiziellen Vertrag habe ich am 1. Januar 93 bekommen.

Reibungsfläche

Matthias Lilienthal: Frank und ich haben oft und lange über verschiedene Themen geredet, dabei auch immer wieder Gedanken und Schritte formuliert. Das war eine Form des Rumspinnens, wo an bestimmten Punkten bestimmte Pflöcke eingeschlagen wurden (begleitet vom unglücklichen Umstand, am nächsten Tag durchaus anderer Auffassung zu sein). Frank sortiert Verhaltensmöglichkeiten in einem Gespräch vor. Die Entscheidungen fallen aber an Punkten und Momenten, wo man mit ihnen eigentlich nicht rechnet. Die erste konzeptionelle Entscheidung kam über die Eintrittspreise zustande – 5 Mark für Schüler, Studenten, Arbeitslose, 12 und 18 Mark für den Rest. Wir wollten uns sozial nicht so verhalten wie die anderen Theater. Dann ergab sich eine Liste von Anfangsinszenierungen, die nicht einem fixierten Konzept gehorchten. »König Lear« war im Prinzip ein übriggebliebener Weimarer Inszenierungswunsch. Frank mochte es, und wir brauchten sowieso ein Stück, wo wir das Ensemble zeigen, wo wir ziemlich viele Leute beschäftigen konnten. Dazu kamen Bronnens »Rheinische Rebellen«, »Stadt der Gerechtigkeit« – Stoffe, die sich mit ’ner bestimmten Historie, mit ’ner bestimmten Gesellschaft auseinandersetzen.

Die ganzen Inszenierungsentscheidungen waren längst gefallen, da brauchten wir ein Konzept. Und dann standen der 7. Oktober und der 9. November vor der Tür, worüber eine Art Zyklus entstand. Das Layout und die Werbung von Bert Neumann, die von Anfang an mit DDR-Papier und Bleisatz kokettiert haben, machten vor allem die Lage des Hauses und die Architektur dieses Panzerkreuzers zwischen Kreuzberg und Prenzlauer Berg zur Reibungsfläche.

Nelken und Schaumwein
»Frankfurter Allgemeine Zeitung«, 5.12.1994: Die beiden Hungerkünstler sind abermals umgezogen. Nachdem die Polizei sie auch aus dem Berliner Abgeordnetenhaus vertrieben hat, sind Gregor Gysi und Lothar Bisky endlich dort untergekommen, wo sie, nach einem Bonmot des Publikums, von Anbeginn ihrer öffentlich inszenierten Appetitlosigkeit hingehört hätten: im Theater. In Frank Castorfs Volksbühne am Rosa-Luxemburg-Platz, gegenüber dem Karl-Liebknecht-Haus, ihrer Parteizentrale, haben sie, wo sonst, das emblematisch hochzufriedenstellende Ambiente gefunden.

F.C. im Ostdeutschen Rundfunk Brandenburg während der Sendung »Castorf, der Eisenhändler«, 2.12.1994: Gestern nacht, als ich von einem Konzert des ehemaligen Pogues-Sängers Shane MacGowan nach Hause kam, hat mich Gregor Gysi einfach angerufen und gefragt, ob sie, also der PDS-Vorstand, bei uns den Hungerstreik machen können. Wir haben ja gesagt. Ich weiß nicht, aus welcher politischen Richtung Sie zuhören, ich weiß auch nicht, ob Sie das gut oder schlecht finden, ich würde mich aber gern darüber unterhalten, was Sie davon halten. Wir haben Leuten Obdach gegeben, die im Berliner Mauerstreifen in einer Wagenburg gelebt haben und rausgedrängt wurden, wir haben auch Obdachlose bei uns einquartiert. Wir haben etwas getan, was Theater selten macht – mit dem Kopf durch die Wand, auf die Straße. Aber das kann auch falsch sein. Bitte rufen Sie uns an, und sagen Sie uns, ob Sie das Obdach für die PDS richtig oder falsch finden.

Hörer 1: Da bin ich geteilter Meinung. Man munkelt ja,

daß es Millionen gibt. Andererseits weiß es keiner so genau, und ich denke, jeder, der dieser Partei 'ne Chance gibt, steht mit einem Bein mittendrin. Insofern weiß ich nicht, ob die Volksbühne so'n Schritt wagen sollte. Da bin ich zumindest skeptisch. Ich würde eher Nein tippen.

F.C.: Wie würden Sie selbst reagieren?

Hörer 1: Für 'ne Partei würde ich's nicht machen.

F.C.: Ich sag' mal, was mich dazu gebracht hat. Es sind ja in diesem Wahlergebnis 20 Prozent gewesen, die okay zu dieser Partei gesagt haben – aus welchen Gründen auch immer. Aber ich finde es unangenehm, dieses Wählervotum über die Hintertür finanztechnisch zu korrigieren. Und deshalb haben wir uns dafür entschieden, auch wenn ich Ihre Kritik ernte.

Hörer 2: Ich find's okay, daß ihr die PDS reingelassen habt. Ich bin nicht Mitglied dieser Partei, habe sie aber gewählt und meine, daß man sich mit ihr politisch auseinandersetzen muß, statt sie auf kaltem Wege killen zu wollen. Da das Ganze sehr umstritten ist, also ein Publikum spaltet, gehört's ins Theater, vor allem in die Volksbühne.

F.C.: Das ist eine sehr schöne Bemerkung. Und ich grüße auch an dieser Stelle die Kollegen, die da hungern. Ich habe ihnen gestern nacht gesagt, ein bißchen hungern kann nicht schaden, weil die Bäuche ein bißchen zu dick werden. Aber das ist natürlich nur eine Sache. Am wichtigsten ist, daß wir endlich in Deutschland sagen, was wir meinen. Sollte man also die PDS in einem staatlich subventionierten Theater hungern lassen?

Hörer 3: Hungerstreik ist die Fortsetzung der Politik mit anderen Mitteln. Mir persönlich geht das ein bißchen auf den Wecker.

F.C.: Denkst du dabei an Bischofferode und sagst, das Ding ist eigentlich abgegessen – Mainstream.

Hörer 3: Nein, ich denke daran, daß sich die PDS vergleicht mit Gruppen wie den Kurden oder den noch zum Teil im Gefängnis sitzenden RAF-Leuten oder auch den Bergleuten in Bischofferode, die wirklich aus einer existentiellen Not zu solchen Mitteln greifen, weil sie keine anderen Möglichkeiten zur Artikulation haben. Wenn aber eine für meine Begriffe nicht gerade verfemte Partei einen Hungerstreik macht, dann finde ich das, ehrlich gesagt, ein

Pressekonferenz von Gregor Gysi und Lothar Bisky zum Hungerstreik des PDS-Vorstandes in der Volksbühne am 2.12.1994; Gregor Gysi probt mit den Schauspielern Harald Warmbrunn, Peter-René Lüdicke und Ulrich Voß in der Spielstätte am Prater für »Arbeiter und Intellektueller«, Juni 1995

bißchen lächerlich, weil es für mich eine Publicity Show ist.

F.C.: Du meinst also, es ist ein Theaterereignis und kein politisches.

Hörer 3: Das ist ein Theaterereignis für die Medien. Ich war gestern im Umweltausschuß des Abgeordnetenhauses als Zuhörer – was da für ein Aufgebot an Kamerateams und Polizei und Einlaßkontrollen abgelaufen ist, das war wirklich relativ belustigend für unbedarfte Beobachter.

F.C.: Da ist dir ein bißchen das Bier hochgekommen, ja?

Hörer 3: Zu dem Zeitpunkt hatte ich noch keins getrunken. Aber ich habe mich schon gewundert, welche Gewichtung das Ganze kriegt. Für mich persönlich ist das Ganze eine finanzrechtliche Problematik, denn es geht ja um das sogenannte Altvermögen von Parteien. Und die PDS hat nun mal das Pech, daß sie nicht gerade Kohls besondere Sympathien genießt, verglichen mit den anderen Altparteien der DDR, die einverleibt worden sind. Die Parteien West haben sich da mehr oder weniger bedienen können. Die PDS hat nun die Position der nichtgeliebten SED übernommen und muß das nun ausbaden. Ich sage mal ganz ironisch: Es wäre gut gewesen, Herr Gysi hätte sich mal mit Herrn Lambsdorff zusammengesetzt und Überlegungen angestellt, wie man den Fiskus übers Ohr haut.

F.C.: Das wär' ein nettes kopulierendes Paar geworden.

Der, dachte ich, macht das

Gregor Gysi: Zuerst waren wir in den Räumen der Unabhängigen Kommission zur Überprüfung des Vermögens der Parteien und Massenorganisationen der DDR beim Bundesministerium des Innern. Dort sind wir rausgeflogen. Daraufhin sind wir zu unserer Fraktion ins Berliner Abgeordnetenhaus gezogen. Die dürfen meiner Meinung nach einladen, wen sie wollen. Aber auch dort flogen wir raus – mit einem Riesenpolizeiaufgebot. Nun saßen wir im Gebäude des Bundesvorstandes am Rosa-Luxemburg-Platz und stellten fest, daß dort ein Hungerstreik albern sei – würde uns ja kein Mensch glauben. Wir brauchten ein Gebäude, wo die Chance groß ist, nicht wieder rauszufliegen, aber eben auch ein öffentliches. Da fiel mir die Volksbühne ein. Dabei hatte ich, ehrlich gesagt, weniger an das damalige Verfahren in Brandenburg gedacht im Sinne einer Gegenleistung. Der, dachte ich, macht das. Außerdem muß das auch für die Volksbühne und für Frank Castorf nicht von Schaden sein – was ich natürlich nicht genau einschätzen konnte, weil ich nicht genau wußte, wie die rechtlichen Verbindungen sind, welchen Einfluß beispielsweise der Kultursenator hat. Der hat aber keinen – das Hausrecht liegt eindeutig beim Intendanten. Und so hab' ich ihn angerufen, ihn abgeholt, und er hat uns die Volksbühne aufgeschlossen. Noch in dieser Nacht habe ich zu Frank gesagt, wenn das irgendwie seine Stellung gefährde, müsse er das sagen, dann gehen wir wieder und suchen uns was anderes. Hat er aber nicht. Er stand die ganze Zeit dazu. Sein Chefdramaturg, der's wahrscheinlich in den Nachrichten gehört hatte, es aber nicht richtig glauben wollte, entdeckte uns am nächsten Tag. Sie haben sich dann sehr nett um uns gekümmert. Kresniks Tanzgruppe hat uns z.B. was vorgesungen. Allerdings mußten wir mehrmals umziehen, weil ja in allen Salons irgendwelche Inszenierungen stattfanden.

Eigentlich wollten wir dort bleiben, wo's verursacht worden ist, bei dieser Kommission, aber es war uns schon klar, daß sie uns dort nicht ewig belassen. In bezug auf diese Kommission haben jetzt alle ein Ermittlungsverfahren wegen Hausfriedensbruch am Hals. Das stehen wir aber nun auch noch durch.

Feudale Demokratie

Putsch gegen sich selbst

Matthias Lilienthal: Der Runde Tisch ist der Versuch, ein Gesprächsforum außerhalb der Hierarchie zu schaffen, man könnte auch sagen: Der Putsch des Intendanten gegen sich selbst. Bevor Castorf hier Intendant wurde, war die Volksbühne lange Jahre kein wichtiges Theater mehr. Trotzdem erfüllte viele Ensemblemitglieder das Gefühl, durch den Aufstand gegen den alten Intendanten Rödel, durch die Wende, durch die Beteiligung an der Alexanderplatz-Demo eine Chance von Demokratie, von Selbstbestimmung wahrgenommen zu haben. Fünf Jahre später etablieren sich wieder feste Hierarchien und Strukturen. So ist der Runde Tisch der Versuch, diese Strukturen wieder in Frage zu stellen, eine andere Kommunikation zu treiben. Auf der anderen Seite muß man sagen, Theater lebt aus dem Feudalismus heraus. Der alten Prägung nach war der Intendant jemand, der Fürsten den Hofstaat organisiert hat. Theater ist ungefähr das antidemokratischste, was es gibt. Ist der Intendant der Meinung, daß jemand eine Inszenierung machen kann, dann macht er sie. Diese Art von Subjektivität birgt ungeheure Gefahren in sich und ungeheuer große Qualitäten. Ich weiß nicht, ob ein anderer außer Frank den Mut gehabt hätte, Christoph Schlingensief – bei dem Ruf seiner Filme, bei dem Unwissen übers Theater – in einem großen Haus inszenieren zu lassen. Solche Sachen finde ich spannend.

Schleichender Einzug des Kapitalismus

Georg Buchmann, Leiter der Requisite, Mitglied des Personalrats: Die Idee ergab sich im Herbst 94 aus einer Ensembleversammlung. Wir haben bewußt den Begriff vom Ende der DDR gewählt, als sich die Kräfte der Beharrung und des Aufbruchs an einen Tisch setzten. Dreimal haben wir uns bisher getroffen. Für mich war der Grad der Beteiligung interessant. Ich habe den Eindruck, daß viele, vor allem technische Abteilungen, von sich aus die Chance wenig nutzen, ihre Sorgen loszuwerden, aktuelle Dinge zu erfahren. Beim erstenmal war aus jeder Abteilung jemand da, beim drittenmal saßen wir nur noch zu viert am Tisch. Ich kann im Moment nicht deuten, woran es liegt. Möchte ich auch nicht. Meiner Meinung nach ist der Gedanke nicht verstanden worden. Obwohl ein Forum für jeden, wird damit umgegangen wie mit 'ner Geheimsitzung, als hätten dort nur Ausgewählte ihren Platz. Es geht dabei ja um absolut hausinterne Sachen, um Management, um Koordinierung, um Effektivierung der Produktionsorganisation. Das Kunstprodukt Theaterabend muß organisiert werden, und da fehlt oft eine zentrale Information, wodurch die praktische Arbeit erschwert wird. Frank wiederum vermißt den Anfangselan, der deutlich spürbar zurückgegangen ist. Bisher ist es uns nicht gelungen, die Ursachen zu analysieren. Möglicherweise zeigt sich darin der schleichende Einzug einer kapitalistischen Produktionsweise, der viele Leute eher an Existenzängste als an Kommunikation denken läßt.

Versuch einer Doppelherrschaft

F.C.: Wenn ich zum Runden Tisch ein bißchen zu spät komme, fängt keiner an. Sie warten, bis ich da bin. Auch dort wiederholt sich letztlich die Hierarchie. Wer es anders will, bemerkt das und zieht sich zurück. In den Werkstätten hörst du die Meinung: Räte? Interessiert uns nicht. Da machen wir nicht mit. Wir wollen nur wissen, wie wir arbeiten müssen.

Ich muß für Bewegung in diesem Apparat sorgen. Ich muß gegen Verkrustung, auch gegen unheilige, durch Pragmatismus geschmiedete Ost-West-Allianzen vorgehen. Verwaltungsdirektor und Technischer Direktor verstehen sich z.B. blendend. Da muß ich Unruhe schaffen, sonst ziehen sie einen pragmatisch-planmäßigen Weg durch, den sie für richtig halten. Und das will ich nicht. Viele haben das Gefühl, wir – sie Technik, ich Regie – sind als sozial Gleiche an den Start gegangen. Und jetzt macht einer, vor allem durch die Medien, eine fast hysterische Karriere. Objektiv gibt's da Brechungen, die mir nicht angenehm sind. Auch dafür wollte ich den Runden Tisch. Früher mußten sie nie richtig arbeiten. Wenn sie Fehler gemacht haben – egal. Alles war so schön kuschlig. Jetzt stecken sie in einem Erfolgsmechanismus, aber ihr Anteil daran ist nicht so zu bemessen, daß sie wirklich motiviert sind.

Der Runde Tisch war der Versuch einer Doppelherrschaft. Aber das ist schwer. Theater ist nun mal ein zentralistisches System. Natürlich habe ich auch viele verwirrt – eine Situation, die nicht unbedingt ins Chaos, sondern in die Apathie führt (weil keiner mehr wirklich was macht, weil man nicht mehr überschauen kann, was soll, was darf, was muß man).

Streß-Spielzeit

Molotowcocktail

F.C.: Ich bin einfach glücklich, wenn ich zehn bis fünfzehntausend Menschen ganz unterschiedlicher Herkunft sehe, die über das Konzert mit Gundermann, der Bolschewistischen Kurkapelle und den Pogues zur Eröffnung der Spielzeit 94/95 das Theater wahrgenommen haben. Für diese Party vor unserem Haus auf dem Rosa-Luxemburg-Platz haben wir einen regelrechten Kampf gegen Ordnungs-, Umwelt- und Verkehrsamt geführt. Und doch kamen dann bloß 90 Dezibel heraus – eine Provokation für jeden Pogues-Fan.

Diese ganze Spielzeit war für mich wie ein Molotowcocktail – reinwerfen und mal sehen, wie's brennt. Stahlgewitter, Gysis Übernachtung, die Radiosendung – das waren Sachen, die bei mir, von der Kraft her, ans Eingemachte gingen. Ich möchte mich jetzt zwei Monate hinsetzen, lesen, in Ruhe schreiben – ich komm' nicht dazu. Der Motor läuft ständig. Dann versuchste, durch Saufen am Abend auszugleichen, kommst in eine Euphorie, und am nächsten Tag mußte die Depression wieder ausgleichen. Das ist im Augenblick ziemlich gefährlich. Und trotzdem wollte ich in dieser dritten Spielzeit alles wissen. Wir haben Kresnik fest hergeholt, wir haben die zweite Spielstätte im »Prater« durchgekriegt. Alles Sachen, womit man in Zukunft etwas anfangen kann. Im übrigen hilft die Überbelastung gegen das Schlimmste für die Volksbühne – Routine. Immer wenn die Volksbühne normal und routiniert wird, interessiert sie nicht mehr.

Die von der Volksbühne ausgehende Verunsicherung (verbunden mit der gleichzeitigen Schließung des Schillertheaters) hat einen tief bornierten reaktionären Mechanismus, nämlich dieses deutsche Theaterwesen, empfindlich getroffen – hochfinanziert, sich immer linksliberal gebend, aber tatsächlich arschreaktionär: Nie den Schmuddelkindern die Hände reichen, Leuten, die am Rande der Gesellschaft stehen. Mir ist es auch nicht immer angenehm, wenn die Obdachlosen da sind – aber sie sind da. Ich habe Umgang mit ihnen. Und das hat, glaube ich, viele von uns ein bißchen korrigiert, mit einer sozialen

Tiefenschärfe ausgerüstet. Und das darf nicht zu früh aufhören. Ich finde dieses mittelalterliche, handgemachte Medium Theater, was in der großen Verwertung und Vermarktung untergegangen und gar nicht mehr wichtig ist, noch ganz schön und spannend, auch wenn's im Jahr – was eine ganz miese Einschaltquote wäre – nur 150 000 Zuschauer erreicht.

Wenn's nach mir ginge, würde ich dieses Jahr aufhören. Mir ist das zu viel, ich würde lieber wieder in Ruhe inszenieren, statt mich mit Sachen zu beschäftigen, wo ich selbst einfach nur Machthaber bin, wo ich entscheide, verhindere, entlasse – was ich machen muß (oder meine, machen zu müssen) aufgrund eines bestimmten Finanzdrukkes. Wir haben es geschafft, womit keiner gerechnet hätte, das Tanztheater von Kresnik herzuholen, was wiederum einen bestimmten Westberliner Publikumskreis anspricht. Ich wußte auch, daß wir mit Kresnik immer wieder zuschauermäßig abpuffern können. Die Tänzer bringen eine große Freundlichkeit ein, die sich sofort auf die älteren Herren überträgt, die sinnlicher, vitaler, sexuell gereizter wirken. Einfach durch deren Anwesenheit entsteht neues Leben, Fröhlichkeit.

Deswegen bin ich hier

Hans Kresnik: Der Westen war für mich, das Theater betreffend, eine leere Gesellschaft, die im Prinzip nichts mehr zu sagen hatte. In allen Theatern Westberlins spielte sich Wiederholung ab. Brecht wurde plötzlich auch nicht mehr gespielt. Ich wußte nicht, wie es weitergehen sollte – die Ballettsituation stagnierte total, dem Schauspiel fiel nichts Neues ein, die Oper war sowieso in der Schublade. Und dann stand in Köln ein merkwürdiger Mensch vor mir, ein komischer Kommunist (oder was er war) – Frank Castorf. Seine Inszenierungen waren für mich wie ein Funke in einem Strohhaufen. Diese kulturelle Verbindung zwischen Ost und West war meine Rettung. Und ich muß sagen, in der kurzen Zeit, die wir hier an der Volksbühne sind, hat sich alles eingelöst, was ich mir vorgestellt habe. Ich weiß auch, daß ich noch viel mehr verwirklichen kann.

Ostberlin war eine ganz neue Erfahrung (obwohl ich früher, als die Grenzen noch geschlossen waren, oft bei Heiner Müller und anderen Leuten war). Vor allem habe ich eins festgestellt: Hier kann man noch politische Gespräche führen, hier kann man sich noch streiten, hier gibt es noch den Ansatzpunkt, wirklich bösartig zu argumentieren, und man kriegt auch bösartige Antworten, (was im Westen sehr, sehr schwierig geworden ist, weil alle unter einer Cremeschicht leben, weil ihnen im Prinzip alles egal ist). Das ist für mich ein Ansatzpunkt, im politischen Sinne Neu-Denken anzufangen, denn meine Arbeit ist eine politische Arbeit. Und ich empfinde Theater, so kitschig es klingt, immer noch als moralische Anstalt. Deswegen bin ich hier. Die Wiedervereinigung bei mir findet hier an der Volksbühne statt.

Der Fall Danton

F.C.: Eine für mich wichtige Inszenierung wie der »Danton« ist durch Merkwürdigkeiten, durch Unfälle des Hauptdarstellers Henry Hübchen und seltsame Animositäten ins Trudeln gekommen. Durch meine eigene Unentschiedenheit, Henrys Rolle neu zu besetzen, bin ich in die Diskussion gekommen, und die letzte Möglichkeit war, mich selbst anzustecken. Ich hatte keine Angst mehr, mich zum totalen Deppen zu machen, mir eine Perücke aufzusetzen und den Danton zu spielen. Es hat ungeheuren Spaß gemacht. Silvia Rieger fand das aber ganz furchtbar und grauenvoll (womit sie nicht nur unrecht hat).

Hendrik Arnst: An »Danton« hat Frank gehangen und drum gekämpft. Die Beziehung zu Henry Hübchen ist in der Volskbühne sehr wichtig. Frank wollte nicht sehen, daß da jemand krank, verletzt oder ausgepowert ist. Es war eine desolate Arbeitssituation insofern, als niemand wußte, wie die Inszenierung ins Laufen kommen sollte. Verschiedene Schauspieler hatten noch Probleme mit ihren Rollen. Und nun saß die Presse drin. Herbert Fritsch, Henry Hübchen und ich standen auf der Bühne. Die Szene war nur mal durchgebaut, funktionierte aber nicht. Da dreht sich Frank zur Presse und sagt: Da gucken Sie doch mal, mit so einem Scheißhaufen kann man doch nicht arbeiten. Zu mir meinte er noch, wenn ich Kunst machen will, soll ich zur Schaubühne gehen. Wir drei zogen wie die Bedepperten ab, und er rauschte mit wehendem Mantel da-

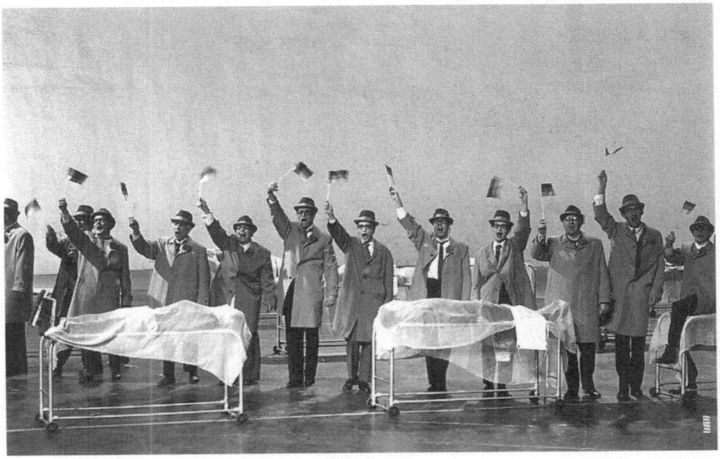

Hans Kresnik (oben) inszenierte »Rosa Luxemburg – Rote Rosen für Dich« mit dem Vorspiel »Die Honeckers kommen« (unten), Volksbühne, Oktober 1993

von. Er soll noch gerufen haben: Ob er noch der Intendant sei, wisse er nicht, und was mit der Inszenierung werde, müsse man auch sehen. Am nächsten Tag ging's mit Samtpfötchen weiter.

Herbert Fritsch: Das war ein ganz heißer Tag, der heißeste, den ich je am Theater erlebt hab'. Als wir morgens reinkamen, hieß es, Henry kommt nicht. Ich empfand es aber ganz wichtig, daß wir an diesem Tag die Premiere machten, egal wie. Selbst wenn einer den Danton-Text liest. Und dann war die Idee da, Frank könnte es lesen, quasi als Bekenntnis für uns, für die Arbeit. Mir hat die Aufführung großen Spaß gemacht. Nachher hatte ich ein blödes Gefühl, wie's ausgeschlachtet wurde. Leute riefen bei mir zu Hause an, daß sie den Frank auch gern als Danton gesehen hätten, ob ich denn auch in diesem Stück spielen würde. Ich fühlte mich miserabel, war dann auf Frank wütend und sagte: Ich hör' auf, hab' die Nase voll. Mir sind die Nerven durchgegangen. Dann habe ich aber erkannt, daß dies ein ganz wichtiger Punkt in der Entwicklung des Hauses war. Frank selber war ja auch bereit, das Ding hinzuschmeißen, hatte ein ziemlich kotziges Gefühl. Es ging auf die drei Jahre zu, und da muß sowas passieren. Ich sah und sehe das als Läuterungsprozeß.

Für mich war das eine wunderbare Aufführung, weil ich das Gefühl hatte, mich mit Frank auf der Bühne behauptet zu haben, auch in guter Form gewesen zu sein. Daß es sich die Medien so einfach machten, daß sie mit einer Rigorosität über die Qualität der Aufführung hinweggegangen sind, hatte ich nicht für möglich gehalten. Ich ertappte mich dabei, dies insgeheim Frank anzukreiden, was ich dann von mir ungerecht fand, weil er nichts dafür konnte. Es war so'n Punkt, wo's einigen Medien fast gelungen wäre (was sie nach wie vor versuchen), das Ensemble zu dividieren, diese wunderbare Volksbühne in die Luft zu sprengen.

Henry Hübchen: Früher waren wir bei einer Probe allein, die Souffleuse durfte auch noch rausgehen. Beim »Danton« saßen 14 Mann unten und noch ein Fotograf mit Blitzlicht. Das ist keine Probe. Da kannst du nicht arbeiten. Aber das vergißt du, wenn du berühmt wirst. Aus der Sicht des Schauspielers ist eine Probe ganz intim, du mußt

Frank Castorf als »Danton« zur Premiere von »Die Sache Danton« am 26.11.1994 in der Volksbühne mit Sophie Rois (oben) und Kurt Naumann, Günter Zschäckel, Bodo Krämer und Bruno Cathomas (unten; F.C. 2.v.l.)

in der Lage sein, was ganz Dummes, ganz Entlarvendes zu machen. Indirekt hatte das bestimmt mit diesem Streßzustand zu tun, daß ich von der Treppe gefallen bin. Frank quälte sich an den »Danton« so ran, dabei vergingen drei Wochen. Die Ferien kamen, und wenn dann noch jemand einen Schnupfen bekommt, bricht alles zusammen. Sonst wär' Frank doch nie auf die Bühne gegangen. Aber das macht er eben auch, fand ich gar nicht schlecht, macht sich öffentlich richtig zum Hampelmann und steht dann auch dazu. Der ist ja wirklich komisch. Ich hätt' mich das nicht getraut, jedenfalls nicht in dieser Weise. Und auf der anderen Seite glaube ich auch nicht, daß er so bescheuert ist und nicht weiß, daß er sich zum Clown macht. Er ist doch wirklich ein scharfer Denker. Aber Moment: Ein bißchen denkt er schon, Danton spielen zu können.

Der Prater

Mitten im Kiez

Reklame aus dem Jahr 1905: Kinder sauft, die Brauerei braucht leere Fässer.

Von der Wiege bis zur Bahre, ist der Suff das einzig Wahre.

Lukas Langhoff: Was in der Volksbühne nicht funktioniert, könnte sich im Prater etablieren. Mitten im Kiez haben wir einen neuen Ort, wo sich Kräfte polarisieren, wo Theater mit Essen und Trinken zusammenfällt. Dafür gibt es im Prater idealere Bedingungen als in der Volksbühne, wo derart lockere Strukturen nicht mehr existieren.

F.C.: Der Berliner Prater lag in letzter Zeit ein bißchen im Dornröschenschlaf – gegründet 1857, geschlossen 1990, nahe der Schönhauser Allee, tief im Prenzlauer Berg, früher lag das j.w.d (janz weit draußen). Wir haben den Prater wiedereröffnet mit einer literarisch-musikalischen Performance rund um Peter Wawerzineks Roman »Moppel Schappiks Tätowierungen« – hinter jedem Busch ein Geräusch, ein Schauspieler exklusiv für 70 Zuschauer, inszeniert vom Schweizer Rüedi Häusermann.

Peter Wawerzinek list im Prater-Garten »Moppel Schappiks Tätowierungen«, Inszenierung Rüedi Häusermann, Juni 1995

Wawerzinek: Wir haben hier etwas ganz Neues gemacht, nämlich den einzelnen Autor, also mich, davon befreit, daß falsche Leute einer Lesung zuhören. Meist wissen die Leute gar nicht, wie man ausgesprochen wird. Und dann will das Publikum seine Lieblingsstellen hören, sagt: Ah, der Autor liest jetzt das, was ich so gerne hab'. Bei mir ist ein Wunsch aufgegangen, daß nämlich meine Zuhörer möglichst gleich in den ersten zwei Minuten aufstehen und weggehen – ich lese eigentlich für leere Stühle. Das ist meine Freude. The Feeling is good, the feeling is high.

Häusermann: Peter bedient die Sprache, wir bedienen den Garten und locken die Leute mit allen Mitteln von der Lesung weg. Das ist uns gut gelungen. Hier gibt es reale Konkurrenz.

Wawerzinek: Da es mir um Abrechnung mit dem Prenzlauer Berg geht, fühle ich mich bei einem Schweizer wie Häusermann ganz gut aufgehoben. Wenn ehemalige DDR-Autoren sich nur noch in Kneipen besaufen, nur noch prügeln, sich gegenseitig alte Seilschaften vorwerfen, dann empfinde ich den Prater für mich als belebendes Angebot.

Castorf: Ob Werder oder Wannsee, Müggelberge oder Gransee, eins, mein Freund, nur rat' ich dir, trink im Prater dein Glas Bier.

Große sozialistische Butterfahrt

Frank Busch in der »Frankfurter Allgemeinen Zeitung«, 27.6.95: Das bühnenwirksame öffentliche Wasserlassen, längst ein Markenzeichen des Volksbühnenintendanten, war selten so passend wie an diesem Abend: Hinter den Büschen des Biergartens wurde nicht nur mit der DDR-Vergangenheit kokettiert, sondern auch mit der Pubertät. Einmal wie die Schmuddelkinder sein: diesen Traum eines jeden wohlerzogenen Jungen hat Castorf hier in Szenen vom sozialistischen Spießereheunglück verwirklicht und uns dabei so unter Niveau amüsiert, daß man es gar nicht bereuen kann, dabeigewesen zu sein.

Christoph Schlingensief aber ist natürlich noch schlechter.

F.C.: Wir haben den Berliner Prater mit russisch-absurden Stücken von Puschkin über Charms bis Sorokin eröffnet, 22 Stücke in drei Tagen, erarbeitet in sieben Tagen, alles aus der Improvisation heraus, mit russischer Küche, russischem Wodka. Diese Eröffnung, wo wir Natur und Kunst zusammengebracht haben, war sehr schön, hat viel Spaß gemacht. Christoph Schlingensief hat eine bolschewistische Butterfahrt inszeniert, eine, wie ich neidlos zugestehe, wunderbare Inszenierung – sicherlich Höhepunkt dieser drei Tage.

Christoph Schlingensief: Es war »Die erste große sozialistische Butterfahrt auf der MS Clara Zetkin« und zeigte in kurzen Schritten den Lebensweg der Clara Zetkin: Geburt in einem kleinen Häuschen, erster Kontakt mit unterdrückten Menschen im Moskauer Staatszirkus. Der große Superclown Bratislaw Pitulski tritt auf und wird von einem Lederschwulen-Faschisten fertiggemacht, was Clara natürlich aufregt. Sie greift also ein, und in dem Moment kommt der Erzengel Gabriel und schenkt ihr das Pony der russischen Revolution, auf dem sie durch einen historischen Wald reitet, wo historische Persönlichkeiten wie Adolf Hitler, Marx und Jesus Märchenkassetten anbieten. Sie reitet weiter zu Boris Grotschenko, der als großer Tänzer ein Abendprogramm bestreitet und wie ein Wahnsinniger für Clara tanzt, sich dabei aber verletzt. Im selben Moment geht hundert Meter gegenüber die russische Revolution los. Als Clara ihr großes Manifest vorträgt, fordert Professor Dr. Schlonski als Leiter des Altenstifts St. Anna auf, mit der sozialistischen Verbalerotik aufzuhören. Es kommt zu einer Auseinandersetzung, Clara ruft zum Sturm aufs Altersheim, ein Schuß fällt und Clara glaubt, tödlich getroffen zu sein. Da aber bemerkt das Publikum, daß sieben Fehler im Bild sind, denn in Clara Zetkins Kleidung sind keine Einschüsse zu sehen. Getroffen ist nur das Pony der russischen Revolution, das noch am selben Abend ins Schlachthaus gebracht und dort repariert wird. Mit einem neuen, allerdings nur zweibeinigem Pony reitet Clara von dannen, verläßt den Ort, wo man das Völkerrecht mit Füßen tritt und mit Verträgen spielt. Und Erzengel Gabriel eröffnet die Clara-Zetkin-Straße 39. Das war der ganze Weg durch den Prater.

F.C.: Du wirst hier auch in der nächsten Spielzeit dein Unwesen treiben, was Volksbühnen-Mitarbeiter in pures Erschrecken versetzen wird. Ich habe gehört, du willst Henry Maske und Graciano Rocchigianni aufeinandertreffen lassen.

Schlingensief: Ich würde gern »Rocky 7« machen, also einen richtigen schönen Boxabend: der für Alpecin Forte werbende geleckte Ossi gegen den Straßenhund aus dem Westen.

F.C.: Also werden wir wieder die Ost-West-Wunde bedienen.

Was tun?

Ein Mann neben Honecker

Lukas Langhoff: Früher hat Frank Castorf Politik gemacht, da war er wichtig, übertrieben gesagt: ein Mann neben Honecker. Jetzt kommt er nicht mal in die Nähe von Helmut Kohl. Damals war er ein ernstzunehmender, ein die politische Struktur verändernder Künstler (die 89er Bewegung lief ja über ein Bündnis aus Neuem Forum und Theatern). Diese Kraft ist jetzt nicht mehr zu erreichen. Nicht mehr diesen Einfluß zu haben, zu einem Medienclown zu verkommen – es ist schwer, damit umzugehen.

Alles verraten?

F.C.: Hochsubventioniert von der Gesellschaft subversiv arbeiten zu können – das macht mir Spaß; subversiv nicht verstanden als Provokation, sondern als Erschrecken im Sinne der kathartischen Metapher von Furcht und Mitleid. Ich mache ein bißchen soziokulturelle Arbeit an diesem Rosa-Luxemburg-Platz, der auch mal Bülowplatz, Horst-Wessel-Platz und Liebknechtplatz hieß (auch wenn der Kanzler kommt, werden wir diesen Platz nicht in Horst-Wessel-Platz umbenennen). Ich freue mich über jeden Feind, den ich erkennen kann. Und ich freue mich speziell, daß Herr Kohl irgendwann (er wird zwar nie dieses Theater betreten wie ab und an die SED-Größen) dieses architektonische Ärgernis zur Kennnis nehmen wird, dieses stalinistisch-faschistische Architekturgebilde, dessen

Christoph Schlingensief (rechts) im Prater-Garten bei »Fehler des Todes«, Juni 1995

Marmorstufen 1954 aus Resten der Reichskanzlei gesetzt wurden. Dieses Theater hat ein DDR-Plateau, auf dem eine neue DDR entstanden ist, und zwar eine weltoffene, real nicht existierende. Wie kein anderes deutsches Theater haben wir's geschafft, die Welt herzuholen. Hier arbeiten Menschen aus aller Herren Länder, aus Brasilien, der Türkei, aus Österreich, der Schweiz, aus Deutschland, Italien – eine Mischung verschiedener Temperamente, Kulturen, von Primitivismen (und vielleicht auch Doktrinären wie mir), verbunden mit der Hoffnung, daß Berlin eine Metropole werden könnte wie in den zwanziger Jahren, wo Wildwuchs war, wo Leute, die Schutz brauchten, und Leute, die Kraft hatten, zusammenkamen und Außerordentliches zustande brachten.

Erfolg ist ja ganz angenehm, man kann damit auch spielen. Aber es schleicht sich schon so 'ne postmoderne Anything-Goes-Haltung ein: Alles ist vorbei, also laßt uns noch für die letzten Monate Spaß haben. Vielleicht ist das auch 'ne Altersfrage. Diese Haltung, wenn auch mit einer ganz anderen politischen Brisanz, hatte ich im Osten ja auch. Punk-Sein in Ostberlin war was anderes als jetzt. Silvia Rieger beispielsweise sucht eher einen bewußten politischen Auftrag für sich und fürs Theater und macht mir den Vorwurf, daß ich längst alles verraten hätte, nur noch ein Angeber sei. Ist auch ein bißchen so. Aber diesen politischen Auftrag zu finden – wo denn? In der PDS? Ich hatte mal die Hoffnung, diese Partei könnte ein Stück New York sein, also wo sich etwas, was nicht zueinander gehört, was unabhängig voneinander existiert, zusammenfindet. Damit meine ich den Oberstleutnant der Staatssicherheit und den vor Jahren von ihm verprügelten Punk. Wissend um ihre Vergangenheit, könnten beide gemeinsam in der Gegenwart Politik machen. Diesen offensiven Umgang mit dem Stalinismus hätte ich mir von der PDS gewünscht. Aber wenn du in der Parteizentrale bist und diesen kleinbürgerlichen Mief spürst – da sagste Nee, leider nur das Graue der DDR.

Irrationaler Schulterschluß

F.C.: »Alles Stasi, außer Mutti« hatten wir eine Diskussion in der Volksbühne benannt, zu der 1.500 Leute gekommen waren. Dort hatte ich etwas gesagt, worüber Ivan Nagel sehr traurig, wovon er sehr verletzt war. Es war dieses seltsame Bedauern, dieses Beleidigtsein, daß die Stasi mich damals nicht ein einziges Mal angesprochen hatte. Er wollte eigentlich aufstehen, erklärte mir Nagel, und sich sehr herzlich dafür entschuldigen, daß er – ein ungarischer Jude, der die Nazis erlebt hat, bei den Stalinisten abgehauen ist – in der Bundesrepublik und in der Schweiz nicht die Gelegenheit hatte, beim Staatssicherheitsdienst der DDR arbeiten zu dürfen. Er fühlte sich als Ausgeschlossener in dieser Gemeinschaft der Ostler und hatte irgendwo Recht. Er fand diese Art, sich mit DDR-Geschichte anhand der Staatssicherheitsgeschichte auseinanderzusetzen, traurig und beschämend.

Nachdem wir bei der Veranstaltung stundenlang geredet hatten, saßen Stasis und Nicht-Stasis beim Bourbon noch stundenlang in der Kantine, und wir haben uns bombig unterhalten – z.B. Sascha Anderson mit dem von ihm früher bespitzelten Lyriker Papenfuß-Gorek. Das war ein ganz merkwürdiger, irrationaler Schulterschluß von Menschen, die etwas miteinander zu tun haben, nämlich die gemeinsam geliebte DDR – egal, wie sie war. Und ich fragte mich

»Alles Stasi – außer Mutti«, Podiumsdiskussion mit »Fritz«-Moderator Jürgen Kuttner, Volksbühne, 14.1.1995

nach dem soundsovielten Bourbon: Was machen wir hier eigentlich miteinander, die wir weder miteinander befreundet sind noch uns überhaupt mochten, die wir andere künstlerische Handschriften und andere politische Positionierungen haben. Tatsächlich sind wir ein ganz merkwürdiger Überlebenszirkel gegen eine Welt, die wir nicht als die unsrige erfahren.

Solange diese Republik nicht bereit ist, ein neues Deutschland zu werden, verbinde ich mit ihr keine Hoffnungen. Es ist ja generell noch nichts Neues entstanden. Die alte DDR gibt's nicht mehr, die alte Bundesrepublik besteht auch nicht mehr. Es gibt auch keine kreativen Leute. Wir erleben nicht nur die Krise innerhalb des Theaters und der Kunst, sondern auch in der Politik, im Management, in der Wirtschaft – überall grassiert dieses Kleinbürgerlich-Deutsche.

Politisches Theater

F.C.: Die Grundhaltung, wie ich Theater seit 1978 mache, hat sich so wesentlich nicht verändert. Nur die Bedingungen sind radikal anders geworden. Ich bin jetzt so'n populistischer Pausenclown.

Was politisches Theater ist, beantwortet im Augenblick

gar keiner. Vielleicht das rauschhafte Theater, das Einar Schleef über die Bühne trampeln läßt, wo Körperlichkeit eine wesentliche Voraussetzung darstellt – Kunst wird sehr ekstatisch aus den Körpern rausgepreßt. Bei mir ist das sehr viel spielerischer.

Was ist politisches Theater? Etwa langweiliges Theater? Wenn Müller seinen »Fatzer« macht und du dabei einschläfst? Soll das Methode sein? Theater muß auch immer einen Unterhaltungswert haben, das ist keine Frage. Brechts Inszenierungen hatten immer einen hochkomödiantischen Ansatz.

Mir gefällt dieser »Danton«, wo Menschen wie Ameisen an einem kaum besteigbaren, besiegbaren Bühnenbild krabbeln, mir gefällt die traurige Gleichmut gegen Schluß. Trotzdem ist die Inszenierung nicht sonderlich erfolgreich – ist den Leuten zu lang, die französische Geschichte zu weit weg, die Parallelen zu mühselig zu assoziieren. Macht zu viel Anstrengung. Man will alles sofort wissen, die Torte sehen und auch gleich reinbeißen. Bei »Schöller/Schlacht« war ich mir relativ sicher, daß die wirklich zynische politische Kopplung deutschen Unterhaltungstheaters auf dem Gipfelpunkt des deutschen Kleinbürgertums zwischen 1933 und 1945 funktionieren würde. Ich wußte, daß man damit Publikum zieht. Vielleicht ist es auch ein Fehler, dieser Unterhaltungswut viel zu sehr nachzugeben (was Silvia Rieger auch behauptet). Nach Inszenierungen wie »Murx«, die sehr gut läuft, waren »Eindringling« und »Sturm« zuschauermäßig Flops. Die Inszenierung muß einem ja nicht gefallen. Aber sie haben doch eine ziemlich durchgestandene Ästhetik. Wenn ich Theater verkaufen will, muß ich auch immer wieder sehen, wieviel ich verkaufen kann. Also trenne ich mich von bestimmten Inszenierungen (was sicherlich auch ein Fehler ist). Wir sind da in der Diskussion.

Etappenziele habe ich nicht. Vielleicht war die Arbeit in Halle das letzte Ziel dieser Art. Das hatte mit der größtmöglichen Wut zu tun, etwas Extremes zu erreichen und dabei Erfolg zu haben. Das hat sich bis jetzt nicht geändert. Das Inszenieren verkörpert vielleicht nicht mehr einen sexuellen Prozeß totaler Gesamtanspannung. Dieser Prozeß wird routinierter und damit unsinnlicher. Die Leute kön-

Der Rosa-Luxemburg-Platz spielt mit: Castorfs Inszenierung »Clockwork Orange« mit Silvia Rieger und Herbert Fritsch, Volksbühne, 1993

nen mit zu vielen Konstanten rechnen, sie wissen, wie die Versatzstücke funktionieren. Wir schreiben unsere Stücke selber und aus der Zeit heraus. Ich mache es etwas konventioneller, weil ich ja doch eine andere Literaturanbindung habe – Marthaler oder Schlingensief machen's ganz extrem. Ich glaube, das ist die bessere, die schnellere Antwort in dieser verunsicherten Zeit, mit Theater zu reagieren. Wir geben auch immer wieder Stückaufträge. Es ist aber schwer im Augenblick. Ich bin dafür sowieso nicht der geeignete Agent, weil mich beispielsweise dieser Fernsehfilm, diese Musik, dieses Gedicht, diese Blumenvase interessieren – ich baue mir meine Welt anders zusammen. Und da stört mich die abgeschlossene Kunstwelt eines Dramas – denn beides in Übereinstimmung zu bringen ist nicht einfach.

Störfaktor bleiben

Erhard Ertel: Castorfs Grundhaltung ist die des Unbeirrten. Er macht Theater wie früher: Er hat früher so gedacht, er denkt jetzt so, er hat früher die klugen Köpfe von den Idioten geschieden, die Mitläufer von den Engagierten, und tut das auch jetzt. Mein Gott, jetzt hat die Welt sich verändert, also muß auch ich mich verändern – für diesen Opportunismus hat er ein zu großes Selbstbewußtsein. In Einzelfragen wird's sicherlich eine Rolle spielen, weil er unter anderen Verhältnissen Theater macht. Der Grundsatz aber lautet: Störfaktor bleiben.

Natural Born Nibelungen Killers

Inszenierungsprinzipien und Probenpraxis

Wackeres deutsches Volk,
du hast so noble Gelüste.
Friedrich Hebbel

Mex Schlüpfer: Letztens haben wir mit Frank Castorf, Gerd Preusche und Bodo Krämer die ganze Nacht durchgesoffen. Morgens um fünf oder halb sechs habe ich dreimal gefragt, ob mir jemand die »Nibelungen« erklären könnte. Dreimal hat mir keiner geantwortet.

F.C.: Beim Lesen der Nibelungensage war für mich als Kind immer wichtig, daß Siegfried stirbt. Ich weiß gar nicht warum – meine Sympathie war auf der Seite von Hagen. Wahrscheinlich können nicht zwei so dumm sein wie ein Siegfried.

Herbert Fritsch: Es macht richtig Spaß, den umzubringen. Was ist an dem so heldenhaft? Ich weiß auch nicht, warum der ein deutscher Held sein soll. Oder vielleicht gerade deswegen. Der hat sich in keinster Weise im Griff. Der plappert nur, redet nur die ganze Zeit und brüstet sich mit seinen Kräften. Die Brunhild hat wirklich recht, wenn sie zu König Gunther sagt, was willst du eigentlich mit diesem Siegfried, der ist doch ein Vasall, er benimmt sich die ganze Zeit wie ein Knecht. Der Mann hat überhaupt keinen Stolz bei all dem, was er getan hat. Er badet sich im Drachenblut, um unverletzbar zu werden – das ist doch Doping, das ist unfair. Wenn einer unbesiegbar ist (wie Hagen bei Hebbel sagt), warum will der dann überhaupt noch kämpfen? Später sagt Hagen, er hat den Tod abgeschafft und so den Mord geadelt. Siegfrieds Mutter hat schon gemeint, daß er zwar sehr viele Talente habe, aber unfähig sei, sie zu nutzen, zu beherrschen. Und wenn jemand so dämlich ist, daß er seine Talente so verkauft, dann ist er für den Untergang geradezu prädestiniert. Wer sich mit Siegfried als Ausdruck deutschen Heldentums brüstet, wie beispielsweise die Militärs im Ersten Weltkrieg, brüstet sich mit seiner Fähigkeit unterzugehen.

F.C.: Es ist doch ulkig, daß Hebbel gerade den Untergang der Burgunder gewählt hat, um das prototypische deutsche Heldenlied zu schaffen. Siegfried hat, auch das ist interessant, in die Majestät der Natur eingegriffen, er hat den Nibelungenhort aus der Erde gerissen und damit die Erbsünde ins Spiel gebracht – die Tragödie beginnt also, lange bevor der erste Schauspieler die Bühne betritt. Siegfried eignet sich etwas von der Natur an, das ihm nicht zusteht, und als Folge dieser Erbschuld begräbt eine fürchterliche Determinismuswalze das Volk der Burgunder unter sich. Motivationen für Liebe und Haß sind kaum begründbar, sie entstehen aus dem Nichts. Kriemhild heiratet einen Hunnen, um ihrem Haß eine andere militärische Stoßkraft zu geben. Es ist merkwürdig, wie Gefühlsmäßigkeiten und militärische Begriffe eins werden – sicherlich etwas sehr Deutsches. Hitler hatte den Untergang Stalingrads auch mit dem Nibelungenlied verglichen. Komisch, wie wir uns mit dem Hang zum Untergang schmücken, also nicht mit einem Höhenflug, sondern mit dem Tiefsten vom Tiefen, mit dem Ende und dem Tod.

Hagen von Tronje:
So oder so, wir sind im Netz des Todes …

Mickey Knox:*
Niemand kann das Schicksal aufhalten, niemand kann das.

F.C.: Mich interessiert an den »Nibelungen« der merkwürdige Fatalismus des Weiterschreitens – sie tun etwas, von dem sie wissen, daß es in den Untergang führen muß. Die Zerstörung des anderen ist nur der Umweg zur Selbstzerstörung.

* Mickey und Mallory Knox, der Gefängnispsychiater Emil Reingold und der Fernsehreporter Wayne Gale sind Figuren aus Oliver Stones Film »Natural Born Killers«.

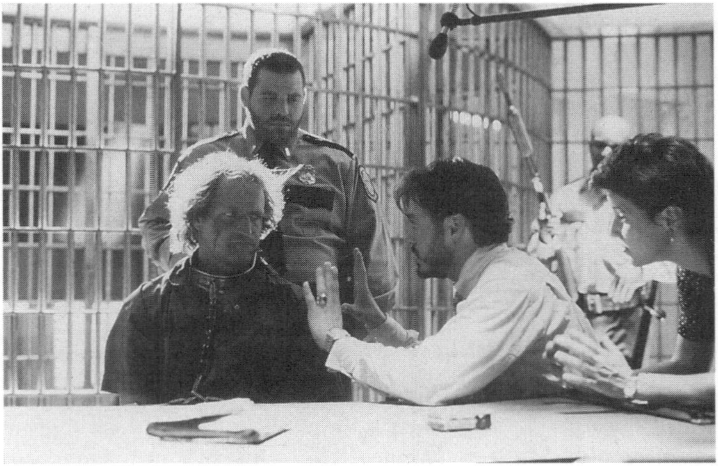

»Natural Born Killers«: Fernsehreporter Wayne Gale (oben, 2.v.r.), Mallory und Mickey Knox (unten)

Mallory Knox:
Eene meene miste
Pack ihn in die Kiste
Pack ihn fest am großen Zeh
Wenn er schreit
Tu ihm nicht weh
Eene meene mune ma
Meine Mutter sagte mal
Such dir aus, wer dir gefällt
Und heute hab' ich dich gewählt.

Mickey und Mallory = MM = Mass Murder = Mass Media

Emil Reingold, Gefängnispsychiater:
Mickey und Mallory kennen den Unterschied zwischen Recht und Unrecht ganz genau. Sie scheißen nur einfach drauf.

Mex Schlüpfer alias Voodoo-Truchs: Beim Vorsprechen habe ich auf meine Plastikflasche getrommelt und gesungen: Die Puppe, mit der ich am liebsten schmuse, ist aus Plastik von Beate Uhse. Danach hat Frank gefragt (was mich gewundert hat), ob ich Zeit habe. Dann kam der Vertrag, und bei einer der ersten Proben hat er bei mir das Nibelungenlied in Auftrag gegeben.

Nibelungenlied

Als sich König Niblungs Söhne
Um den Goldschatz stritten
Kam ein sonderbarer Held
Plötzlich angeritten
Er sagte mein Name ist Siegfried
Er sprach wie ein Ritter
Doch er war nicht gleich Mitglied
Voodoo
Voodoo
Als sich das brüderliche Paar
Gemeinsam auf ihn stürzt
Faßt sich schnell der Held ein Heft

Und schon war ihr Stück gekürzt
Balmung heißt sein neues Schwert
Und kopflos ist wer sich gegen ihn wehrt
Zwei Flachmänner liegen in Scherben
Und der Schatz hat einen neuen Erben
Den ganzen Nibelungenhort
Für ein Stückchen Rittersport
Voodoo
Voodoo
Es gibt 'ne ungeschützte Stelle
Auf der Panzerpelle
Und jeder will gern wissen wo
Hagen kann dazu nur sagen
Jeder hat sein Kreuz zu tragen
Das war schon immer so
Der kühne Hüne auf der Bühne
Ist von stattlicher Statur
Heilpraktiker Dr. Wohlbe-Hagen
Will auf den Punkt kommen
Für die Akkupunktur
Voodoo
Voodoo
Siggi dem selbsternannten Heldentenor
Täuscht nun niemand mehr ungestraft einen Orgasmus vor
Voodoo
Doch es hat noch nie so echt geklungen
Wie bei den Nibelungen
Voodoo
Oft kopiert und nie gelungen
Born bad – die Nibelungen
Nur richtige Männer singen das Nibelungenlied
Voodoo
Und wir sind im Gesangsverein Mitglied
Do Re Mi Fa so laß sie
Unser Schlachtruf heißt jetzt Onanie
Wenn volle Nibelungen singen
Verbiegen sich dem Feind die Klingen
Wir singen immer voll
In Tesa-Moll
Wenn die Dichtung versagt
Geht alles daneben

Dann klappt die Tür im Theater
Doch es klappt nichts mehr im richtigen Leben
Voo – Du nich' so isses doch.

Junger Mann bei einer Umfrage: Verstehen Sie uns nicht falsch – wir respektieren menschliches Leben und so. Aber wenn ich'n Massenmörder wär', würde ich gern wie Mick und Mallory sein.

Jo Groebel, Medienpsychologe: Wenn es keinen universellen Konsens mehr geben kann, dann gibt es auch keinerlei verläßliche Kriterien über Zusammenleben mehr. Eine zugespitzte postmoderne Argumentation könnte lauten: Die Welt ist ein Konstrukt, und jeder konstruiert sich nach seiner Vorstellung. Das heißt: Ich bin der Maßstab aller Dinge und kann deshalb im Grunde tun, was ich will. Ich könnte sogar aus purer Neugierde jemanden umbringen. Denn der andere gehört zu meinem Konstrukt, nicht mehr wir beide zu der gleichen Welt.

Jean Baudrillard: Heutzutage gibt es nur noch diese Leidenschaften: Haß, Abscheu, Allergie, Aversion, Enttäuschung, Ekel, Widerwillen. Man weiß nicht mehr, was man will. Man ist sich nur noch dessen sicher, was man nicht will. Die gegenwärtig ablaufenden Prozesse sind solche des Ablehnens, des Bindungsverlustes, der allergischen Reaktion. Der Haß gehört in dieses Paradigma reaktiver, sich abreagierender Leidenschaft: Ich lehne das ab, ich will das nicht, ich werde mich nicht in den Konsens fügen. Da gibt es nichts zu verhandeln, da gibt es nichts zu versöhnen.

Happy End: Der Macher wird erschossen
Frage: Hebbels »Nibelungen« mit Oliver Stones giftig-hoffnungslosem, aber dennoch ziemlich satirischen Film »Natural Born Killers« zu konfrontieren, ist zwar kein Wagnis, liegt aber auch nicht unbedingt auf der Hand. Warum nicht eher so eine Familiensaga wie Dallas oder Denver Clan?

F.C.: Ich hab' »Natural Born Killers« damals unter obskuren Umständen in einem ehemaligen Leipziger Stasi-Kultursaal und jetzigem Kino gesehen. War schon ein bißchen angesoffen. Für mich war's die Bilderfolge und die Musik. Als einer der wenigen mußte ich in dem Kino lachen. Ich hab' den danach auch wieder bloß in Ausschnitten gesehen. Wahrscheinlich müßte ich ihn mir noch mal ansehen. Er hat was Süffiges wie »Clockwork Orange«. »Pulp Fiction« ist als Kunstwerk natürlich besser gemacht – er ist ironischer, leichter. Das Gefährliche daran ist sicherlich das Populistisch-Süffige von Musik und Bilderfolge. Gefühl wird in Verhaltensweisen umgesetzt – nicht fragen, erst mal schießen. Das funktioniert in den zwei Film-Stunden wie ein Blick in die Gefühlswelt der Zukunft, wo du möglicherweise ressentimentfrei, immer funktionaler, immer weniger traditionsbehaftet bist, dich eben nur auf diese Weise durchsetzen kannst. Das ist schon was Positivistisches. Davon ist viel mehr in der Gegenwart, als man sich vorstellen kann. Wer nicht die Fähigkeit zum Relativieren hat, betrachtet den Film wahrscheinlich als pure Realität, als Gegenwart, in der du dich genauso verhalten mußt, wo eigene Verantwortung scheinbar nicht mehr wichtig ist. Wenn du als Kind Grimms Märchen liest, wo Kinderärmchen aus dem Grab wachsen, dann ist das zwar grausam; es existiert allerdings – wegen der mythischen, religiösen Qualität, die mehr ins Unterbewußte geht – noch in einem Reich, wo du deine eigene Phantasie strapazieren mußt. Du merkst, dies ist eine andere Welt, nicht die Welt, die dich täglich umgibt. Der Film nun zeigt die abgebildete als richtige Welt. Du könntest dich vermutlich jederzeit so verhalten. Wenn es wirklich diesen Aufforderungscharakter bei einigen hätte (den man auch nie ausschließen kann), dann wäre das nicht ganz ungefährlich. Aber ich denke, dieser ganz und gar nicht verlogene, ungeheuer beschleunigte Film hat viel mit Gefühlen zu tun, die noch nicht in Taten umgesetzt werden. Bei »Pulp Fiction« oder David-Lynch-Filmen wie »Wild At Heart«, Godards »Weekend« oder »Außer Atem« merkst du immer das Gemachte des Kunstgenres. Das ist nicht die 1:1-Realitätsabbildung, sondern ein sehr künstliches Produkt. Bei »Natural Born Killers« hat der Film – unterstützt durch Werbefilm-Ästhetik, Videoclip-Technik – eine Beschleunigung, die so schnell ist wie ein Maschinengewehr, das erbarmungslos auf dein Wahrnehmungsvermögen donnert. Und deshalb kannst du gar nicht sagen, ob's nun Realität ist oder nicht. Ein Verwirrspiel, das das Genre nicht eindeutig benennt. Weil er grenzüberschreitend und mit einem hohen Grad Verunsicherung funktioniert, ist dieser Film sowohl hochgefährlich als auch genial. Ähnliches wie in der Gefängnisbefreiungsszene könnte man über das Gladbeck-Geiseldrama machen. Da hattest du tatsächlich, durch Medien provoziert und unterstützt, Natural Born Killers vor laufender Kamera. Die Frage heißt: Transportieren Medien kritisches Bewußtsein, oder drücken sie Leuten, die kein Verantwortungsbewußtsein haben, eine politische Tendenz auf. Stichwort Rostock-Lichtenhagen. Durch die Multiplikation der Medien sind 500 Jugendliche, die sich auf den Titelseiten und im Fernsehen wiedergefunden haben, sicherlich rechts-bewußter geworden. Damit sind sie wahrscheinlich erstmals in ihrer kümmerlichen Entwicklungsgeschichte nicht nur als Reaktoren, sondern als Protagonisten wahrgenommen worden. Man spielt mit kritischem Bewußtsein, heizt tatsächlich aber Verkaufszahlen an. Das zieht sich durch »Natural Born Killers«, versehen mit dem Happy End, wo wenigstens der Macher des Films erschossen wird.

Fernsehreporter Wayne Gale:
Du kannst mich doch nicht umbringen.

Mickey Knox:
Hier geht's ja nicht nur um dich, du Egomane. Dich umzubringen und das, was du repräsentierst, ist eine Botschaft. Ich bin mir zwar nicht hundertprozentig sicher, was sie für 'ne Aussage hat, aber du weißt ja: Dr. Frankenstein wurde von Frankenstein umgebracht.

Oliver Stone: O.J. (Simpson) war die ganze Zeit über zu nett. Eines Nachts ist er explodiert. Man kann das nicht unterdrücken. Jeder, der schon einmal eine Scheidung durchgemacht hat, wird bestätigen, daß er irgendwann einmal an Mord gedacht hat. Keiner ist unschuldig. Die Grenze zwischen dem Gedanken an Mord und der Ausführung ist nicht so eindeutig.

Die Brunhild-Perspektive

Sophie Rois: Brunhild ist ein Wesen, das einerseits naiv und andererseits ganz stark ist. Diese Kraft liegt in ihrer Jungfräulichkeit. Wenn sie gefickt ist, hat sie diese Kraft verloren. Das hat etwas Archaisches, was ich aus der Literatur über bestimmte afrikanische Stämme kenne – Angst vor der Kraft von Jungfrauen. Die werden nämlich nicht von ihren Männern entjungfert, sondern bei Ritualen von Priestern oder mit irgendwelchen Holzschwänzen.

Historisch gesehen hat die Sache mit dem Übergang vom Mutterrecht zum Vaterrecht, vom Heidentum zum Christentum zu tun, vergleichbar der Orestie. Brunhild wird gelinkt – der große geschichtliche Beschiß an den Frauen. Es stimmt eben nicht, daß die Männer die Stärkeren sind. Sie wird von Siegfried mit der Tarnkappe besiegt, denkt aber, es sei Gunther gewesen. Nun muß er aber auch übernehmen, was die Männer den Frauen an Kraft und Kompetenz weggenommen haben. Sie sagt zu Gunther: Du bist der Stärkste auf der Welt, ich bin total zufrieden, in dir und mir hat Mann und Weib für alle Zeit den Kampf ums Vorrecht ausgekämpft. Du bist der Sieger, der Stärkste auf der Welt, und dafür liebe ich dich. Gunther aber steht nervös daneben, weil er ja weiß, daß es nicht stimmt. Das ist die große Tragik. Nachdem sie im Wettkampf besiegt ist, muß sie auch noch gefickt werden, und auch das kann Gunther nicht. Sie schnürt ihn jeden Abend zu einem Paket und hängt ihn an einen Nagel. Er kann es eben nicht, er ist nicht der Mann dazu. Also setzt sich Siegfried noch eimal die Nebelkappe auf und ringt Brunhild im Kampf einen Gürtel ab, mit dem sie den vermeintlichen Gunther fesseln wollte. Den nun hält Kriemhild für ein Geschenk und will ihn zum Kirchgang tragen. Als Siegfried ihn zurückfordert, wird sie natürlich argwöhnisch. Blöd wie er ist, der Superbauer, schwatzt er das Geheimnis aus. (Man muß auch wissen, daß Brunhild die ganze Zeit in Siegfried verliebt ist. Hagen sagt irgendwann, daß sie als letzte Riesin und er als letzter Riese zusammengehören.) Dann die große Dom-Szene, Kriemhild und Brunhild auf der Treppe. Wer hat den Vortritt, wer darf zuerst in den Dom. Brunhild meint zu Kriemhild, dein Siegfried in allen Ehren, aber mein Gunther, der hat mich besiegt. Es ist mir vorhergesagt, auf der ganzen Welt gibt es nur einen, der mich besiegen kann – the best of all, und das ist meiner, und ich bin hier die Königin. Letzten Endes kann es sich Kriemhild nicht verkneifen, ihrer Konkurrentin Siegfrieds Trophäe zu zeigen, den Gürtel. Brunhild flippt total aus, bricht zusammen, wälzt sich im Blut und schwört Rache, Rache, Rache. Siegfried muß nun weg, denn rein politisch ist es einfach untragbar, daß dieser Ritter weiterlebt, der Kriemhild nur deswegen gekriegt hat, weil er mit Gunther diesen diskreten Deal hatte. Das hohe Paar ist blamiert. Die politische Konsequenz heißt: Siegfried muß fallen. Und Hagen übernimmt den Job.

Probebühne, 29. März 1995, 13 bis 15 Uhr
Bericht 1: Die BEWAG besitzt im Dreieck Schiffbauer Damm, dichtgemachtem DDR-Kulturbund-Kultklub »Die Möwe« und der S-Bahntrasse zwischen Friedrichstraße und Lehrter Bahnhof eine trutzige Immobilie, unter deren Dach die Volksbühne probt – unsichtbar für Leute, die am Spreegeländer entlang ins öde ehemalige Reich der Grenztruppen pilgern. Oben in der 5. Etage feierten wohl damals die hauptstädtischen Stromverwalter ihren Tag der Republik, hörten die begeisternden Reden der Genossen, zechten bei flotten Estraden-Programmen, und der Betriebssingeklub »Energie« wird dort wohl das Lied »Strom, der nie versiegt« einer gelangweilt-engagierten Bezirkskommission vorgestellt haben.

Lägen nicht ein paar leere Brausebüchsen und anderer bunter Konsumschrott herum, und säßen die Beobachter und der Macher dieser »Nibelungen«-Probe nicht mit dem Rücken zum Bühnenrand, von einem zum anderen Moment könnte durchaus eine fröhliche Volkstanzgruppe Aufstellung nehmen, um sich für die Arbeiterfestspiele warmzumachen.

Lukas Langhoff: Frank ist Triebtäter. Wenn's ihn packt, hat er eine unheimliche Energie. Wenn's ihn nicht interessiert, langweilt's ihn total.

Bericht 2: Bei Castorf klemmt die Säge, wie Assistent Lukas Langhoff sagen würde. Er meditiert vor sich hin, gar

»Die Nibelungen – Born Bad«: Sophie Rois als Brunhild (unten) und Susanne Düllmann als Frigga, Volksbühne, Mai 1995

nicht drauf aus, von den Schauspielerinnen Sophie Rois und Silvia Rieger (beide sitzen, sechs/acht Meter vom Regietisch entfernt, unschlüssig auf den unteren Stufen einer sich nach hinten verjüngenden riesigen Treppe) oder sonst einem Menschen, z.B. von seinem Chefdramaturgen Matthias Lilienthal, eine Reaktion zu erwarten oder einzuklagen. Fünfzehn oder zwanzig Minuten redet er (vielleicht auch nur drei oder vier), formt Gedanken über die konkrete Szene des Kirchgangs zu Worms, schwadroniert über die Verwendung von Treppen in der Kunstgeschichte, schweift dann meilenweit ab, referiert über Stummfilmzitate im Theater und meint nach seinem schnellen Ja, ob eine mal aufs Klo darf: »War pädagogisch völlig falsch, Pullerngehen dürfte sie erst dann, wenn die Szene stimmt; ist mehr Druck drin!«

F.C.: Ich brauche was Besonderes, damit ihr einen Knall kriegt und sagt: Ich kann nicht mehr, ich kann hier in dieser furchtbaren Treppenbühne nicht leben, ich muß hier raus. Also nur, wenn ich diese ungeheure Nervigkeit sehe, dann geht das. Ansonsten bleibt das nur irgendeine Illustration.

Die Frage ist: Welche Spielidee trägt hierfür? Ich kann's bloß noch mal als Erinnerung sagen: Davor war Sprache, davor ein Spiel in einem großen leeren Raum, mit einer Blechschüssel, zertretenen Trauben, einer Flasche, einem Rauschzustand, wo du, Silvia, gesagt hast: Tod für Siegfried, der hat dich mal gehabt, und deshalb müssen alle, die das wissen (und er selber), sterben. Das fand ich schön in dieser ungeheuren Entschiedenheit. Davor so 'ne witzige Sache, die nichts weiter ist. Und jetzt brauchst du was anderes, das braucht auch 'ne andere Kraft. Nur aus euch selbst zu spielen ist zu wenig. Ich weiß nicht, ob der Gedanke trägt, jetzt so'n anderes Kulturzitat zu haben.

Spielt mal jetzt die Musik ein. Eigentlich finde ich ja die Film- und Theater-Zitate totale Kacke. Aber ich finde keinen Absprung. Ich weiß auch nicht. Mich würde es auch nicht befreien, wenn ich jetzt zwanzig Recken mit Gefolge hätte, da würden die dann nur schreiten, Mützen hochwerfen und »Juchhe Brunhild«, »Juchhe Kriemhild« rufen und sich mit Stiernackenblick bösartig angucken.

Proben zu »König Lear«, 1992

(Silvia Rieger zur Requisite, holt den vergessenen Gürtel, bindet ihn um. Musik aus dem Soundtrack »Natural Born Killers« dröhnt aus Boxen.)

Versucht doch einfach mal, damit was zu machen. Normalerweise kommen die im Film und schießen alles kreuz und quer tot. Versucht das mal, fallt um.

Rieger: Also, wir spielen das praktisch, was die da machen?

F.C.: Weiß ich nicht, Silvia. Was ich an Spiel meine, das ist wie ein Ausstieg aus einem Spiel, und mit einem Mal mache ich ein Spiel extrem. Mir geht's darum: Wie kommt ihr in einen Zustand, wo ich als Zuschauer Angst habe. Versucht mal zu kommen über diese Musik, über das Umfallen.

(Die Musik wird wieder eingespielt. Rieger und Rois gehen die Stufen hoch. Bei den Soundtrack-Schüssen fallen beide wie beim Cowboy-und-Indianer-Spiel um. Castorf schlägt innerlich die Hände über dem Kopf zusammen.)

Guckt mal nicht nur, sondern versucht euch auf den Treppen zu bewegen.

Rieger: Ja, man weiß ja nicht, was da musikalisch kommt.

F.C.: Ja, aber das wichtige ist doch, was ihr macht.

Rieger: Ich komme immer bloß bis zum letzten Absatz.

F.C.: Es gibt noch mehr.

Rieger: Weiß ich nicht. Das einzige, was es gibt, ist abzustürzen.

Ich weiß nicht ...

F.C.: Sag doch nicht immer, ich weiß nicht.

(Rieger und Rois sind genervt. Castorf anscheinend auch.)

Rieger: Ich versuche hier irgendwas zu illustrieren: Jetzt gehe ich da rüber, dann habe ich wieder Angst ...

F.C.: Ja, da fehlt was Reales.

Rieger: Mir fehlt der Vorgang.

F.C.: Was ist das, wenn man da so hochkommt. Ich kann das nicht sagen. Ich will das jetzt auch nicht choreographieren. Das sind ganz verschieden zusammengestellte Musiken. Und im Augenblick steht ihr nur da und guckt in irgendeine Richtung.

(Schweigen)

Wir kommen auf diese Treppe, auf die letzte Stufe. Was ist eigentlich hinter dieser Welt, was ist hinter dieser

»Die Nibelungen – Born Bad«: Silvia Rieger als Kriemhild und Birol Ünel als Siegfried, Volksbühne, Mai 1995

Treppe. Vielleicht fehlt da Papier oder ein Hänger. Das muß zu sein. Man will durchgucken, und man guckt in ein geheimes fremdes Land. Aber ich weiß auch nicht, ob das als Bild wirklich vorhanden ist. Löst so 'ne Musik das aus oder nicht, dürfen wir dort durchsehen oder nicht, oder ist das totaler Pop. Ich weiß es nicht. Die Musik donnert jetzt das Moderne rein und ihr spielt das dann so ... Man muß wissen, was man tut. Man geht hoch und will woanders hingucken. So, dann guckt man nach hinten und dann ist man total schockiert, was man gesehen hat.

(Schweigen)

Möglicherweise bohrt ihr ein Loch in die Papierwand. Oder ist das Scheiße?

Rieger: Ich weiß es nicht.

F.C.: Bevor ihr nicht selbst jetzt zur Musik ein Gegengewicht gebt, kommen wir mit dieser Szene nicht weiter. Jetzt bewegt ihr euch genau in der Geschwindigkeit, wo ich geneigt bin zu arrangieren. Da komme ich im Augenblick nicht ran an die Szene. Das ist ein rein sportliches Problem.

Rieger: Das ist kein sportliches Problem ...

F.C.: Ja, für mich. Die Kostüme regen auch kein Gramm Phantasie an.

Rieger: Das ist logisch.

F.C.: Die Musik drängt euch auf die letzte Stufe. Da aber ist zu, da ist ein Vorhang gezogen.

Rieger: Hast du jetzt gezogen!

F.C.: Behaupte ich. Als neugierige Frau will man jetzt hinter diesen Vorhang gucken. Traut man sich das oder nicht? Das ist eine kurze Sache, die man rhythmisch so aufteilen muß, daß sie stimmt. Im Augenblick habe ich keine Lust, wieder ein Spielrequisit wie die kleine Wanne auf die Bühne zu bringen oder einen Stuhl – wer setzt sich hin? Das braucht was anderes, ich weiß bloß nicht, was es ist.

Rieger: Jetzt willst du sagen, hier oben am Ende der Treppe ist eine Wand, eine Papierwand.

F.C.: Ein Vorhang. Die Musik dröhnt hinter dieser Wand. Ich brauche bloß was, was euch in Bewegung versetzt, einen Zustand. Wenn ihr den nicht akzeptiert, komme ich auch nicht weiter. Wenn man zu lange mit dem Arsch zum Publikum ...

Rois: Ja, ja, ich weiß. Aber das ist so'n Krampf ...

Rieger: Das ist Krampf, objektiv. Nicht nur du kommst nicht weiter, auch wir kommen nicht weiter.

F.C.: Mir ist das ja egal. Ich stehe nachher nicht auf der Bühne.

Also, was macht man da in diesem Treppending? Ich weiß es nicht.

(Schweigen)

Rieger: Ich weiß einfach nicht, was hier läuft. Jetzt ist da also ein Film, das Kino ist zu. Ich werde durch die Musik angezogen, werde an- oder abgestoßen – was soll das sein? Ich verstehe das einfach nicht.

F.C.: Ich rede jetzt schon die ganze Zeit davon. Haben wir dahinten einen Lappen als Vorhang?

(Assistentin geht raus, holt zwei Bühnenarbeiter. Die befestigen am Ende der Treppe einen Vorhang.)

Rieger: Mir ist das zu ausgedacht.

F.C.: Also ich kann echt nicht hinsehen, auf das Schwarze mit dem weißen Plastikgürtel. Da wird mir übel. Mir fällt auch wirklich nichts ein, wenn ich die beiden Damen in der Art sehe, wo ich einschlafe. Zieht euch doch mal um.

(Die Damen kommen zurück. Rieger sieht nach Pampa aus – weite Hosen, breitkrempiger Hut und hält vorsichtshalber noch einen Harnisch in den Händen. Rois trägt über einem weißen Unterhemd ein rotes Mieder.)

F.C.: Mal sehen, ob's steigert.

Rieger: Es steigert in Unmaßen. Es ist einfach nichts da, was 'ne Idee haben könnte. Ich habe mir vor Verzweiflung erst mal alles angezogen.

Rois: Es ist alles Scheiße, wirklich.

Rieger: Ich hasse es. So kommen wir auch nicht weiter. Sophie sieht auch nicht viel erquicklicher aus.

F.C.: Mit dem geschlossenen Vorhang ist's genauso beschissen. Da kann man hochgehen und einmal den Vorhang abreißen, dann hat sich der Fall.

Rieger: Die Illustration mit dem Film müßte weg. Aber dann stehen wir vielleicht bloß rum und sagen doof die Texte auf. Es ist bestimmt ganz einfach. Wir machen es uns bloß so schwer.

F.C.: Ja sicher ist das einfach ... Nee, so ist das doof.

Rieger: Ich ziehe das jetzt sofort wieder aus, außerdem kratzt das furchtbar.

F.C.: Ja kommt, sagt einfach bloß die Texte. Das wirkt jetzt so ausgedacht.

Rieger: Ja. Das bringt uns letztlich nicht auf das Thema.

F.C.: Oder fehlen noch andere Leute hier auf der Bühne?

Rieger: Das ist auch nicht der Punkt. Hier fehlt einfach die Idee.

F.C.: Na zieht euch mal privat an.

(Die Bühnenarbeiter entfernen den Vorhang, Rieger und Rois zurück in Straßenklamotten. Beide auf der untersten Treppenstufe. Kirchgangszene.)

Brunhild / Rois: Es kann doch keine jubeln, die den Gatten erliegen sieht.

Kriemhild / Rieger: Davor bin ich doch gefeit. Du lächelst?

Brunhild / Rois: Weil du dir gar so sicher bist.

Kriemhild / Rieger: Ich darf es wohl auch sein.

Brunhild / Rois: Zur Probe wird's nicht kommen. Und auch ein Traum ist süß, drum schlaf nur zu, schlaf zu, ich wecke dich nicht auf.

Kriemhild / Rieger: Nun sehe ich, wie alle Unnatur sich rächt. Du hast der Liebe widerstanden wie keine, nun macht sie dich zur Strafe doppelt blind.

Brunhild / Rois: Du spricht von dir und nicht von mir. Es gibt keinen Grund zum Streit. Das sieht die ganze Welt. Eh' ich geboren war, war es bestimmt, daß nur der Stärkste mich besiegen soll.

F.C.: Das reicht, brauchen wir nicht weiter. Was macht man da? Über Sprache ist so eine Annäherung nicht gut. Gestern hatte das so'n Unterhaltungswert, was wir heute machen, ist zu ambitioniert.

Rieger: Ja.

F.C.: Ich habe keine Idee. Ist der Raum falsch? Wir können auch den anderen haben. Du hast durch diese Königstreppe einfach immer das Gefühl, hier müßte etwas Besonderes passieren. Ich habe hier keine Phantasie. Man geht hoch und stürzt ab. Das ist wahrscheinlich das beste.

Rieger / Rois: Ja.

Rieger: Diese Treppe hier, wie sie konzipiert ist, hat leider keine tatsächliche Funktion.

F.C.: Gut, stellste eben einen Thron hin, dann wird's rei-

»Rheinische Rebellen«: Henry Hübchen und Claudia Michelsen, Volksbühne, Oktober 1992

ner Symbolismus. Du brauchst eine klare, konzentrierte Sache. Und die habe ich nicht, fällt mir auch jetzt nicht ein.

(Susanne Düllmann erscheint zur Probe, murmelt etwas.)

Was, hast du 'ne Idee?

Düllmann: Vielleicht brauchst du ein großes Gefäß – man traut sich's schon nicht zu sagen – und die baden da drinnen.

Rieger: Baden? Die ganzen Wannen und Büchsen und Wasser, das kannst du alles vergessen. Oder so 'was ganz Neues wie in den »Rheinischen Rebellen«, und dann kommen noch Tennisbälle und von der Seite Mehlsuppe – wunderbar. Und ich mit 'nem Messer – huh!

F.C.: Nun komm, komm, komm, komm. Das Tonnenbild in den »Rheinischen Rebellen« war nun wahrlich nicht das schlechteste.

Rieger: Ja, es gab bestimmt schlechtere.

F.C.: Wir versuchen mal, ob wir die Ölfässer aus den »Rheinischen Rebellen« noch kriegen. Sophie kommt, hat sich umgezogen, will eigentlich hoch, und bevor sie oben ist, kommt so'n Lawinenspaß von Kriemhild runter. Wir können's auch umgekehrt machen. Silvia, du kommst, willst zum Kirchgang, die Glocken läuten, oder du singst irgendein Kirchenlied. Und die andere mit ihren isländischen Öl- oder Fischfässern. Lauter eingelegte Salzheringe oder Walteile kommen da runter. Und dann, Silvia, bekommst du diese Bösartigkeit, die nicht in deinem Charakter liegt, sondern in der Situation. Da muß ich mir noch mal die Texte durchlesen, ob wir nicht noch mehr brauchen von dem, was wir gestrichen haben, weil ich mir die Szene ganz anders vorgestellt hatte.

Und damit fangen wir mal morgen um elf an. Ich weiß nicht, ob der Einfall richtig gut ist, aber ich meine, daß er erst mal praktizierbar ist. Damit kann ich spielen, da fällt mir was ein. Ich kann nicht, wenn die eine auf der ersten Stufe steht, die andere woanders ... Mir fällt da nichts ein, und was mir einfällt, das langweilt mich schon, wenn ich's ausspreche.

(Ende der Probe. Castorf sitzt am Tisch, radiert ursprünglich gestrichene Passagen in einer kleinen, ziemlich zerlesenen Reclam-Ausgabe von Hebbels »Nibelungen«.)

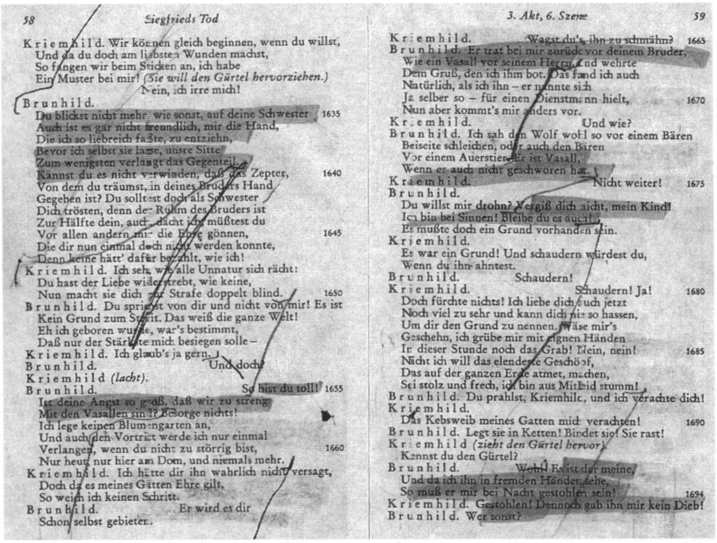

58 *Siegfrieds Tod*

Kriemhild. Wir können gleich beginnen, wenn du willst,
Und da du doch am liebsten Wunden machst,
So fangen wir beim Sticken an, ich habe
Ein Muster bei mir! *(Sie will den Gürtel hervorziehen.)*
Nein, ich irre mich!

Brunhild.
Du blickst nicht mehr, wie sonst, auf deine Schwester
Auch ist es gar nicht freundlich, mir die Hand,
Die ich so liebreich faßte, zu entziehn,
Bevor ich selbst sie lasse, unsre Sitte
Zum wenigsten verlangt das Gegenteil.
Kannst du es nicht verwinden, daß das Zepter,
Von dem du träumst, in deines Bruders Hand
Gegeben ist? Du solltest doch als Schwester
Dich trösten, denn der Ruhm des Bruders ist
Zur Hälfte dein, auch, dächt ich, müßtest du
Vor allen andern mir die Ehre gönnen,
Die dir nun einmal doch nicht werden konnte,
Denn keine hätt' dafür bezahlt, wie ich!

Kriemhild. Ich seh, wie alle Unnatur sich rächt:
Du hast der Liebe widerstrebt, wie keine,
Nun macht sie dich zur Strafe doppelt blind.

Brunhild. Du sprichst von dir und nicht von mir! Es ist
Kein Grund zum Streit. Das weiß die ganze Welt!
Eh ich geboren wurde, war's bestimmt,
Daß nur der Stärkste mich besiegen solle –

Kriemhild. Ich glaub's ja gern.

Brunhild. Und doch?

Kriemhild *(lacht)*.

Brunhild. So bist du toll!
Ist deine Angst so groß, daß wir zu streng
Mit den Vasallen sind? Besorge nichts!
Ich lege keinen Blumengarten an,
Und auch den Vortritt werde ich nur einmal
Verlangen, wenn du nicht zu störrig bist,
Nur heut, nur hier am Dom, und niemals mehr.

Kriemhild. Ich hätte dir ihn wahrlich nicht versagt,
Doch da es meines Gatten Ehre gilt,
So weich ich keinen Schritt.

Brunhild. Er wird es dir
Schon selbst gebieten.

3. Akt, 6. Szene 59

Kriemhild. Wagst du's, ihn zu schmähn?

Brunhild. Er trat bei mir zurück vor deinem Bruder,
Wie ein Vasall vor seinem Herrn, und wehrte
Dem Gruß, den ich ihm bot. Das fand ich auch
Natürlich, als ich ihn – er nannte sich
Ja selber so – für einen Dienstmann hielt,
Nun aber kommt's mir anders vor.

Kriemhild. Und wie?

Brunhild. Ich sah den Wolf wohl so vor einem Bären
Beiseite schleichen, oder auch den Bären
Vor einem Auerstier. Er ist Vasall,
Wenn er auch nicht geschworen hat.

Kriemhild. Nicht weiter!

Brunhild.
Du willst mir drohn? Vergiß dich nicht, mein Kind!
Ich bin bei Sinnen! Bleibe du es auch!
Es mußte doch ein Grund vorhanden sein.

Kriemhild.
Es war ein Grund! Und schaudern würdest du,
Wenn du ihn ahntest.

Brunhild. Schaudern!

Kriemhild. Schaudern! Ja!
Doch fürchte nichts! Ich liebe dich auch jetzt
Noch viel zu sehr und kann dich nie so hassen,
Um dir den Grund zu nennen. Wäre mir's
Geschehn, ich grübe mir mit eignen Händen
In dieser Stunde noch das Grab! Nein, nein!
Nicht ich will das elendeste Geschöpf,
Das auf der ganzen Erde atmet, machen,
Sei stolz und frech, ich bin aus Mitleid stumm!

Brunhild. Du prahlst, Kriemhild, und ich verachte dich!

Kriemhild.
Das Kebsweib meines Gatten mich verachten!

Brunhild. Legt sie in Ketten! Bindet sie! Sie rast!

Kriemhild *(zieht den Gürtel hervor)*.
Kennst du den Gürtel?

Brunhild. Wohl! Es ist der meine,
Und da ich ihn in fremden Händen sehe,
So muß er mir bei Nacht gestohlen sein!

Kriemhild. Gestohlen! Dennoch gab ihn mir kein Dieb!

Brunhild. Wer sonst?

»Die Nibelungen – Born Bad« nach Friedrich Hebbel in der Bearbeitung von Frank Castorf: Herbert Fritsch als Hagen von Tronje, Volksbühne, Mai 1995

Irgendwie hat das was mit dem Osten zu tun

Sophie Rois: Eine Probe so laufen zu lassen – das traut sich kein anderer Regisseur. Das ist Franks Souveränität und auch das Unbürgerliche an ihm. Ansonsten sind alle damit beschäftigt, die Schauspieler zu beeindrucken (muß man auch als Regisseur). Jedenfalls war er nach drei Tagen so drauf, hatte er so viel im Hirn komprimiert, daß er mit einer Konzentration zu Werke ging, die sich sofort übertrug. Ich habe das Gefühl, da gehen Ströme durch den Raum. Das schlägt sich sofort energetisch auf mein Gehirn – echt magnetisches Handeln. Und dann hatten wir innerhalb von zehn Minuten die Szene. Er leistet sich das einfach (man kann sich das dann auch selber mal leisten). Ich denke, irgendwie hat das was mit dem Osten zu tun – daß man da keine Karriere machen konnte, sich sowieso nicht anstrengen mußte. Wenn ich mir durchlese, was er früher getan hat, dann nahm er sich wohl die Freiheit zu machen, was er wollte. Man konnte ihn ja nicht schlimmer bestrafen, als noch mal strafzuversetzen. Im Westen bist du ganz anders aufgewachsen. Du kämpfst dauernd gegen den totalen Untergang, mußt ständig immer alle beeindrucken. Und Regisseure tun immer, als hätten sie weiß Gott was.

Das Castorf-Prinzip

Erhard Ertel: Da Frank Castorf als Regisseur den Prozeß des Theatermachens ganz wesentlich bestimmt und alle sich zu ihm verhalten müssen, stellt er den Kristallisationskern dar, der in sich natürlich wieder sehr heterogen ist. Was im jeweiligen Moment eine Rolle spielt, ist schwer zu sagen. Selbst das Launenhafte macht einen Sinn. Ich meine nicht, daß man die Laune – und er ist sicherlich von Launen abhängig – zur Methode erklärt, sondern die Laune trägt in sich eine Struktur; wer sich selber treu bleibt, der wird auch in seinen Launen eine gewisse Konsequenz zeigen. Von daher kommt auch immer eine ziemlich klare Form zustande. Ich würde schon ablehnen zu sagen, daß es sich um etwas Eklektizistisches, Zusammengeklautes, Gebasteltes handelt. Selbst die Montage (er hat sie in Ruhe bei Eisenstein, bei Meyerhold studieren können) ist kein beliebiges, sondern ein stark selektives Zusammensetzen.

»Raststätte« mit Carolin Mylord und Stephan Bissmeier, Schauspielhaus Hamburg, Januar 1995

Natürlich können die Partikel aus sehr verschiedenen Welten kommen (was bei ihm ja der Fall ist). Dahinter steckt, für viele unausgesprochen, ein ganz starker Selektionswille, den er nicht jedem erklären muß. Insofern ist sein Zusammenbauen kein Zusammenschustern. Beliebigkeit, ein wichtiger Begriff der Postmoderne, spielt bei ihm kaum eine Rolle. Deshalb ist sein Prinzip kein postmodernes.

Im übrigen ist Castorf auch ein starker Fernseh- und Kinokonsument. Ein Mann, der für ihn eine gewisse Bedeutung besitzt, ist Russ Meyer, der als Vorläufer des Pornofilms gehandelt wird. Interessant ist dessen frühe Filmphase vom Anfang der 60er Jahre, wo quasi sozialpsychologische Verhaltensstudien vorgeführt werden, wo Sex und Gewalt im zwischenmenschlichen Umgang eine ganz zentrale Rolle spielen, eben das für Castorf wichtige spezifische Sozialverhalten des Kleinbürgers.

Wenn jemand das Castorfsche Prinzip mit dem von Frank Zappa vergleicht, würde ich sofort Ja sagen. Schon seit dem Studium spielten Alltagskultur, Sport, Rockmusik eine große Rolle und dortselbst auch ein gewisser elitärer Geschmack. Es ist ja keine Schande, daß man sich nicht am Mainstream, sondern an der rockmusikalischen Avantgarde orientiert. Bei Zappa kommt ein hochartistischer Akt des Musizierens zusammen mit einem hochgeistigen Durchdringen von Zeit und Welt, verknüpft mit einer unglaublichen Souveränität und Leichtigkeit und Selbstironie. Man könnte sagen, Castorf ist ein Frank Zappa des Theaters, mit einem großen Nachteil: Frank Zappa hat sich die besten Musiker ausgesucht. Dies kann sich Frank Castorf, bezogen auf die Schauspieler, bei einem so großen Apparat wie dem Theater nicht leisten.

Das Castorfsche Inszenierungsprinzip wurde schon in der Anklamer Phase deutlich. Die den Durchbruch darstellenden Inszenierungen, wo er seine ästhetischen Positionen erreichen konnte, waren 1982 »Othello«, gewissermaßen noch mit Häutungsfetzen verunschönt, und in ganz klarer Gestalt in der »Nora« von 1984. Das war die Inszenierung, wo seine Theaterästhetik und seine Theaterarbeit zum Tragen kamen. Damit ist er im weiteren Leben umgegangen. Je nach den konkreten Bedingungen vor Ort, gemeint sind nicht die lokalen oder materiellen, sondern

Proben zu »Räuber von Schiller«, 1990

die von den Schauspielern eingebrachten biographischen Bedingungen, gab es Positionsvariationen.

Das Charakteristikum besteht zum einen in einer ästhetischen Haltung, die etwas mit der kulturellen Erfahrung der Rockmusik zu tun hat – eine herbe, modrige Art von Poesie. Wenn die Rolling Stones einen Liebessong spielen, dann klingt der eben anders als bei den Beatles, gerade auch wenn Keith Richards singt. Das ist eine spezifische, kompromißlose Lautheit und gleichzeitig eine rauhe Art von Feinfühligkeit.

Zum anderen werden Castorfs Inszenierungen von den biographischen Erfahrungen der Schauspieler bestimmt. Dieses Prinzip besteht darin, die Lebenserfahrungen der Schauspieler zu aktivieren und daraus eine Authentizität zu schaffen, die etwas unglaublich Überzeugendes, Kraftvolles auf der Bühne schafft. Da er seit Anklam die Theater sehr schnell wechseln mußte und damit ständig auf Leute traf, die er nicht kannte, deren Biographien er erkunden mußte, ging das bisher recht gut auf. Das wird sich in einer längeren Zusammenarbeit zunehmend schwieriger gestalten.

Diese biographischen Erkundungen rücken Castorf in die Nähe von Medien-Detektiven wie Kottan aus der österreichischen Fernsehserie oder auch Peter Falk als Colombo. Das sind Kommissare, die etwas Unorthodoxes an sich haben, scheinbar desinteressiert, abwesend, zumindest vertuschend, worum es ihnen eigentlich geht. Das hat Verunsicherung zur Folge, und das macht Castorf sehr gerne. Natürlich ist das auch eine gute Möglichkeit, sich dahinter zu verschanzen, wenn man selbst Unlust verspürt. Da steckt die ganz reizvolle Möglichkeit drin, Leute aus der Reserve zu locken, sowohl auf das ganze Projekt als auch auf die konkrete Szene bezogen. Kommissar Castorf ist der Ermittler in den Biographien seiner Schauspieler. Und sie sind bereit, bestimmte biographische Erfahrungen authentisch zur Diskussion zu stellen, sie öffentlich zu machen.

Er ist nicht der Fummler

Lukas Langhoff: Manchmal ist Frank wie ein absaufender Motor. Dann gibt er plötzlich Gas, und bei 100 geht's aus dem Stand los. Dann zischt das Ding los. Innerhalb von 15 oder 30 Minuten ist eine Szene fertig. Er sagt den Schauspielern alles auf den Punkt – Gestik, Haltung, Tempo, Ausdruck. Der Schauspieler kann sich das abschreiben und unters Kissen legen. Es ist endgültig. Bei den Endproben gibt's vielleicht ein paar Korrekturen, manchmal schmeißt er einen ganzen Akt raus – aber er ist nicht der Fummler. Er hat eher ein filmisches Prinzip. Eine Szene wird festgelegt und ist dann im Kasten. Er ist schnell gelangweilt – nicht nur von Umständen, auch von sich selbst.

Nichts am Schreibtisch zurechtbiegen

Frage: Dieser Probentag brachte keine Ergebnisse. Woran lag's?

F.C.: Eigentlich geht's um eine Grundidee und deren Umsetzung. Es geht darum, welche der beiden Frauen, die sich gleichwertig als Königinnen empfinden, den Vortritt in den Dom hat. Weil Kriemhild anfängt zu quatschen, kommt die ganze Tragödie ins Laufen. Und die Grundidee soll nicht einfach verspielt sein, die soll nur über den Text laufen. Du brauchst etwas wie im Film, wo du sagst: Was ist das Besondere in der Beziehung zwischen diesen beiden Frauen. Das ist so ein intuitiver Prozeß. Du versuchst also, Konstellationen zwischen den Frauen zu analysieren – wie ist das Machtverhältnis zwischen ihnen, welche politischen und sexuellen Interessen haben sie, was zeichnet beide sehr spezifischen Schauspielerinnen als natürliche Wesen aus? Dann mußt du das in ein Spannungsverhältnis bringen. Das ist wie eine Folie über dem Text. Es war schon ein sehr komprimierter Text aus dem Original, und zum Schluß habe ich das so verändert, daß Kriemhild eigentlich gar nichts sagt. Wenn sich zwei Leute unterhalten, sind sie eigentlich sehr normale realistische Wesen. Spannend wird's aber immer dann, wenn der eine spricht und der andere schweigt. Im Schweigen liegt eine ganz andere Kraft, eine Unnahbarkeit. Wir verwenden jetzt als kurze Wiederholungsschleife einen instrumentalen Teil aus der »Walküre« (was eine Art beschleunigten Herzschlag ergibt). Und die Frauen müssen die Sprache als Sprache benutzen und trotzdem die Qualität von etwas Musikalischem haben, praktisch mit dieser pochenden Herzschlagmusik von Wagner korrespondieren. Das habe ich angefangen wie in diesem Fritz-Lang-Film, also mit einer expressionistischen Stummfilmdarstellung – große Augen, Körpersprache verlangsamt, dann wieder beschleunigt. Das war wie so eine Ouvertüre der beiden Frauen, wie eine Vorahnung. Dann sind die Körper warm geworden, haben einen intensiven Ausdruck bekommen, so daß dieses stumme Spiel irgendwann umschlug in eine Schmerzhaftigkeit. Sie kämpfen und würgen, Kriemhild fällt um. Die Texte bekommen eine ganz andere Härte, wenn Brunhild die ohnmächtige oder totgeglaubte Kriemhild fragt: Warum bist du heute so abweisend zu mir, warum gibst du mir nicht deine liebende Hand?

In dieser Stille sind sie viel liebevoller, als wenn sie einander zuhörten. Wirkt eigentlich wie eine Grabesrede, bevor sie beide im letzten Fünftel in den Dialog kommen. Brunhild ist schockiert, weil die Rivalin weiß, daß sie hintergangen wurde, weil derjenige, der sie besiegt hat, nicht der angenommene Mann König Gunther, sondern ihr geliebter Erzrivale Siegfried war. Jetzt ist diese Szene eine Komposition, vorher war sie immer an der Halbherzigkeit der Konversation stehengeblieben. Aus dem Geist der Musik ist die Szene jetzt entstanden. Man muß eben eine Intuition zu einer Szene haben. Man kann durchaus bestimmte Sachen analysieren, ausdenken, vorschlagen, wissen, wie es eigentlich richtig ist. Aber richtig ist oft langweilig und deshalb nicht wichtig. Und dann muß man auch die Chemie von zwei Frauen, die sowohl in den Figurenrollen selbst als auch privat etwas sehr Exzentrisches haben, in Übereinstimmung bringen. Und letztlich soll die Szene über einen starken Grundgedanken auch dann funktionieren, wenn sie mal schlechter gespielt wird.

Frage: Die Probe hatte eigentlich mit dem Soundtrack von »Natural Born Killers« begonnen. Wie kam's zu Wagner?

F.C.: Das war mir zu jetzig, zu populär, zu kunstgewerblich, zu bunt. Die paßte dann besser zur nächsten, etwas kitschig-christlichen Szene.

Frage: Silvia Rieger und Sophie Rois standen bei dieser Probe rum wie Falschgeld. Die wußten einfach nicht, was sie machen sollten.

F.C.: Das ist immer so, also bei allen. Es gibt Szenen, in denen du eine klare konventionelle Handlung erzählst, was für die Übersicht des Zuschauers auch wichtig ist. Die bedingen aber keine psychischen und physischen Extreme. Wenn du aber Extreme ansteuerst, ist das eine Abenteuerfahrt, von der du nicht weißt, wie albern, wie lächerlich du dich selbst als Person machst, wie sehr du dich Kritik und Spott aussetzt. Das ist wie beim Frauenarzt. Wenn zu viele Studenten zugucken, dann ist es derjenigen, die da auf dem Tisch liegt, sehr unangenehm. Gerade bei mir, wo ich die Leute provoziere wie bei einem ständig verhinderten Orgasmus, wo ich immer wieder abbreche, weil ich weiß, so wird das nichts. Und dann plötzlich kommt's. Die Leute springen aus Panik, Wut, Verzweiflung wie ein Pferd über eine Hürde, die sie noch nicht bezwungen haben. Dazu brauchen sie den eigenen Mut, nicht nur die Kraft der Verzweiflung. Das ist ein sehr spezieller, intimer Probenprozeß, und da stört es manchmal, wenn zu viele Voyeure, also außerhalb eines solchen physischen Prozesses stehende Menschen, herumlungern. Das war eigentlich in der alten DDR sehr viel einfacher, weil die Leute sich viel leichter geoutet hatten, viel eher in die Extreme gegangen sind, in Proben einfach Spaß dran hatten, sich selbst in Frage zu stellen, nicht über sich oder Wirkungen oder Hierarchien nachdachten, ob sie sich irgendwas leisten konnten, sondern es einfach taten.

Das ist schon ein intuitiver Prozeß. Wenn ich merke, daß etwas wichtig ist, muß ich losrennen. Schon wenn ich zuviel erkläre, nehme ich was von dieser einmaligen spontanen Kraft. Das ist Millimeterarbeit. Es ist bei fast allen Schauspielern so, daß sie – Falschgeld, Ohnmacht – nicht wissen, was sie im magischen Moment tun. Sie nehmen etwas ab von mir. Natürlich bin ich so'n Medium, ein magisches Zentrum. Wenn sie bei mir merken, daß ich selbst zurückfalle, mich unterhalb meines Gehirns bewege, dann entwickeln sie auch kein Kraftfeld. Das ist vielleicht auch richtig so. Es kommt darauf an, in kurzer Zeit ein Maximum an Energie aufzuwenden, um das einzig mögliche oder notwendige situative Ergebnis zu erzielen. Man weiß vorher, was es ist, aber in dem Augenblick, wo man's macht, hilft Nachdenken nicht. Du kannst nicht immer debattieren und theoretisieren über einen Marathonlauf – du mußt ihn irgendwann mal über dich ergehen lassen, mußt siegen wollen. Das ist eine spannende Sache. Dienstag haben wir angefangen, du warst Mittwoch da, erst am Freitag hatten wir diese relativ kurze Szene fertig. Ist mir aber mal angenehm. Manchmal, wenn's zu schnell geht, wird man lax, routiniert. Das ist auch ganz gut, heißt aber nicht unbedingt, den Punkt treffen. Hier ist es anders, noch dazu bei solchen Frauen, die sehr viel mehr sein können als nur die Fülle des Wohllauts, die in der Lage sind, ein existentielles Extrem zu simulieren. Bei anderen Schauspielern bleibt's letztlich immer bloß die Behauptung, unter der Folie zeigt sich Distanz, Desinteresse.

Es wäre mir unangenehm, vier Tage an einer unwichtigen Szene zu basteln. Die Domszene aber ist ein neuralgischer Punkt, die Katastrophen auslöst.

Vorher dachte ich, die Szene sei normal, routiniert, witzig, allgemein. Ich habe mich erst nicht bemüht, die größtmögliche Konkretheit dieser beiden weiblichen Wesen zu analysieren. Und dadurch wurde das eher so'n sozialer Verhaltenskonsenz, den ich da abrufen wollte. Wer kann als erster in einen Dom gehen und wer nicht, ist darüber erregt und rächt sich dann. Das ist letztlich reduziert auf so 'ne männliche Eitelkeit. Hier ist es aber tiefer liegend, hier sind andere Schichten, und die haben mit Frau-Sein zu tun.

Frage: Könnte es bei dieser Art intuitiver Proben passieren, daß nach einer späteren neuen Eingebung das Festgelegte wieder umgeschmissen wird?

F.C.: Eigentlich nicht. Die Methode ist eher dem Filmen verwandt, wo du 14 Tage, drei Wochen fürs Drehen hast. Du mußt konzentriert arbeiten. Bei größtmöglichem Druck hast du auch die entsprechende Intensität. Die Nerven müssen so angespannt sein, daß alles einer inneren Notwendigkeit gehorcht, und zwar mit diesen Menschen, in diesem Raum, mit dieser Handlung – das sind ja die Voraussetzungen, die ich mir am Schreibtisch immer nur, gebrochen durch die eigene Person, vorstellen kann. Aber wenn ich dann vor einer Bühne sitze, Treppen habe, einen bestimmten Zustand der Zeit, der Handlung und der konkreten Schauspielerinnen vorfinde, dann habe ich nicht mehr diese ausgedachte Situation, dann muß ich in der

Lage sein, diese authentischen, von mir unabhängigen Momente zu synchronisieren. Da habe ich nicht den Luxus, mir hier am Schreibtisch alles zurechtzubiegen. Insofern ist das nicht spontan oder willkürlich. Ob eine Szene Sinn macht, merke ich beim Proben. Die Sache mit den italienischen Ölfässern funktionierte bei den »Rheinischen Rebellen« gut. Menschen werden gerollt, sind ihrem Schicksal ausgeliefert. Hier aber wär's ein von außen eingebrachter Einfall, der die Szene nicht befördern, sondern blockieren würde – bezogen auf den extremen, exzentrischen Zustand dieser beiden Frauen, die beide total emotionalisiert oder sexualisiert sind. Brunhilds Schicksal ist bestimmt, die stärkste Frau zwischen Himmel und Erde zu sein und nur von einem Riesen besiegt zu werden. Durch den Trick König Gunthers wird sie praktisch in ihrer Ehre, in ihrer Kraft und in ihrer Hoffnung als nicht zu tötendes Wesen abgrundtief, also auch sexuell beleidigt und muß sich an allen rächen. Und bei der Kriemhild ist das ein ähnlich exzentrisches, auch sexuelles Motiv (was wir heute auch am stärksten verstehen). Diesen Kampf der Geschlechter gegeneinander, von Frau zu Frau, hatte ich bei dieser Probe aus den Augen verloren. Dadurch wurde sie so ein allgemeines ironisches Konversationstheater, mal laut, mal leise, mal mit einem Gegenstand. Es ist doch eine ganz einfache Sache: Zwei Frauen gucken sich an und wissen, sie bleiben bis zum Tod Feinde. Der Tod als Endpunkt einer Sehnsucht nach Liebe, die sich bei jeder dieser Frauen anders definiert. Über diesen Zustand gilt es zu berichten und nicht über Requisiten. Der Gürtel ist unwichtig, tatsächlich interessant ist das offenliegende Geschlecht beider Frauen. Die Stärke von Kriemhild, ihr offenliegendes Geschlecht, durch Siegfried befriedigt, ist bei der anderen die totale Ohnmacht. Noch dazu, wo ein Parasit dieses Geschlecht in Anspruch nimmt oder besteigt. Und darüber gehen dann ganze Generationen, Rassen, Nationen zugrunde. Das ist ein spannender Ansatz. Aber wenn der nicht als Katalysator stimmt, also wenn er den Leuten nicht noch ein paar Stunden in Erinnerung bleibt, woher eigentlich diese Katastrophe kommt, fehlt die Kraft, dann ist das nur gequatschtes, behauptetes Theater. Das Problem ist doch, daß man die Nibelungen entweder als pathetisch-dröge

Deutschland-Abrechnung benutzen kann oder sie eben, wie bei Langhoff am Deutschen Theater, als Ironisierung der deutschen Gartenzwergwelt darstellt. Mich interessieren die Nibelungen als »Natural Born Killers« des 19. Jahrhunderts, in Erinnerung des 11. Jahrhunderts, als der Heldenliedstoff entwickelt wurde, letztlich Reflex auf die Historie des 5. Jahrhunderts, als der Hunneneinbruch in Mitteleuropa passierte und die Burgunder vernichtet wurden.

Matthias Lilienthal, Dramaturg: Die Gegenwart ist so unüberschaubar geworden, daß man sich offenbar lieber darauf einigt, die klar beschreibbare Erinnerung abzufeiern – womit man mehr oder minder erfolgreich vermeidet, sich auch nur einen Gedanken über die Gegenwart machen zu müssen. So kann man sich durchaus nach der »Nibelungen«-Premiere fragen, warum man eine solche deutsche Geschichte überhaupt erzählt. Vielleicht ist Berlin auch nur ein ganz mieses Provinzkaff und Deutschland ganz uninteressant in der Welt. Warum geht man einem solchen Schwachsinn nach? Oder hätte man nur sagen müssen, mich interessiert der ganze Quatsch nicht?

Wayne Gale, Fernsehreporter:
Wir reden hier von einem Medienereignis. Die Werbung läuft, der Sender wird sich die Finger lecken. Oh mein Gott, was für eine großartige Idee. Wir reden hier über etwas Unvergleichliches in der Fernsehgeschichte. Das erste richtig ausführliche Interview mit dem charismatischsten Serienmörder aller Zeiten, und zwar einen Tag, bevor er für den Rest seines beschissenen Lebens in eine Nervenheilanstalt eingeliefert wird. Das ist so wie Wallace und Noriega, das ist wie Elton John, der seine Bisexualität gegenüber dem »Rolling Stone« eingesteht, das sind die Maisleys-Brüder in Altamont, das sind die verfluchten Nixon-Frost-Interviews ...
Was sagen Sie dazu, Kumpel?

Jo Groebel, Medienpsychologe: Ein faszinierendes Beispiel bieten die ungeschnittenen Aufnahmen von der Landung der Amerikaner in Somalia. Im Fernsehen waren meist Soldaten zu sehen, die an den Strand kommen, Gewehr im Anschlag, das Gelände sichern und sich nach möglichen Gefahren umsehen. Läßt man die Kamera jedoch schwenken, sieht man ein Szenario, das an Absurdität wirklich kaum zu überbieten ist. Die dunkle afrikanische Küste ist mit riesigen Scheinwerfern angestrahlt, Tausende Journalisten, Kameraleute stehen am Strand, alle haben ihre Kameras auf die Soldaten gerichtet. Selbst wenn Feinde dagewesen wären – kein Soldat hätte sie sehen können, weil eine Mauer von Journalisten davorstand. Noch interessanter sind allerdings die Nahaufnahmen. Da sieht man Soldatengesichter, die anfangs noch etwas unsicher dreinblicken, weil sie mit dieser Masse Kameras konfrontiert sind. Dann, scheint es, kommt etwas in ihnen in Gang: Mensch, wie verhalte ich mich jetzt, so was habe ich doch schon mal bei Rambo gesehen ... Und plötzlich fangen sie an, grimmige Gesichter zu machen. Dann sehen sie einen Schwarzen, rennen gleich hin und nehmen ihn fest. Aber immer mit dem Seitenblick zur Kamera, ob sie noch auf Sendung sind. Was wir hier haben, ist ein wirkliches, konkretes, politisches Ereignis – aber die Akteure verhalten sich so, wie sie im Film gesehen haben, daß sich Schauspieler verhalten, die wiederum versuchen, Menschen im wirklichen Leben darzustellen.

Hagen Knox:
Wir spielen nicht, wir machen ernst. Und wenn die Leute herkommen und fragen, wer das getan hat, sagst du, die Nibelungen waren das. Sag nichts anderes!

Stahlgewitter
oder: Die Volksbühne als moralische Anstalt betrachtet

Willkommen Deutschland
Lied der »Linkssentimentalen Transportarbeiterfreunde«

Vierzig Jahr' kein Wasser, kein Strom
Das werden wir nicht vergessen
Statt Frühstück gab's den Fahnenappell
Nur Bonzen hatten was zu essen
Etwa Milch für unsere Kinder
Das kam bei uns nicht vor
Bei den Nazis war's nicht schlimmer
Ich hab' das Jammern meiner Mutter noch im Ohr
Wie oft stand ich vor deinen Toren
Mit verlorenen Träumen
Nun ist alles wie neu geboren
Liebe – stärker als Haß

Wer dich kennt, ist dir treu geblieben
Und hat an dich geglaubt
Für dich sind wir hiergeblieben
Und haben auf dich gebaut

Willkommen Deutschland
Du bist das Glück in unsrem Leben
Wir werden dir nun alles geben
Daß ich das noch darf erleben
Willkommen Deutschland
Die neue Zeit bricht nun für dich an
Von der man soviel Gutes hören kann
Und wir alle glauben fest daran

Jetzt haben wir Wasser und Strom
Jeden Abend gibt es was zu essen
Die Bonzen gehen nach Moabit

Sie sollen uns nicht vergessen
Bald gibt's Milch für unsere Kinder
In die Schule können sie gehen
Meine Mutter lacht nun immer
Nun wird unser Deutschland richtig schön
Willkommen Deutschland ...

Veredlung des Charakters

Friedrich Schiller: Alle Verbesserung im Politischen soll von Veredlung des Charakters ausgehen – aber wie kann sich unter den Einflüssen einer barbarischen Staatsverfassung der Charakter veredeln? Man müßte also zu diesem Zwecke ein Werkzeug aufsuchen, welches der Staat nicht hergibt, und Quellen dazu eröffnen, die sich bei aller politischen Verderbnis rein und lauter erhalten. Jetzt bin ich an dem Punkt angelangt, zu welchem alle meine bisherigen Betrachtungen hingeführt haben. Dieses Werkzeug ist die schöne Kunst, diese Quellen öffnen sich in ihren unsterblichen Mustern.

Ein Minenfeld

Henry Hübchen: Irgendwie glaubt er sich auf dem Level, alles machen zu können, Narrenfreiheit zu haben. Besser kann's ihm ja gar nicht gehen. Er darf bloß nicht von Stahlgewittern reden.

Peter Koslowski: Über Ernst Jünger zu schreiben heißt sich in ein Minenfeld begeben, in dem man sich nur mit äußerster Vorsicht voranbewegen kann.

F.C. im Gespräch mit Günther Gaus: Was ich mache, sind postmoderne Scherze. Ich werde keine Hierarchie, wie sie auch aussehen mag, akzeptieren. Man akzeptiert nicht die Autoritäten, die Repressalien, denen man ausgesetzt ist, den Mechanismus, in dem man sich befindet. Das ist relativ einfach – man muß sich nur hinsetzen und sagen: Du bist doof. Nichts anderes ist No Future – man will sich nicht in den großen politischen Bewußtseinstrain setzen. Ich hatte keine Nähe zur Bürgerbewegung oder zu politischen Parteiungen. Dazu bin ich (wegen meiner kleinbürgerlichen Herkunft) viel zu egoistisch und nur auf mein eigenes Überleben bedacht, damit ich nicht weggeschwemmt werde, nicht das eigene Wertgefühl verliere. Das produziert letztlich eine Ästhetik, die alles auf die Bühne bringt, was es gibt. Du spielst den kleinen lieben Gott, baust dir deine eigene Welt. Was ich bei dieser Autonomie denke, ist nicht das Entscheidende. Sondern ob ich es schaffe, den Schlüssel in die Psychologie der Menschen zu finden. Und ob die dann wieder etwas produzieren, was Treue heißt. Ich könnte auch Liebe sagen – etwas ganz Persönliches eben, was erst mal nicht viel mit Kunst zu tun hat.

Man muß Position gegen die bürgerliche Gesellschaft (oder gegen jene bürgerliche Gesellschaft, die sich in den Erwartungskriterien des Feuilletons widerspiegelt) beziehen. Wenn ein Zuschauer wie Herr von Dohnany weiß, wie sein Klassiker auszusehen hat, und in der »Bild«-Zeitung verkündet, er will seine Klassiker wiedererkennen, dann sieht man, wie im Großbürgertum unbarmherzig kleinbürgerliche Gefühls- und Denkstrukturen zugeschlagen haben – eine Verkleinbürgerlichung dessen, was man früher in Hamburg englische Souveränität nannte. Gegen diesen kleinbürgerlichen Ideensumpf, wo man eigentlich nur die nächste Stunde möglichst toll überstehen will, gilt es anzugehen. Und was sie sich vormachen! – Wer sie sind, was sie sind und vor allem natürlich, daß sie gute Menschen sind – gute sozialistische Deutsche oder gute demokratische Deutsche (tatsächlich sind's nur Scheißhaufen).

Der bürgerliche Moralkontext ist im Augenblick mein Hauptfeind. Deshalb weiß ich nicht, ob so'n Theater scharf genug ist. Die angeblichen Großbürger fühlen schon richtig, wenn ich in der »Raststätte« Schiller zitiere. Sie merken, daß ich ihn benutze, und kriegen damit natürlich ihr Klischee bestätigt, daß es Schiller eigentlich ganz anders gemeint haben muß. Das in den Aufsätzen, in den Forderungen an Kunst oder an die Ideologie einer Gesellschaft steckende Eruptive sehen sie gar nicht. Sie betrachten's nur aus 200 Jahren Entfernung, sind unfähig und unwillens zu differenzieren. Deswegen jagt ihnen Schiller keine Angst mehr ein. Erschreckt sind sie nur, wenn man im Schauspielhaus den Porno zeigt. Nur die extremste Konzentration von Drogen hat noch eine Wirkung – alles andere wird vom einzelnen wie vom System sofort subsumiert, entweder als doof oder langweilig, schön oder unschön. Störung erreichst du nur noch mit ganz wenigen Sachen. Ästhetischer Genuß erschließt sich für Herrn Dohnany offensichtlich nicht über dialektische Brüche, weil er Diskontinuität als Gegenteil von Harmonie ansieht. (Harmonie ist für ihn das Grundgesetz von Schönheit und Kunst.) Dies eben ist die ästhetische Konditionierung einer Klasse über Jahrhunderte. Kunst hatte in Deutschland immer einen ganz merkwürdigen, also nie einen vitalen, nationale Identität stiftenden Stellenwert wie in Rußland oder Polen. Hierzulande wurde immer der Intellektuelle rausgeholt, wenn man ihn brauchte, wenn er nützte. Ansonsten beschimpfen ihn die einen als Pinscher, und die anderen glauben, ihre Klassiker gegen Schmutzfinke verteidigen zu müssen. Noch eine Sache: Wenn Leute Erfolg haben (und das sind die meisten Theaterbesucher), dann sind das Menschen, die in der Mitte ihres Lebens stehen, die keinen Sinn mehr für Abenteuer haben, schon gar nicht für ein Abenteuer gegen sich selbst. In die Lage zu kommen, mal nichts zu verstehen, mal nicht mitreden zu können, irritiert zu werden, nicht zu wissen, ob es die da oben auf der Bühne ernst meinen oder uns verscheißern wollen – davor haben sie Angst, das ist das Schlimmste, was du machen kannst. Da reagieren sie mit Haß. Mit »Raststätte« waren wir in Mülheim. Es war gerammelt voll. Reaktionen: Ja, ja, ist doch langweilig, kennen wir doch alles, wir haben ja auch schon viel in unserem Leben mitgemacht. Und wenn du nachfragst, wissen sie eben nicht, was es bedeutet. Theater ist in Deutschland leider auf eine Ebene gekommen, wo es vor allem etwas zu bedeuten hat, was der Zuschauer sofort erkennen möchte. Selbst der Kommunist Brecht ist einfach – die Moral der Geschicht' beim »Puntila« oder beim »Guten Menschen von Sezuan« ist klar, jeder versteht sie.

Es geht aber auch immer wieder darum, Menschen Selbstbewußtsein zu geben. Selbstbewußtsein heißt für mich in der Theaterarbeit, daß jemand, der sich gegen meine Goethe-Inszenierung wehrt, weil sie seiner Meinung nach der letzte Dreck war, nach Hause geht und – wenn er nicht bigott ist – in seine Bibliothek greift, seinen »Faust« raussucht und sagt: Ich bin wieder in meiner kulturellen Gemeinschaft, ich bin wieder zu Hause angelangt. So wäre meine destruktive Ästhetik konstruktiv. Bei dieser antitotalitären Ästhetik werden Klischees, auch politische Hoffnungen gebildet. Und im nächsten Augenblick wird das Behauptete einer Figur wie in einer Slapstick-Szene ausgelacht. Ich möchte, daß man sich das andere (was man nicht lebt) vorstellen kann.

Günter Gaus: Im Blick auf das gesellschaftliche Bewußtsein, das vom Theater vermittelt werden kann, haben Sie einmal gesagt: Erkenntnis und Erfahrung entstehen, wo Differenzen sichtbar werden. Das heißt doch nach meinem Verständnis: Theater soll etwas bewirken, mindestens Erkenntnis vermitteln, was ja wahrhaftig sehr viel ist. Bedeutet das – Frank Castorf sagt: Ja – Theater ist eine moralische Anstalt und soll es in diesem Sinne auch sein?

F.C.: Die Gedanken kommen in letzter Zeit häufiger. Also wenn Sie den Schiller zitieren, die Briefe zur ästhetischen Erziehung, dann ist es der Gedanke, daß eine stehende Schaubühne, ein Theater, ein Nationaltheater, tatsächlich eine neue Gesellschaft, nämlich die bürgerliche, befördern kann, also die Idee eines Nationalstaates als ein auslösendes Moment einer Nation, die es nicht gab. Und eigentlich ist es ganz schön, welche Verantwortung man damals innerhalb so einer Kunstproduktion hatte, einen gesellschaftlichen, einen politischen Auftrag, einen aufklärerischen. Diese Briefe wurden vor zweihundert Jahren, also 1795 geschrieben. Und wenn wir die Verkrüppelungen der Sprache, unserer Verhältnisse, die Verwechslung von Information und Wahrheit in Erwägung ziehen, dann ist es traurig – dieser freie Fall ins Unendliche. Und insofern denke ich gern über die moralische Anstalt nach oder über das, woher wir vielleicht kommen. Das ist ein moralischer Auftrag, zweifellos.

Skins kritisieren »Clockwork Orange«

F.C.: Ich finde die Diskussion um bestimmte Zuschauerreaktionen bei »Clockwork« sehr heuchlerisch. Sie wird vor allen Dingen von bestimmten Zeitungen geführt, um alte Rechnungen zu begleichen. Wäre doch einer von den Kritikern der »Frankfurter Rundschau« aufgestanden als es Randale gab, hochgegangen und hätte die Sache in der Vorstellung selbst geklärt. Er hat's nicht getan. Diese Art der Heuchelei mag ich nicht.

Zu »Clockwork Orange« muß man wissen, daß es für jeden guten Skinhead der Kultfilm schlechthin ist. Zur zweiten Vorstellung sind Skinheads in einer Stärke von 20, 30 Leuten angerückt und fingen gleich in der zweiten Minute an, auf dem Rang Sprüche zu reden, Zigaretten zu werfen, Bier zu trinken, sich überhaupt relativ aktiv zu verhalten. Eigentlich forderten sie nichts weiter als die Werktreue von rechts ein. Deine Künstlerscheiße kannste sein lassen, wir wollen unser »Clockwork« sehen. Als die Rüpeleien immer stärker wurden, habe ich auf der Hinterbühne zwei hünenhaften Feuerwehrleuten klargemacht, daß im Rang jemand raucht. Moment mal, wer raucht da? Und ich sage, eine Gruppe von 20, 30 Skinheads. Ach so, wir sind aber nur für den Bühnenbereich zuständig. Und weg waren sie. Das Publikum rief: Wann tut denn hier jemand was, da müßte man doch mal, jetzt ist aber Schluß, wer ruft denn die Polizei. Da sitzen also 900 Menschen gegen 30 – und sie sind unfähig, etwas zu verändern.

ORB-Moderator: Jene 15 Leute, die auf dem Rang Rabatz gemacht haben, wurden nach etwa zwanzig Minuten von der Schauspielerin Silvia Rieger rausgeschmissen. Zwei von ihnen, Lampe und Rotten, sollen hier zu Wort kommen. Doch zunächst die Volksbühnen-Sicht.

Herbert Fritsch: Bevor ich auf die Bühne ging, hörte ich beim Inspizienten, draußen sei jetzt Mitspieltheater angesagt. Irgendwie fand ich das ganz interessant, es hat mich ein bißchen scharf gemacht auf die Aufführung. Ich habe dann versucht, meine Sache durchzuziehen, fühlte mich auch nie gestört, weil es nie gegen den Rhythmus ging. Je mehr die rumschreien, dachte ich, desto ruhiger kann ich werden, und hätte mir daraus einen Spaß gemacht. Eine bessere Publikumsreaktion kann man sich eigentlich nicht wünschen. Für mich war das so wie die Kinder des Olymp, die da oben randalieren, ein bißchen dazwischenschreien und Leben in die Bude bringen. Leute fanden schon öfter an dem, was ich mache, keinen Gefallen. Nur ist der Unterschied folgender: Bei sonstigen Störungen reklamieren Zuschauer im Parkett die Werktreue bei »Hamlet« und schreien dazwischen. Dabei kommen wir doch nicht auf die Idee, die Polizei zu holen. An dem Abend hat mich eigentlich etwas anderes entsetzt. In einer Szene liege ich praktisch im Blut, der Gefängnisdirektor kommt, hält seine Rede über das rein und raus in Strafanstalten und meint, für die meisten von uns wird das mehr rein als raus sein. Und als an dieser Stelle der Applaus aus dem Parkett kam, ist es mir wirklich eiskalt über den Rücken gelaufen. Das fand ich entsetzlich. Mich hätte es wirklich interessiert, wie sich die Aufführung weiterentwickelt hätte, wie es auf irgendeine Art zum Dialog gekommen wäre. Das einzige, was ich zwischendurch mal dachte: Hoffentlich kommt keine Bierflasche geflogen, darauf hätte ich keine Lust gehabt. Und wenn es eine Schlägerei gegeben hätte, wär ich als erster weggerannt. Aber ich glaube, dazu wäre es nicht gekommen. Und da wir jetzt hier zusammensitzen, habe ich das Gefühl, daß dieser Vorfall sich so harmlos herausstellt, wie ich ihn damals empfunden habe. Wobei ich sehr gut verstehen kann, wie die Silvia Rieger reagiert hat. Sie hatte eine sehr leise empfindsame Stelle, und wenn da was passiert, ist es schwer drüberwegzuspielen. Absolut spießig fand ich die Einwürfe, das sei nicht »Clockwork Orange«, also wieder der langweilige Ruf nach Werktreue.

Lampe: Die meisten von uns hatten das Buch gelesen, den Film auf jeden Fall gesehen. Ich hatte 'ne bestimmte Grundvorstellung, wie das ganze ablaufen soll. Nichts gegen künstlerische Freiheit, und ich überlasse das auch gern dem Herrn Castorf, wie er das auslegt. Aber ich muß mal sagen, und das ist es auch, wo ich Herbert mal recht gebe: Wenn das andere Publikum an Stellen applaudiert, wo es nichts zu applaudieren gibt, dann ist das einfach mal daneben. Ich glaube, daß war so'n pseudointellektuelles Zeug, was sich mal 'ne Castorf-Inszenierung ansehen wollte ... Man geht zu Castorf, egal was für'n Sinn oder Unsinn da passiert, das zieht man sich rein, klatscht brav, is' ja 'ne prima Leistung, man kann sich zeigen, aber den Sinn von »Clockwork Orange« hat man nicht kapiert ...

Rotten: Ich will ja Herrn Castorf nicht in seine künstlerische Freiheit reinreden. Er kann ja »Clockwork Orange« interpretieren wie er will, wir haben Gott sei Dank noch 'ne freie Meinungsäußerung. Herr Castorf kann da meinetwe-

»Clockwork Orange«: Peter-René Lüdicke, Herbert Fritsch, Torsten Ranft, Volksbühne, Februar 1993

gen auch einen Kohlkopf hinstellen und einen, der dazu anderthalb Stunden fiedelt, und wenn er sagt, das ist für ihn »Clockwork Orange«, dann ist das für ihn eben »Clockwork Orange«.

Was mich ein bißchen nervt, ist die Tatsache, daß es wirklich im nachhinein so hochgespielt wurde, das Publikum richtig angeheizt wurde. Ich bin nach 'ner Viertelstunde kurz vor der Randale gegangen, weil ich mir meine Freiheit als Publikum genommen habe. Ich habe gesagt, das paßt mir nicht, das will ich nicht, ich geh' jetzt nach Hause. Ich mußte mir im nachhinein erzählen lassen, daß Teile des Publikums gesagt haben: Nun schmeißt die Nazis raus. Ich rede von der Manipulierbarkeit des Theaterpublikums.

Lampe: So wie die Stimmung in diesem Lande ist, sollte man ein bißchen mehr nachdenken. Unten aus dem Parkett kam der Ruf: Schmeißt die Faschos raus, und da kam wirklich der ganz große Aufheuler beim dicken Mob oben im Rang, nach dem Motto, wenn du noch mal sagst, Fascho komm runter, dann geht's los. Weil nämlich keiner von denen, die da waren, irgendwas mit Nazi oder Fascho oder rechtsradikaler Scheiße am Hut haben.

Rotten: Ich fand es auch pervers, daß ich mich da ankieken lassen mußte wie ein Wundertier, frei nach dem Motto, was willst du denn hier, um Gottes willen. Ja, wir mögen unsere Randgruppen, aber nicht hier im Theater. Und jetzt rede ich nicht von den Schauspielern, die haben sich relativ fair und cool verhalten. Ich mußte mich draußen fragen lassen, was ich denn im Theater will. Das Ding nennt sich Volksbühne, und ich kann da reingehen, wie's mir paßt.

Herbert Fritsch: Das ist mir wirklich peinlich, weil es überhaupt nicht von uns so gedacht ist. Das war ein Mißverständnis an diesem Abend.

Moderator: Macht euch das nicht stutzig? Die seriöse Theaterkritik kommt zu den selben Schlüssen wie ihr. Auch ihr fordert Werktreue, findet sie nicht vor und beginnt, die Aufführung zu stören. Wieviel Zeit muß man denn einer Aufführung geben. Reichen für ein barsches Urteil zehn Minuten?

Rotten: Ich habe mich hinterher ein bißchen geärgert, daß ich rausgegangen bin. Aber es hat mir einfach nicht gefallen.

Herbert Fritsch: Und ich finde schade, daß du uns nicht die Chance gegeben hast.

Moderator: Was hat euch denn so angefochten? Vielleicht ist das ja ein anderes Werktreue-Verständnis als das einiger Pressekritiker?

Lampe: Für mich besteht der Sinn von »Clockwork Orange« darin, daß eine unangepaßte Gruppe durch den Staat zwangsmäßig angepaßt wird. Da kann man natürlich Bilder, wie der Herr Castorf das macht, zusetzen, die nicht dem Original entsprechen. Aber irgendwo fehlte da die Linie. Ich war bis zum Schluß da. Ich war froh, daß ich das Buch kannte. Ich mußte aber ständig nachdenken, was denn jetzt wieder los ist. Und ich bin immer noch der Meinung, daß für die meisten, die es weder gelesen noch gesehen haben, kein Sinn rausgekommen sein wird. Das kreide ich dem Herrn Castorf an. Ich verlange nicht die Szenentreue des Buches, aber die Linientreue – oh, böses Wort – das ist das mindeste, was ich verlange.

»Jünger« in der Inszenierung von Hans Kresnik, Volksbühne, Dezember 1994

Warum machen wir das?

Günter Gaus: Was bedeutet Ihnen Ernst Jünger?
F.C.: Gar nichts.

F.C.: Ich lese mal vor:

»Da war die Luft so von überströmender Männlichkeit geladen, daß jeder Atemzug berauschte, daß man hätte weinen mögen, ohne zu wissen, warum. Oh Männerherzen, die das empfinden können!«

oder:

»Gewiß wird der Kampf durch seine Sache geheiligt, mehr noch wird eine Sache durch Kampf geheiligt.«

oder:

»Wenn der Soldat durch seinen Tod anerkennt, daß er eine Idee für größer hält als er sich selbst, so darf dieses Bekennen vor dem Führer, schärfstem Vertreter dieser Idee, nicht halt machen.«

Das sind Sätze, die an Stahlgewitter erinnern. Sie stammen aus Jüngers Essay-Band »Der Kampf als inneres Erlebnis« von 1922.

Hans Kresnik, warum laß ich als Intendant dieses Hauses sowas zu, und warum willst Du das inszenieren. Ich habe schärfste Kritik von meinem hochverehrten Hochschullehrer Ernst Schumacher geerntet. Warum machen wir das?

Kresnik: Jünger ist ein Zeitzeuge dieses Jahrhunderts. Warum besuchen ihn Kohl, Mitterand, Heiner Müller, überhaupt viele Intellektuelle. Warum die politisch sichtbare Tendenz, einen Ernst Jünger wieder ernst zu nehmen – wo man doch sagt, der schreibt fast über eine Aussortierung der Menschheit – ein Krieger ist wer, alles andere ist nichts. Ernst Jünger sagte auch: Wenn der Kommunismus brutaler gewesen wäre, wäre ich Kommunist geworden. Er ist ein totaler Gegner der Demokratie. Daß ein Ernst Jünger heute nicht nur hoffähig, sondern ziemlich klar dasteht als Dichter, zum Teil sogar als Philosoph gehandelt wird – diese Tendenz ist erstaunlich und für mich eine erschreckende Wende des Denkens in Europa, nicht nur in Deutschland. Und ich glaube, man muß da wirklich über ihn etwas machen und auch zeigen, daß es zeitbezogen noch immer so ist, wie es vor vielen Jahren war, als er Hitler hofiert hat. Jünger ist ein Phänomen. Er verdrängt al-

»Stahlgewitter«-Szene, in der Kresnik-Inszenierung »Jünger«, Volksbühne, Dezember 1994

les. Er hat mit dem Faschismus, mit den Neonazis nichts zu tun, bejaht aber alles. Und erklärt das 21. Jahrhundert, das 22. Jahrhundert, wie es wird. Und gerade für die Volksbühne ist es wichtig, die Tendenz oder das Denken oder das Gefühl von einem Europa zu zeigen, das für mich mehr rechts als links liegt. Links wurde immer verfolgt, egal was es war. Und rechts läßt man ziemlich viel zu. Und deshalb sage ich, bevor Jünger stirbt, ist es Zeit, ein Projekt über Jünger zu machen.

F.C.: Ich verstehe das in einer bestimmten Art. Es passiert vielleicht in einer Zeit, wo alle die Ruhe heilig sprechen und wo man instinktiv sehr wohl fühlt, daß da dieser gesamte Kontinent am Kochen ist. Wir haben einen schönen kleinen Frieden, unsere kleine Stabilisierung in Deutschland erreicht – der Kanzler hat doch nicht unrecht: Es geht doch keinem schlechter, das muß ich doch mal sagen! Aber was ist etwas weiter ostwärts? Dort bricht's zusammen wie zu Zeiten der Völkerwanderung. Und ich glaube, es gibt da große Bewegungen. Ich sehe es apokalyptisch, ich muß gegen den Pragmatismus irgendwie ein Krisenbewußtsein initiieren. Das macht die Volksbühne. Ich fühle mich schon bestimmt dafür, diese Krise zu benennen, hoffend, daß sie nie eintritt. Ich glaub', das ist wichtig für Kunst überhaupt.

Die neue Ostfront

Peter Glotz, Die Woche, 23.6.1995: Wenn Castorf – in einer Rückblende auf die DDR-Zeit – den Satz »Wir brauchen ein neues Stahlgewitter« sagt, ordnet ihn die hilflose westdeutsche Kritik gleich neben dem ins Völkische trudelnden Botho Strauß ein, also rechts. Dabei ist dieser von Langeweile geschüttelte Apokalyptiker ein zynischer Moralist aus linker, Brechtscher Tradition. Das Stalinbild in seinem Büro macht ihn sowenig zum Stalinisten wie das Bekenntnis zu Heidegger oder Ernst Jünger zum Rechten. Frank Castorf ist zivilisationsmüde, provokant, bewußt plebejisch und bis zu einem gewissen Grade anarchistisch, ein permanent wütendes Halbgenie, das die Psychologie seiner Ostler kennt.

Galopp

IM »Zumpe«: Castorf ist mit seinen Gedanken manchmal schon so weit voraus, daß er gar nicht mehr beachtet, was er eigentlich meint.

Stahlgewitter in der Volksbühne

Dirk Nümann, »junge Welt«, 30.12.1994: Ihnen geht es also im Theater um Wahrheit, das war zu vermuten. Als vor siebzig Jahren Julius Bab mitten im Krieg die Volksbühne eröffnete, »Deutschland, Deutschland über alles« lobte, ging es ihm um ganz was anderes, um »Gott, König, Vaterland«. Sie feiern das Ereignis mit einer Inszenierung zu Ernst Jünger, der ja eben den Ersten Weltkrieg heldisch besungen hat. Markiert Jünger die Apokalypse, die zum Kern der Wahrheit führen soll?

F.C.: Jünger ist Tabu-Verletzung; ich weiß zwar nicht, was Kresnik draus macht, ob pro oder contra, ich vermute contra, leider. Denn natürlich ist mir Jünger näher als die Sozialdemokratie der Volksbühnenbewegung, als Julius Bab. Ich bin kein gewerkschaftlicher Kassenwart. – Vor sechs Jahren saß ich in Karl-Marx-Stadt in der Kantine und dachte, diese DDR, diese Nichtbewegung, diese Dekadenz: Wir brauchen ein neues Stahlgewitter ...

Nümann: ... Einen dritten Weltkrieg? Der dürfte dann wohl eher ein Atomgewitter werden ...

F.C.: ... wir brauchen faschistoide, vitale Gedankengänge, dachte ich, daß man sich sehnt nach etwas, was Bewegung heißt. Man muß Leuten die Affirmationssucht nehmen, sie vor irritierende Gedanken stellen, daß sie sagen: Das darf man doch nicht.

Nümann: Tabu-Verletzung ist doch wohl nicht der einzige Grund, warum Sie Jünger oder Bronnen spielen, Autoren, die fast religiös daran glaubten, als Künstler zur besseren Welt beitragen zu können. Was macht die Expressionisten heute wichtig?

F.C.: Was mich an den Stücken interessiert, ist die Sehnsucht nach Schmerz, nach Biographien von Menschen, die tatsächlich etwas für ihre Haltung riskiert haben, deren Leben ein Alptraum war, die sich nirgends zu Hause fühlten und deswegen den Schützengraben heilig sprachen. Heute leben wir in einer Welt der Spalt-Schmerzstill-Tabletten, wichtig ist, die Rentenversicherung mit 18 abzuschließen. Kunstströmungen wie Dadaismus und Expressionismus stehen für die Sehnsucht nach Vitalität, nach Mut, nach Kraft, nach all den Sachen, die wahrscheinlich heute nur noch bei den Rechtsradikalen zu finden sind, nicht in der aufgeklärt-liberalen Toscana-Fraktion.

Ein Irrer

Peter Iden, »Frankfurter Rundschau«, 10.1.1995: Kann er, den es so weit aus dem Konsens der zivilen Gesellschaft verschlagen hat, noch ein Theater führen?

Oberlehrer überall

»Die Zeit«, 13.1.1995

F.C.: Ich kann das Interview in der »jungen Welt« nicht legitimieren. Die meisten Fragen sind erst nachträglich in den Text eingebaut worden. Die meisten Nach-Sätze sind gekappt. Das ist nicht das Gespräch, das wir geführt haben.

Michaelis: Aber was wollten Sie mit »faschistoiden Gedanken« erreichen?

F.C.: Da saß ich arbeitsloser Theatermensch vor der »Wende« in der Kantine des Theaters von Karl-Marx-Stadt

– heute wieder Chemnitz – und litt unter der DDR, diesem Koloß der Nichtbewegung. Unter dem Druck dieser proletarischen Diktatur: Können Sie nicht verstehen die Sehnsucht nach Veränderung, nach Revolution, um es für die DDR schwerzumachen: nach einem »Stahlgewitter«? (...)

Wir haben provoziert, um überhaupt gehört zu werden. Um die DDR-Oberen zu schockieren, gab es nur eins: faschistoide Gedanken. Oft hat es auch funktioniert. Und heute oft sogar im Westen.

Ungekappte Sätze

»junge Welt«, 13.1.1995: Wortgetreue Wiedergabe (Tonbandabschrift) der umstrittenen Passage aus dem Castorf-Interview vom 30.12.1994. (Die Wörter in Klammern wurden nachträglich – zum besseren Verständnis – eingefügt.)

Nümann: Bei Ihnen steht an diesem Tag »Ernst Jünger« auf dem Programm, der den Krieg, das Stahlgewitter, besungen hat. Inwiefern setzen Sie sich bewußt, indem Sie Jünger auf den Spielplan stellen, mit dieser Geschichte der Volksbühne (auseinander), die, indem sie das Haus mit dieser (kriegsbejahenden) Rede (von Julius Bab) eröffnet hat, bewußt diese Idee – ursprüngliche idealtypische Emanzipationsidee – aufgegriffen hat?

F.C.: Natürlich ist mir Ernst Jünger sehr viel näher als Julius Bab. Ich weiß noch, vor sechs, sieben Jahren saß ich in Chemnitz, in Karl-Marx-Stadt, in der Kantine und dachte, gegen die Dekadenz der DDR, die Nichtbewegung: Wir brauchen wieder ein neues Stahlgewitter, also faschistoide oder vielleicht nur vitale Gedankengänge; oder die (Gedankengänge), daß man sich sehnt nach etwas, das Bewegung heißt. Die sind immer da, die sind immer politisch verschieden artikulierbar. Und etwas von Jünger ist mir einfach wichtig, das heißt: Tabu-Verletzung. Ich glaube, daß es das einzige ist, daß man Leuten die Affirmationssehnsucht und -wut nehmen kann, indem man sie vor Gedankengänge stellt, die sie irritieren, wenn man sagt: Das darf man doch eigentlich nicht.

Wir hatten rote Fahnen auf dem Dach bei der Uraufführung von (Lev Lunz') »Stadt der Gerechtigkeit« und haben entsprechende Bombendrohungen bekommen: »Nun sind die Postkommunisten schon wieder an der Macht.«

Eben diese Mißverständnisse, die sofort moralische Wertung sind, wenn Gregor Gysi hier (im Theater) hungert, wenn ich das nicht mehr machen darf und wenn ich bestimmte Gedanken nicht mehr aussprechen kann, dann ist das traurig. Und so etwas hat Jünger immer wieder gemacht, oder Arnolt Bronnen, in einem lebenslänglichen Alptraum, in einem Sich-nicht-zu-Hause-Fühlen. Und vielleicht dann in einem Schützengraben, eine Heiligsprechung, die dubios ist, für mich psychologisch total verständlich, und deshalb gehört er als Widerspruchsgeist, als einer der potentesten und adäquatesten, gedanklich in dieses Haus. Und deshalb, glaube ich, gibt es Leute wie zum Beispiel Heiner Müller oder den Aufklärer Rolf Hochhuth, die mit der einfachen Ad-acta-Legung mit Jünger nicht einverstanden sind. Was übrigens der Kresnik daraus macht, ob einen Pro- oder Anti-Jünger – ich nehme an, einen Anti-Jünger wird er inszenieren. Aber das ist ein Thema, was Julius Bab durch seine kleinbürgerliche Konvention zum Zentrum (der Diskussion) bringt. Und deshalb ist das auch hier richtig, was soll es auch anders sein bei dem Marmor, den die Sowjets hier beim Wiederaufbau 1954 (verwendet haben), den Marmor aus der Reichskanzlei – wie soll das anders sein in einem Haus, zwischen Stalinisten und Faschisten angesiedelt.

Nümann: Das ist ja kein Zufall, das hat ja nicht nur mit Tabuverletzung zu tun. Sie setzen sich im Spielplan auch mit den Expressionisten auseinander. Was macht die Expressionisten, Autoren wie Bronnen, heute wieder aktuell? Inwiefern wird dieser Geist, der in der Volksbühne direkt oder indirekt gespiegelt wurde, heute wieder aufgenommen?

F.C.: Es ist eine Sehnsucht nach Schmerz oder Biographie des Menschen, die sich tatsächlich für ihre Haltung eingesetzt haben. Und wir leben so in der komplexen Welt der Spalt-schmerzstillenden Tablette – natürlich ist wichtig, die Rentenversicherung mit 18 abzuschließen. Der Expressionismus, der Dadaismus, also die Kunstströmungen, die ja vor hundert Jahren einfach ein neues Denken als eine Form vorgestellt haben – daran sich zu erinnern ist einfach wichtig. Ist ja auch eine Sehnsucht nach Vitalität, die einfach mal vorhanden war, nach Mut, nach Kraft, nach all den Sachen, die wahrscheinlich heute im rechtsradikalen Fundus zu finden sind und nicht im aufgeklärt-liberalen Bereich der Toscana-Fraktion.

»Wir brauchen Stahlgewitter«

Martin Doerry, »Der Spiegel«, 17.1.1995: Und weil Peter Iden das Klamauk-Theater Frank Castorfs ohnehin nicht mag, soll dieser »Irre« nun, daran läßt der Kritiker der »Frankfurter Rundschau« keinen Zweifel, möglichst aus der Intendanz der Volksbühne verschwinden. Wer so reagiert, spielt das Spiel des Provokateurs. Erst der schrille Protest befördert den Tabu-Verstoß zum gewünschten Skandal. Schlimmer noch: Jeder Bannfluch sorgt prompt für Solidaritätsbekundungen.

Absenderloser Brief aus Nürnberg, unterschrieben mit »Ein Westdeutscher«, 21.1.1995:

Sehr geehrter Herr Castorf!

Seit einigen Jahren wird in Deutschland über die sogenannte Ausländerfeindlichkeit gesprochen, die im Grunde genommen gar keine ist.

Rußland muß erst wieder lernen, seine Lebensmittel selbst anzubauen. Sie sollen aus ihren Kartoffeln keinen Wodka brennen, sondern sollen sie essen! Von Schnaps wird man nicht satt, aber von Kartoffeln. Von mir bekommen die Russen keinen Pfennig. Die sollen arbeiten, bis ihnen die Knochen krachen, dann haben sie auch etwas zum Essen. Und nicht immer den Westen anbetteln u. auf ihrer faulen Haut liegen! Wir müssen auch unser Brot verdienen! Wir im Westen helfen unseren Landsleuten in den neuen Bundesländern, uns hat damals keiner geholfen! Trotzdem werden wir von den »Ossis« als »Kapitalisten-Schweine« bezeichnet. Schön wär's ja, wenn wir Kapitalisten wären!!!

Es ärgert uns Deutsche maßlos, wenn wir abends müde u. verschwitzt von der Arbeit nach Hause kommen u. die jungen ausgeruhten u. kräftigen Ausländer sehen müssen! Besonders die zwei Meter großen Neger!!! Das ärgert uns sehr!!!

Die Ausländer sagen immer nur, daß wir Deutschen »Nazis« sind, damit sie uns weiterhin ausbeuten können!!! Und da wundert sich die ganze Welt, warum die Deutschen so »böse« geworden sind. Auch die Würde des deutschen Menschen ist unantastbar.

Reklamation des Surrogats
F.C.: Viele junge Leute fühlen sich rechten Strukturen zugehörig, haben das Hakenkreuz wiederentdeckt, weil der Sowjetstern nicht mehr diese Provokationskraft gegen Gruppen hat, die reich sind, die Erfolg haben, die es scheinbar in dieser Funktionsgesellschaft so spielerisch schaffen. Also müssen sie etwas reklamieren, was ihnen in der Bastardform oder in der surrogaten Form erscheint: Familie, Treue, Nation, Ehre, Blut – wo man sagen kann, das hält uns zusammen, egal auf welcher sozialen, politischen, hierarchischen Ebene wir stehen. Man muß über solche Begriffe nachdenken. In meinem Haus in der Toskana kann ich vom ersten Hakenkreuz überrascht sein – dort schauen die Kollegen Skinheads aus Marzahn relativ selten vorbei.

Leichtfertiger Umgang mit gefährlichen Worten
Peter Laudenbach, »Berliner Zeitung«, 23.1.1995: Castorfs verbale Amokläufe sind nichts anderes als Ausdruck wütender Ohnmacht, die Fortsetzung seiner genialischen Inszenierungen mit anderen Mitteln. Mit Faschismus hat das nichts zu tun, eher mit der Lust, eine erstarrte Gesellschaft aufzuschrecken. Trotzdem ist es erschreckend, wie verantwortungslos Castorf mit solchen Äußerungen um sich wirft.

An der Volksbühne reagiert man auf die Aufregung um die unausgegorenen Parolen des Chefs gelassen: »Wir kennen ihn und wissen, wie er es meint.« Aber die eine Sache ist, was Castorf meint, und eine ganz andere, wie seine Sprüche in der Gegenwart wirken. Ohne es zu wollen, spielt Castorf ein übles Spiel. Sein »Tabu-Bruch« könnte »faschistoide Gedankengänge« normalisieren – und das wäre gemeingefährlich. Es geht in dieser Debatte um nicht weniger als um die Erhaltung eines demokratischen Grundkonsenses, die Verteidigung eines antifaschistischen, antiautoritären Mindeststandards.

»Den Killern ein Alibi«
Peter Zadek, »Der Spiegel«, 24.1.1995: Im »Spiegel«-Artikel über »Stahlgewitter« gibt es ein Bild von zwei Skins, die den Hitlergruß genüßlich machen. Die haben bestimmt nie Müller gelesen, auch nicht Jünger und waren sicherlich noch nie im Theater. Aber auch die spüren, wohin es geht, die Stimmung, die ihren Schwachsinn zum Sinn macht, die ihnen ein Alibi verschafft zum Antisemitismus, zum Türken-Verbrennen und ähnlichen (von Intellektuellen verpönten) Scheußlichkeiten.

Aber darf ein deutscher – oder französischer oder japanischer oder simbabwischer – Intellektueller, der sich langweilt in dieser chaotischen Welt, in der Wirrnis sich mit bürokratischer Beklopptheit abwechselt, zur Vertreibung seiner Langeweile sich ein Stahlgewitter wünschen? Den Killern ein Alibi verschaffen?

Rufer in der Niemandsbucht
Stephan Lebert, »Süddeutsche Zeitung«, 20.2.1995: Nun sitzt er also da, für seine Verhältnisse wohl ziemlich gut gelaunt, und sagt, er habe jetzt dieses ganze »junge-Welt«-Interview im Original und ungekürzt noch einmal gelesen, und es habe ihn selbst überrascht, »daß ich tatsächlich das Wort faschistisch gebraucht habe und wie oft ich da von der Sehnsucht nach einem Rausch gesprochen habe«. Man merkt ihm an, daß es ihn ziemlich langweilt, sich zu verteidigen.

»Welche Tabus?«
Günter Gaus, »Zur Person«, ORB, 5.5.1995: Warum haben Sie nach Stahlgewittern gerufen, rückblickend auf den Stillstand in der DDR, auf das total stehende Gewässer? War das nur Jux und Dollerei, war es nur: Ich kann auch. Wollten Sie nur Irritation bescheren? Also Ernst Jünger bedeutet Ihnen nichts!

F.C.: Er ist eine schillernde Figur, wenn man sehr genau hinguckt. Es ist etwas, über die Schützengräben des Ersten Weltkrieges mit einem Sektglas in der Hand zu gehen. Das hat etwas ungeheuer Feinsinnig-Aristokratisches. Es hat auch etwas Mutiges, sich selbst generell in Frage stellend. Das Dumpfe an ihm ist eigentlich die Nichtbrechung der eigenen Behauptung, der eigenen Biographie – diese monotone Kontinuität seiner Behauptung, die mir fern ist.

Arnolt Bronnen, eine andere schillernde Figur deutscher Literatur ist mir viel näher ...

Gaus: ... ein rechtsgerichteter Theaterschriftsteller der 20er Jahre ...

F.C.: ... ganz links, ganz weit bei Brecht dran, dann konvertiert, von Goebbels eigentlich geliebt werden wollend, nicht von Goebbels an die Brust gedrückt, später im österreichischen Widerstandskampf gegen die Nazis – diese Diskontinuität, dieses immer bei den Zeitbewegungen Dabeiseinwollen ist mir bei Bronnen viel, viel näher, auch die Fehler einer solchen biographischen Personenentwicklung. Bei Jünger verstehe ich nur eins: In einer Endzeit der DDR (die DDR ist letztlich psychologisch an ihrer Dekadenz verkommen) ...

Gaus: Die Dekadenz war der Stillstand.

F.C.: Das war der Stillstand; warum gibt es hier keinen offenen Zufluß ...

Gaus: ... lieber faschistoide Gedanken, ich zitiere jetzt Castorf sinngemäß.

F.C.: Sie könnten es auch goethisch oder faustisch ausdrücken, mit dem Mephisto – das Böse, das doch das Gute schafft, die Veränderung schafft. Wir haben (damals in der Kantine von Karl-Marx-Stadt) eigentlich über die »Genealogie der Moral« von Nietzsche geredet, daß man wieder atmen können muß. Das war die gleiche Zeit übrigens, als hier Anfang 88 auf der Liebknecht-Luxemburg-Demonstration in Berlin eine Gegendemonstration und damit erstmals überhaupt ein politischer Eklat in der DDR passierte, dem ich merkwürdig, ebenfalls dekadent gegenübersaß. Diese politische Infragestellung der DDR war mir fremd. Ich habe mir gesagt, du kannst das nur noch auslachen. Das war der Zustand, in dem ich mich damals befand. Es war ja keine politische oder soziale Behauptung oder Aktion von mir, in Stahlgewittern mit Ernst Jünger diese DDR zu untergraben. Es war ein Gefühl, all das nur noch rausrotzen zu können. Das war damals eine Anekdote, um eigentlich etwas anderes zu machen, nämlich Mut. Wieso sind bis zum Frühjahr 89, wieso sind – eingedenk des Wahlbetruges – 98 Prozent der DDR-Bevölkerung ständig in dieses Operettenwahllokal gegangen und haben immer wieder Ja gestimmt, sind überhaupt hingegangen? Das ist ein politisches Verhalten, was eigentlich nicht recht verständlich war. Deshalb eine solche Gegenposition von Nietzsche hin zu einem Jünger: Radikal Nein sagen.

Dieter Hildebrandt, »Scheibenwischer«, SFB, 16.2.1995: Der Castorf soll 23 deutsche Theater angezündet haben, und nun verlangt er von Jünger seine Hinrichtung.

Günter Gaus, »Zur Person«, ORB, 5.5.1995: Ist es nicht eine heillose, vielleicht sogar amoralische Egozentrik, die den Künstler so absolut setzt, daß er alle anderen aus dem Auge verliert? Ist das nicht Egozentrik? Und woher bezieht sie ihre Rechtfertigung – aus der Kunst?

F.C.: Die Egozentrik ist vielleicht schon die psychopathogene Form dessen, was mir wichtig ist: Selbstbewußtsein. Und Selbstbewußtsein ist nicht gefragt – Funktionieren ist im Augenblick in unserer Gesellschaft gefragt. Deshalb einen Jünger, deshalb den krankhaften Zustand des Selbstbewußtseins vielleicht als Heilkur gegen diesen moralischen Konsens des politisch Korrekten, dem wir uns jetzt in dieser Gesellschaft überantworten, der mir nicht gefällt. Nein.

Politisch korrekt

F.C.: Ich sitze mit einer Bekannten in einer Kreuzberger Kneipe und habe Margerita getrunken (woran man schon einen gewissen kosmopolitischen Ansatz bemerkt). Wir haben auch mehrere getrunken. Irgendwann rief ich dann durch den Saal: Frollein.

Alle blickten mich sofort an, als hätte ich den größten Tabu-Bruch begangen. Und ich frage: Entschuldigung, was ist denn los?

– Ich bin kein Fräulein!
– Ja, Entschuldigung, ich komme aus dem Osten.
– Ja, das sieht man.
– Zu meiner Zeit hat man im Osten Fräulein ...
– Ja, das glaube ich Ihnen, zu Ihrer Zeit ...
– Ja, was soll ich denn sagen?

»Jünger« in der Inszenierung von Hans Kresnik, Volksbühne, Dezember 1994

– Entschuldigung!

– Ich sorge für Ihren Umsatz und soll mich dafür entschuldigen? Das ist aber auch komisch.

– Dann rufen Sie hallo.

– Aber durch die beiden Konsonanten l klingt hallo nicht.

Da wußte sie nicht weiter – und wir sind in den Osten gefahren.

So ist das mit dem politisch Korrekten. Vielleicht sollte einem das auch egal sein, und man sollte nur die Sachen machen, die man auch meint. Ich glaube, diese ganze Debatte ist ungeheuer verlogen.

Günter Gaus, »Zur Person«, ORB, 5.5.1995: Gibt es nicht auch, nach allem, was gewesen ist, ein paar Tabus, an denen man besser nicht rührt, weil man den Schwachen im Land vielleicht etwas nimmt, wenn man die Tabus zerstört?

F.C.: Welche Tabus?

Gaus: Das Tabu, daß man die Stahlgewitter nicht herbeiredet. Wir haben vor wenig mehr als fünfzig Jahren ziemlich heftige Stahlgewitter in Europa gehabt. Wir hatten vor nicht zu langer Zeit z. B. Stahlgewitter in Vietnam. Wir haben gleich nebenan eins im ehemaligen Jugoslawien ...

F.C.: ... und welches Bewußtsein haben wir für das, was Sie jetzt beschreiben? Daß wir in Europa nach dem Krieg tatsächlich einen Krieg führen am Balkan. Welches Bewußtsein ist dafür hier in diesem Land ...?

Gaus: ... dies ist ein Interview, keine Diskussion.

Weintrinker/Wodkatrinker

F.C.: Dieser Krieg des 19. Jahrhunderts, der heute in Rußland, in den Sowjetgebieten und am Balkan tobt, ist mit dem Demokratiebewußtsein des 20. Jahrhunderts und der technologischen Möglichkeit und Konsumwut des 21. Jahrhunderts eine hysterische Allianz eingegangen. Das kommt auf uns zu und bleibt außerhalb der Berechenbarkeit. Die Wodkatrinker kommen in das Reich der Weintrinker. Sie trinken anders und sind im Konflikt gestählt.

Das Stahlgewitter findet statt in Europa und wir wissen's nicht, wir verdrängen's. Ich muß diese Sachen, die ich meine zu beobachten, herauszerren.

Russische Mütter gegen den Krieg

Käthe Reichel: Wir haben alle Theater in Deutschland aufgefordert, etwas für die Soldatenmütter in Rußland zu tun, damit sie den Friedensnobelpreis bekommen. Es ist ein Weltereignis, das es noch nicht gegeben hat. Wenn Mütter 1 500 Kilometer dem Krieg hinterher fahren und mit ihren Händen, ihren Armen ihre Söhne aus dem Krieg reißen ... Darüber hinaus sammeln wir auch ein bißchen Geld, weil es schon über 3 000 versteckte Soldaten sind, die natürlich nicht arbeiten können, die ein bißchen Suppe, ein bißchen Brot brauchen. Und bei der Lage, die dort herrscht, ist das alles schwer zu beschaffen ...

Geben Sie Ihre Unterschriften für den Friedensnobelpreis dieser Soldatenmütter bei uns im Berliner Ensemble ab. Ich danke Ihnen.

F.C.: »Russische Mütter gegen den Krieg«, überlegen Sie's sich noch mal, ob Sie daran teilnehmen. Spenden Sie, machen Sie was, vielleicht hilft's. Wir glauben's nicht, aber wir können's immer wieder versuchen.

Pickel hinterm Brandenburger Tor

F.C. in »Castorf, der Eisenhändler«, ORB, 7.4.1995: Heiner, schön dich zu sehen. Wie geht's?

Heiner Müller: Mir geht's einigermaßen.

Mir fällt was ein zum Eisenhandel. Darf ich das gleich loswerden? Es gibt eine Stelle über den Eisenhandel bei Ernst Jünger, die mir sofort einfällt zum Titel der Sendung. Die ist wirklich gut. Ich glaube im Buch »Das abenteuerliche Herz«. Da gibt's eine Betrachtung über verschiedene Läden – z.B. über den Unterschied zwischen einem Laden, wo Textilien, und einem Laden, wo Eisenwaren verkauft werden. Der wesentliche Unterschied ist: In einem Eisenwarenladen weiß man genau, man wird nicht betrogen. Die Schraube paßt, oder sie paßt nicht. Mit Eisen ist Betrug ziemlich unmöglich. Mit Textilien haste immer das Gefühl, die bescheißen dich. Auch die Verkäufer in Textilläden, wo du einen Anzug kaufst oder so, da weißte nie, ob die dich bescheißen. Im Eisenwarenladen haste immer das Gefühl, da kannste dich drauf verlassen.

F.C.: Das ist als Werbung doch ganz schön ...

Heiner, du hast dir »Pension Schöller/Die Schlacht« bis heute nicht angesehen!

Müller: Das ist eine schwere Verfehlung, ich seh's ein. Aber das läuft ja noch. Ich versprech's dir jetzt in aller Form, daß ich mir's ansehen werde.

F.C.: Hat mich letztens der Generalintendant des Düsseldorfer Schauspiels gefragt, und auch Günter Gaus war sehr neugierig: Was ist es denn nun eigentlich, was der Müller meint. Ich habe gesagt, ich weiß es nicht. Ich weiß es schon, aber ich sag's nicht, was der Müller meint mit dem Satz: »Der Krieg ist das letzte Refugium des Humanen.« Das ist doch kein dialektischer, das ist ein logischer Widerspruch. Heiner, wie kommt'n das zusammen? Kannste was dazu sagen, oder langweilt es dich?

Müller: Ich werd's versuchen. Langweilig ist es immer, wenn man sich selber kommentiert.

Die erste große Polemik (womit wir, es tut mir leid, wieder bei dem 100jährigen wären) gegen Ernst Jünger nach dem Krieg kam von Wolfgang Harich, der eigentlich einer meiner Lieblingsfeinde war. Harich zitierte als besonderen Beweis für die Unmenschlichkeit und den Präfaschismus von Jünger einen Aphorismus aus irgendeinem Band (»Blätter und Steine«, glaub' ich). Das Buch hab' ich nach dem Krieg in einer Bibliothek geklaut (es war das erste, was ich von ihm gelesen hatte). Da schreibt er: In einem Vorgang wie dem der Somme-Schlacht (also eine der ersten großen Materialschlachten im Ersten Weltkrieg), war der Angriff so etwas wie eine Erholung, ein geselliger Akt. Ich fand den Satz damals schon ganz einleuchtend. Wenn du vier Wochen lang bombardiert wirst, freuste dich, wenn du mal aus dem Graben rausbrüllen, rauslaufen, auf einen Feind zulaufen und ihn umbringen kannst (oder der bringt dich um). Dieser Aphorismus fiel mir nach meiner berühmten Operation auf der Intensivstation wieder ein. Da war mir der Satz wieder besonders einleuchtend. Dort liegst du, abhängig von Apparaten, von Nachtschwestern und Pflegern. Und aus dieser Abhängigkeit kommt dann plötzlich so'n Bedürfnis nach Aggression, nach einer aggressiven Begegnung mit irgendwem. Die Schwester freut sich, wenn die Vene gut ist (sie haben's auch schwer, sie müssen 20mal am Tag 'ne Vene suchen). Das ist, glaub' ich, die Motivation für so'n Satz. Und dann mußt du dir überlegen, was normale, DDR-geprägte Menschen heute erleben. Die haben in einer ziemlich primitiven Struktur gelebt: Du wußtest in dieser ziemlich primitiven Struktur, wo der Feind ist oder auch nicht (oder es war nicht so wichtig). Die Bürokratie war eigentlich ganz brachialisch, du konntest damit umgehen. Und jetzt plötzlich stehen sie vor einem Labyrinth von Bürokratie, müssen irgendwelche Papiere ausfüllen, die sie überhaupt nicht überschauen – die Abhängigkeit vom Steuerberater oder was immer. Und da biste denn schon gleich wieder bei Kafka. Das Finanzamt z.B. ist ja mindestens so informiert und hat so'n Zugriff wie damals die legendäre Stasi, nur daß die Stasi nicht so ernst genommen wurde, wie man heute das Finanzamt nehmen muß. Das ist eine Antwort drauf.

F.C.: Ist das ein Satz, der aus 'ner Überlegung kommt oder aus der Intuition (die ja auch 'ne Erkenntnismethode ist). Man sagt einfach etwas, nicht denkend und trotzdem wissend, daß es die Wahrheit ist.

Müller: Ich würde sagen, das kommt nicht aus einer großen philosophischen Anstrengung, es kommt eher aus einer Situation.

F.C.: Wir haben uns letztens in einer Kreuzberger Autonomenkneipe getroffen. Da saß also die theatralische Fascho-Front zusammen: Herr Schleef, Herr Müller und Herr Castorf, und wir brüteten neue Schlachtpläne aus. Ich will nicht von einem Kulturkampf reden, obwohl ich glaube, daß der zwischen Ost und West jetzt nach fünf Jahren wohl langsam in unser Bewußtsein dringt. Es gibt eine nationale staatliche Gemeinsamkeit, die trotzdem sehr verschiedene Menschmaschinen hat – wir sind ganz anders und sehr verschieden. Vielleicht müssen wir dem Herrn Zadek dankbar sein, daß er als erster ehrlich und direkt ausgesprochen hat, Pickel zu bekommen, wenn er das Brandenburger Tor Richtung Osten überfährt, daß er diesen Osten nicht erträgt, daß er mit diesen Leuten nichts zu tun haben will. Er benennt sich, und wir können uns dagegen (so unterschiedlich wir sind) absetzen. Es ist wichtig, die Verschiedenheiten zu positionieren, um eine Brücke zu bauen. Daran hätte ich sehr viel Spaß.

Warum sind wir so angekränkelt von dem Rauschhaften, von dem Mystischen, von Jünger – warum haben wir überhaupt keine Schamgrenze? Wir saßen vor 'nem halben Jahr hier mit Walter Momper, und der bekam auch Schaum vorm Mund, als er den Namen Ernst Jünger hörte. Warum haben wir diese Berührungsängste viel weniger? Oder ist es nur ein Spiel, wollen wir bestimmte Sachen nicht ernst nehmen, weil wir verspielte, dekadente Bohemiens sind? Haben wir keinen Ernst für das, was vielleicht auch ein ideologischer Begleittrack des Faschismus war von Nietzsche zu Jünger, zu einem verkappten, vielleicht schlechten Rimbaud? Sind wir da zu leichtfüßig? In Hamburg sehe ich das pure Entsetzen, wenn man nur sagt, daß man schon mal mit einem gewissen Interesse und mit einem Spaß »In Stahlgewittern« lesen kann. Und daß man für einen Gedanken, mag er auch noch so mies sein, etwas opfert, statt nur darüber zu schwafeln. Heiner, was ist das?

Müller: Du gehst jetzt auf so'n hohes Niveau, da kann ich kaum folgen, aber ich versuch's.

Du hast mehrfach »Wolokolamsker Chaussee« inszeniert. In einem der Teile (ich weiß gar nicht mehr, in welchem) gibt's eine Geschichte, die ich von einem Freund gehört habe. Der war Psychiater in der Charité, dann in Herzberge und hat sich dann umgebracht – tragische Geschichte. Der erzählte mir diesen Fall von einem DDR-Funktionär aus irgendeinem Ministerium, der als Patient in der Charité auftauchte und dann in der geschlossenen Abteilung war. Der war Spanienkämpfer, Uraltkommunist, und plötzlich wurde er Beamter, Bürokrat, mußte verwalten, administrieren, auch terrorisieren. Der hatte nur noch einen Satz drauf: »Gebt mir ein Gewehr und zeigt mir einen Feind!« – Es gibt jetzt ein ungeheures Bedürfnis nach Feinden. Jeder braucht in diesem Vakuum, in das wir durch den Wegfall der Mauer, des Eisernen Vorhangs (was immer diesen Ost-West-Konflikt ausmachte) gefallen sind, jetzt einen Feind. Und jeder sucht sich auch einen Feind, eine ganz blinde Suche, 'ne ganz paranoische. Auch das Feindbild von Zadek, das wir jetzt sind, kommt aus so einer Verzweiflung. Auch er hat keinen Feind mehr. Zadek war ein großer Regisseur, eine Störung im westdeutschen Theater. Er kam aus England, wuchs mit einer ganz anderen

Vorstellung von Theater auf, war mehr auf Schauspieler und Stars als auf Texte orientiert. Und er hat gestört als ein Regisseur, der gegen die deutsche literarische Tradition von Theater gearbeitet hat. Er war, für mich jedenfalls, der einzige deutsche Regisseur, der mit Shakespeare umgehen konnte (auch mit schlechten Übersetzungen von Shakespeare, das spielte gar keine Rolle). Plötzlich wollte er ein neues Terrain erobern, das Berliner Ensemble. Und irgendwas ist fremd, irgendwas geht nicht, und jetzt sucht er einen Feind. Und dann hat er seine jüdische Biographie, also brauchte er als Feind Leute, die er irgendwie identifizieren kann mit den Feinden seiner Eltern. Deswegen sind wir jetzt für ihn Nazis.

F.C.: Ich glaube, Zadek möchte das Schöne säen. Er fühlt, was ich verstehe, den pädagogischen Auftrag, daß dies ansteckend wirken könnte – wer das Schöne darstellt, wird das Schöne im Publikum auslösen. Mir ist dieser Gedankengang sehr fremd. Ich kann nur die Distanz zwischen Zadek (der sicherlich große Arbeiten vorgestellt hat, die uns alle beeinflußt haben) und unserer gegenwärtigen Position feststellen – das ist etwas sehr Extremes. Vielleicht hat er schlicht und einfach Angst vor diesem deutschen Zynismus, den er vielleicht aus den Arbeiten von uns kennt. Hat er da recht oder nicht? Wir schaufeln die Gewalt, die Scheiße auf die Bühne. Das macht der Müller mit seinem Geschichtspessimismus, das macht der Spaßguerilla Castorf. Es ist die Straße, es ist etwas auf die Bühne geschaufelt, was an Widersprüchlichkeit, an Hoffnungslosigkeit nicht zu übertreffen ist. Vielleicht sind Stricher vom Bahnhof Zoo froh drüber, daß ein Theater mal den gleichen Wahrheitszustand hat und nicht immer nur die schöne Lüge produziert. Aber ist nicht die schöne Lüge vielleicht auch im Augenblick wichtig, um Hoffnung zu haben? Es gab ja auch immer den Vorwurf gegen deine pessimistischen Inszenierungen und Stücke in der DDR ...

Müller: Ich weiß ja auch nicht, was daran pessimistisch war. Du versuchst jetzt zu provozieren, aber das ist okay.

F.C.: Aber vielleicht hat man das Anrecht auf die Harmonie ...

Müller: Das hat man, glaub ich, vielleicht ab 70 ...

F.C.: ... da haben wir noch 'n bißchen Zeit.

Müller: Zadek is noch nicht 70, deswegen würde ich ihm das Recht darauf abstreiten. Zadek will jetzt etwas, was Rilke (der viel früher gestorben ist) gesagt hat: »Aller Trost ist trübe.« Zadek will das Publikum mit seinen Inszenierungen irgendwie froh machen, muß Menschen zum Leben motivieren, weil er Angst vorm Sterben hat. Das ist jetzt mal ganz blöd gesagt. Ich versteh' diese Angst sehr gut, hab' ich auch. Man kann aber drüber streiten, wie man damit umgeht. Ein anderes Problem: Er hat die Kluft zwischen Ost und West, zwischen DDR und BRD unterschätzt. Ganz simpel kann man sagen, ihm fehlt jetzt die BRD als Folie und als Feindbild. Er kam (das muß man wissen) als Kind von jüdischen Emigranten aus England in diese Bundesrepublik. Er kam in eine Welt von Feinden, mußte sich dort durchsetzen. Das hat er geschafft. Und dann kommt er hierher, ohne Kenntnis von dem, was hier stattfindet, was hier gewesen ist, und hat die Illusion, er könne hier als eine Art Vereinigungsengel wirken. Und plötzlich entdeckt er, daß es da immer noch 'ne Kluft gibt, eine viel tiefere, als er sich vorstellen konnte.

F.C.: Es ist ja was Merkwürdiges um meinen forcierten Eklektizismus, um die Geschmacklosigkeit. Diese Lust, sich daneben zu benehmen, Fehler zu machen, ist für viele schwer verständlich.

Müller: Hermann Henselmann, den Erbauer der Stalinallee, schätzte ich unter anderem wegen einer These, die für ihn ein Evangelium war: Geschmack ist der Tod der Kunst.

»Pension Schöller/Die Schlacht« habe ich nicht gesehen, aber andere Sachen, wo du mit meinen Texten in einer Weise umgegangen bist ... Gut, meine Freunde können mich nicht beleidigen. Ich fand immer toll, daß du mich als Unterhaltungsschriftsteller entdeckt hast. Ich wußte immer, daß ich komisch bin, aber du bist der erste, der das entdeckt hat. Alle anderen fanden mich immer ganz ernst, was mich immer etwas irritierte, weil ich doch ein komischer Mensch, auch ein komischer Autor bin. Und so bin ich dir ungeheuer dankbar dafür, daß du diese Seite an mir versucht hast zu kultivieren und an die Öffentlichkeit zu bringen. Aber ich will dich jetzt nicht unterbrechen ...

F.C.: Also worüber lachen wir jetzt am Berliner Ensemble?

Heiner Müller bei »Castorf, der Eisenhändler«, Radio Brandenburg, 4.4.1995

Was passiert da jetzt eigentlich mit dir? Ich habe »Fatzer« mit »Traktor« gesehen ...

Müller: Das war ganz ernst!

F.C.: Ach weißt du, eigentlich sehnt man sich ja sehr nach den »vitalen« Zeiten von Manfred Wekwerth zurück. Was wird das am Berliner Ensemble?

Auf unserem Panzerkreuzer Volksbühne steht OST drauf, was Herrn Stadelmeier von der »FAZ« zu dem richtigen Satz animiert hat: »Wärmeküche für verhärmte PDSler« – da hat er nicht ganz unrecht. Was ist dagegen mit dem BE? Warum machst du das überhaupt? Diesen Altruismus hast du doch nicht nötig. Laß es doch sausen.

Müller: Ja, okay. Ich trink jetzt unsern letzten Whisky und ...

Guck mal, für mich hat Brecht den wichtigsten Satz 1920 geschrieben: Die Welt ist nicht schlecht, sondern voll. »Keiner oder alle« – dieses Programm der Kommune geht nicht mehr. Jetzt heißt der Satz: Für alle reicht es nicht.

F.C.: Das Boot ist voll. Soll man 'n paar Leute runterschmeißen vom Floß, die nicht überleben können, die nicht die Kraft haben? Oder sollen wir alle zusammen untergehen? Oder gibt's 'n Zwischenweg?

Müller: Die Antwort ist einfach. Man muß allen klarmachen, die in die Lage gedrängt sind, Leute aus dem Boot zu schmeißen, was das heißt. Mehr kannste nicht.

F.C.: Aber keiner will mehr etwas erfahren, nicht mehr wissen, nicht mehr erkennen, nicht mehr durchdenken, sondern nur noch durchfühlen.

Müller: Man muß ihnen nur beibringen, was sie machen, wenn sie Leute aus dem Boot schmeißen. Entschuldige, das klingt ganz moralisch, ganz blöd.

F.C.: Und was machst du am BE?

Müller: Da wird's ein paar Leute aus dem Boot schmeißen. Und das sind wohl jene Leute, die sich in das Boot gesetzt haben und glaubten, sie könnten dieses Boot besetzen.

F.C.: Jetzt würde der gute Peter Zadek noch mehr graue Haare bekommen durch den Zynismus des Heiner Müller.

Naive und sentimentalische Dichtung

F.C.: Schiller schreibt: »Könnte man einer gemachten Blume den Schein der Natur mit der vollkommensten Täuschung geben, könnte man die Nachahmung des Naiven in den Sitten bis zur höchsten Illusion treiben, so würde die Entdeckung, daß es Nachahmung sei, das Gefühl, von dem die Rede ist, gänzlich vernichten.«

Wir sind ja doch in einem Zustand, daß wir unsere Körperlichkeit, unsere Dreidimensionalität immer mehr verlieren, indem wir uns vor allem diesen audiovisuellen Gegebenheiten ausliefern. Wir können jede Blume simulieren, daß wir nicht mehr wissen, ist das Realität oder Simulation. Damit entfremden wir uns unseren eigenen Gefühlen, der eigenen Kraft des Nachlesens, des Nachfragens, des Wissenwollens. Dem Schiller hat man viele Vorwürfe gemacht. Im Gespräch mit Goethe hat ihm Eckermann gesagt, daß er, auf »Wallenstein« bezogen, ein ganz trockener Knochen ist – zu viele Ideen, Konstruktionen und Sprachröhren, zu wenig Natur (wie beispielsweise beim Shakespeare). Schiller aber hatte viele Jahre vor diesem Eckermann-Gespräch eine sehr moderne Antwort im Aufsatz »Über naive und sentimentalische Dichtung« gegeben, die mir heute immer wieder in den Kopf kommt:

»Die Dichter sind überall, schon ihrem Begriffe nach, die Bewahrer der Natur. Wo sie dieses nicht ganz mehr sein können, und schon in sich selbst den zerstörenden Einfluß willkürlicher und künstlicher Formen erfahren oder doch mit demselben zu kämpfen gehabt haben, da werden sie als die Zeugen und als die Rächer der Natur auftreten. Sie werden entweder Natur sein oder sie werden die verlorene suchen.«

Das hieß, der Dichter, das Theater, der Geistesschaffende, der Intellektuelle waren die Speerspitze einer gesellschaftlichen Veränderung. Heute sind wir wahrscheinlich wirklich nur noch die Rächer oder diejenigen, die das ab und zu noch in Erinnerung rufen. So kommt mir jedenfalls mein Sein vor – auch weil ich vor 89 dachte, mit der Darstellung menschlicher Verhältnisse in Form von Theaterarbeit immer auch einen politischen, einen bösen, anarchistischen Auftrag zu haben – Leute zu ärgern, gemeinsam die Mächtigen auszulachen. Jetzt sind wir ein bißchen einsam am Prenzlauer Berg. Wir ziehen uns alle zurück, wir rächen, wir wollen vernichten, wir wollen überall Feuer legen, meistens aber bei uns selbst ...

Castorf & Co.

Auskünfte von Kollegen und Freunden

Räuber, Klimbim und Europacup

Erhard Ertel, Theaterwissenschaftler, Kommilitone und Vertrauter Castorfs

Wir waren mit Sicherheit öfter im Theater, als das bei heutigen Studenten der Fall ist, und haben letztlich alles gesehen, was es in Berlin gab, viel davon mehrfach. Das hing mit konkreten Seminaren zusammen.

Zum einen hat Ernst Schumacher – er war Theaterkritiker an der Berliner Zeitung – eine Lehrveranstaltung gemacht, die nannte sich »Kolloquium zu Neuaufführungen der Berliner Theater« und fand direkt im jeweiligen Theater statt. Es gab meistens ein Vorkolloquium im Institut, um auf diese Weise blöde Fragen zu vermeiden. Das waren große Veranstaltungen – wir sprachen mit Leuten, die tatsächlich Theatergeschichte geschrieben haben, die ganz wesentliche Experimente in dieser Zeit gemacht haben. Und wir waren seminaristisch verpflichtet, uns mit diesen Experimenten auseinanderzusetzen.

Zum anderen spielten die Beziehungen Schumachers zur Volksbühne unter Bessons Leitung eine wichtige Rolle. Es war die Zeit der beiden Spektakel-Projekte. Noch enger war die Ausbildung mit der Praxis nicht zu koppeln. Castorf, ich und ein dritter Kommilitone machten dann auch in der Besson-Zeit an der Volksbühne, wo viele Ausländer hospitierten, unser Praktikum.

Die Volksbühnen-Experimente jener Zeit bezogen sich auf die Theater-Ästhetik, auf die Entdeckung neuer Autoren, z.B. Christoph Hein oder Heiner Müller, oder eben auf die Theaterabende selbst. Die legendären Spektakel mit einem Dutzend, teilweise simultanen Aufführungen an einem Abend waren die massivste Form, den Theater-Abend zu verändern, etwas wie ein Gesamtkunstwerk zu installieren, Klubatmosphäre zu schaffen. Bessons Spektakel-Konzept barg ansatzweise das, was Frank Castorf jetzt macht: das Gesamtkunstwerk-Konzept auf das ganze Haus und darüber hinaus anzuwenden. Dann auch der Versuch, zwei Dinge miteinander zu koppeln, die mit der Tradition der Volksbühne zu tun haben, nämlich das politische Theater der zwanziger Jahre unter Piscator und die Betonung des Unterhaltungsaspektes unter Besson. Eine Art Unterhaltungstheater also, das politisch brisant und provokativ ist. Am deutlichsten wird dies in »Schöller/Schlacht«. Es geht hier nicht darum, politisches Theater mal unterhaltend zu machen, sondern die in der Unterhaltung steckende politische Dimension zu praktizieren. Das ist auch in vielen anderen Inszenierungen nachweisbar, z.B. in »Clockwork Orange«, wenn man an den Auftritt des Gitarristen Steve Binetti denkt.

Natürlich sind für Castorf neben Piscator und Besson auch andere Personen der Theater-Geschichte wichtig, aber vielleicht weniger auf Personen fixiert, sondern kulturelle Erfahrungen betreffend, die in den Inszenierungen mobilisiert werden, um sie wiederum beim Zuschauer zu aktivieren, ihn im guten Sinne zu nötigen, damit umzugehen oder es sein zu lassen.

Mit den Ismen haben wir uns im Studium ausführlich auseinandergesetzt. Es gab einen Kern, der sehr intensiv gearbeitet hat, also ein Selbststudium an den Tag gelegt hat, worüber man sich heute wundern würde. Es wurde über die Literaturangebote hinaus sehr viel gelesen, und vielleicht war's irgendwie von Vorteil, daß die Seminargruppen ein Programm hatten, das alle durchliefen. Heute stellt sich jeder das zusammen, was ihn interessiert, und fährt damit, wegen des eklektischen Ansatzes, nicht sonderlich glücklich. Wir durchliefen alle den gleichen Prozeß. Die wenigsten waren, das Theater betreffend, vorbelastet und kamen häufig aus sozialen Gruppen, die eher nicht zu den Kunstkonsumenten gehörten. Die Eisenwarenhändler sind sicherlich nicht die Kunstbesessenen. Ich selbst kam aus einem rein proletarischen Milieu, wo Theater eher ein Fremdwort war. Unsere Grundhaltung als Studenten war plebejisch, die große Kunst interessierte eher nicht, sondern mehr das Derbe, das Robuste. Wir waren auch nicht auf das Kunsthafte fixiert, sondern bevorzugten eher den Blick auf das Theater allgemein, das Theater also auch im Sport, auf der Straße, in der Rockmusik. Die Kultursegmente waren als Relativierungsmoment ständig präsent, was zu einer Haltung führte, die nicht gerade auf das schöne, traditionelle Theater zielte. Dies spielte aber in der Ausbildung unmittelbar keine Rolle. Vielleicht hätte sich niemand gesperrt, aber es forschte zu diesem Zeitpunkt auch niemand auf diesem Gebiet. Es war eher ein Gegenstand, der direkt in den Diskussionen verhandelt wurde. Es konnte schon sein, daß wir in einem Seminar Schillers »Räuber« behandelt haben und in der Pause die andere Seite der Kultur, nämlich »Klimbim« diskutierten, also die TV-Comedy-Show mit Ingrid Steeger. Eine bestimmte Gruppe sah auch mittwochs die Europacup-Spiele im Fernsehen, richtig im Kollektiv, wie wir auch beim Rockpalast saßen. Sowohl diese Übertragungen als auch das kollektive Sehen betrachteten wir als kulturelle Ereignisse.

Am Institut gab es immer wieder mal Studententheater-Aktivitäten. Einige Inszenierungen wurden sogar gezeigt, meist russische Einakter aus den zwanziger Jahren. Von heute betrachtet, ist die gesamte europäische Avantgarde aus diesen frühen sowjetischen Ideen in Musik, Theater oder Bildender Kunst gespeist worden. Viele Inszenierungen wurden gar nicht aufgeführt. Heiner Müller spielte eine ganz große Rolle, u.a. mit »Die Schlacht« sowie Brechts Lehrstücke und das deutsche Agitprop-Theater der zwanziger Jahre. Wir haben selbst so ein Agitprop-Theaterstück inszeniert, das wegen des fehlenden politischen Backgrounds ganz anders funktionierte und einen Zug von Komik bekam.

Studententheater, davon gingen wir aus, konnte für uns keine Freizeitbeschäftigung sein. Es lag uns fern, aus Freude Theater zu spielen. Wenn Physiker, Mediziner oder Juristen ein Studententheater machen, in ihrer Freizeit also Theater spielen, dann können die sich am richtigen Theater orientieren – das ist dann auch ihr Dilemma. Wir wollten kein Laientheater sein, sondern experimentieren. Deshalb sind auch viele Dinge gar nicht zur Aufführung gekommen, sondern waren nur fürs Selbstverständnis wichtig.

Da stehst Du nur da und sagst: Ja, stimmt!

Hendrik Arnst, Schauspieler

Mann – Die Schlacht
Rodrigo – Othello
Mann im Fahrstuhl – Der Auftrag
Manke – Trommeln in der Nacht
Assessor Nils Krogstad – Nora
Kellner Eugen Rümpel – Schöller/Schlacht
de Sade – Die Sache Danton
Markgraf Rüdeger – Nibelungen/Born Bad

Als Frank in Anklam eintraf, probten wir gerade »Warmer Regen« von Helmut Beetz. Ich spielte da so'n Brigadier. Bei der Premiere hieß es, der neue Oberspielleiter sitzt im Zuschauerraum. Er erschien mir wie ein Gymnasiast. Das kann ja heiter werden, sagte ich mir, jetzt kommt da so'n studierter Vogel, so'n blasses Jüngelchen. Bei der Premierenfeier sagte er zu mir, nach seinem Eindruck sei ich zwar faul, könnte aber sicherlich mehr. Und ich fragte, was er sich eigentlich einbilde. Kommst hierher, weißt nicht, was hier passiert. Hier steht um fünf Uhr der gelbe Bus – und ab übers Land. Mit Kunst und so, alles ganz schön, aber hier mußt du was können. Und Frank meinte, er wolle es versuchen und traue sich das auch zu. Zutrauen allein, erwiderte ich, langt noch nicht. Ich hatte die große Fresse, was ihn aber nicht sonderlich beeindruckte.

»Kabale und Liebe« war quasi seine erste Inszenierung. Axel Grothe hatte sie angefangen, konnte sie aber aus künstlerischen Gründen – die Schauspieler fingen an zu meutern – nicht beenden. Also nahm Frank die Sache in die Hand (das passierte übrigens öfter). Ich hatte, obwohl dafür eigentlich noch zu jung, die Rolle des Präsidenten. Frank probte erst mal mit Ferdinand und Luise, so daß die anderen Schauspieler ein bißchen beobachten konnten, was da eigentlich abging. Irgendwas war anders – das spürten alle. Wenn jemand von der Probe in die Kantine kam, sah der irgendwie anders aus, leuchtete gewissermaßen. Dann war ich dran. Es war die Szene, wo der Präsident zu den Millers kommt, Zoff machen will, seinem Sohn befiehlt, von dieser Nutte, also von Luise, wegzugehen. Wir hatten da noch keine richtige Lösung gefunden, bis Frank plötzlich sagte: Nun faß doch mal an ihren Arsch. Vom Gestus her hieß das: Okay, als Nutte gern, aber niemals als Schwiegertochter. Das war, wie oft auch später, eine einfache Lösung. Mehr brauchte man nicht zu machen. Schöne Arbeit, kein angebranntes Essen mit drübergestreutem Puderzucker.

Wahrhaftigkeit war ein großes Wort in Anklam. Es ging nie ums Verstellen oder ums Spielen. Du warst genötigt, zu deinen Macken zu stehen, zu deiner Wirkung. Im Laufe der Zeit begreifst du, wo deine Qualitäten liegen. Dahin führt er dich. Er ist ein großer Menschenkenner.

Dann war »Die Schlacht« von Heiner Müller dran. Das war ja der Versuch, aus DDR-Sicht Faschismus aufzuarbeiten, wie sich Menschen zueinander verhalten haben. Insofern ging's hier nicht um einzelne Szenen, deren Personen nichts miteinander zu tun haben, sondern um Biographien, die sich überlappen. Der Mann, der seine Familie erschießt, sitzt mit der Fleischersfrau im Keller, und der Mann, der seinen Bruder erschießt, ist der Soldat, der die weiße Fahne raushängt und von den SS-Männern erschossen wird. Daraus ergaben sich Figurenbezüge, die mehr erzählt haben als die didaktische Art des Textes. Frank praktizierte teilweise noch Schauspielunterricht – war ja keiner gewohnt, so zu spielen. Sehnsucht hatten wir schon, uns anders auszudrücken, um das Verstellungstheater zu vermeiden, um dahinter was zu entdecken, was mit Blues und Rockmusik zu tun hat. Dieses Lehrstück hatte plötzlich biographisch angereicherten Biß. Frank wurde gefragt, warum er eigentlich Theater mache und was das bei ihm denn für ein harmloser Faschismus sei, wenn jemand in langen Unterhosen aus 'ner Mülltonne kommt. Der gewöhnliche Faschismus, gab er zurück, findet in Wohnzimmer, Küche, Schlafzimmer statt. Und Antrieb fürs Theater seien das Stalingraderlebnis seines Vaters und Rockmusik.

Die Bevölkerung strömte nicht gerade ins Theater. Im Gegenteil, es wurde gegen das Theater gearbeitet. Es gab plötzlich (was sonst nicht üblich war) Kritiken in der Zeitung und Leserbriefe, in denen man sich dieses Dreckstheа-

Hendrik Arnst, 1995

ter verbat. Nun ist das dort ein ländlicher Menschenschlag. Theaterleute waren für die sowieso Faxenmacher.

Oft saßen in der Kantine mehr Leute mit als ohne Ausreiseantrag. Da waren wir schon vorsichtig, wenn uns jemand in ein Gespräch verwickeln wollte. Aber andererseits gab's auch keinen Grund zur Panik, denn wir haben ja nicht gegen irgend jemanden gearbeitet, sondern nur Theater gemacht. Der Schnaps hatte da schon das Zepter in der Hand gehabt. Als Frank weg war, habe ich auf meine Ausreise gewartet. Hardy Meyer, Franks Bühnenbildner, ebenfalls. Ein Regisseur gestand uns in dieser Zeit, er hätte mit mir und meinem Kollegen Kurt Naumann so arbeiten sollen, daß es zwangsläufig zu einer Arbeitsverweigerung mit arbeitsrechtlichen Schritten hätte kommen müssen. Ziemlich mutig, daß er's uns gesteckt hat.

Irgendwie war klar, Anklam geht zu Ende. Woanders hätte ich kein Engagement bekommen, und ich wollte auch nicht. Es ist etwas unterbrochen worden, was noch nicht zu Ende war. Wir hatten doch gerade erst angefangen, und dies hatte mit ganz konkretem Verhalten zu diesem Staat zu tun. Nicht mal im Sinne einer Gegnerschaft, sondern als Klärung meines eigenen Lebens. Mit 12 Jahren habe ich auf dem Fahnenappell in Rostock gestanden und Gedichte von Johannes R. Becher rezitiert. Habe auch immer dran geglaubt. Und Leuten, die aus dem Knast kamen, wollte ich nicht abnehmen, daß in DDR-Gefängnissen geschlagen wurde. Eigentlich habe ich erst durch die Zeit in Anklam erkannt, daß man nicht immer so mitlaufen muß, daß eine Haltung wirklich was wert ist. Das macht dich schon stolz. Darauf hat Frank aber geschissen. Kommt mal runter von eurem hohen Roß, hat er gesagt, wir machen hier unsere Arbeit und sonst nichts.

Drüben hatte ich mir goldene Theaterlandschaften erwartet. Das war der Punkt, wo ich auf den Arsch gefallen bin, als ich rüberkam und das alte Solistentum erlebte. Ich habe in Münster angefangen, in einer Privat-Theater-Schmiere am Bahnhof, wo du jedes Lokomotivpfeifen und jede Lautsprecherdurchsage gehört hast. Du kannst ja den Bahnhof nicht abstellen. Anschließend in Dortmund und in Aachen, wo ich im Vollsuff die Wende per Teletext erlebte. In Aachen interessierte sich niemand dafür. Eigentlich bin ich froh, daß ich diesen Schritt noch gemacht habe. Vielen Leuten, die jetzt Probleme mit dieser Wiedervereinigung haben, ist das ja oktroyiert worden. Und ich hatte wenigstens die Chance, mich ganz individuell auf diesen Westen einzustellen. Zum Schluß war ich in Mannheim, wo »Der Tod und das Mädchen« ziemlich gut rauskam. Das Programmheft habe ich Frank geschickt, er kam, sah sich die Vorstellung an – und am selben Abend wurde der Vertrag gemacht.

Besetzungen erfährt man von Frank einen Tag vor der Konzeptionsprobe. Du weißt noch nicht, wie der Dichter heißt, wann der gelebt hat, was er geschrieben hat, kriegst aber sofort Franks persönliches Interesse an einem Stoff mit. Du gehst erst mal blind in die Arbeit, hast auch keine andere Chance. Leute wie Henry Hübchen, die mit ihm schon eine gewisse Tiefe durchlebt haben, halten anders dagegen. Außerdem bin ich auch ein anderer Schauspieler, was ihn mir gegenüber, weil er viel sagen muß, aggressiv macht. Manchmal willst du einen eigenen Gedanken ausprobieren, willst was anbieten. Das mußt du aber zum richtigen Zeitpunkt tun, weil er immer an die Gesamtkonstruktion denkt und du als Einzelfigur nur bedingt frei bist. Er treibt dich in so'n Extrem, daß du's erst mal machst, ohne es zu kapieren.

Bei meiner ersten Volksbühnen-Probe fehlte mir seltsamerweise ein Schuh. Als ich den zweiten suchte, wurde Frank schon unruhig. Du entschuldige, sagte ich zu ihm, die haben bloß einen Schuh für mich. Ach, sagte er, die hatten bloß einen, gut, kannste in Mannheim machen, prima, ein Schuh, gleich ganz komisch, ist ja auch eine Komödie. Am nächsten Tag komme ich zur Probe, frage nach dem zweiten Schuh, und er fragt mich, ob ich eine Macke hätte, ob ich ihn verscheißern wolle, denn gestern hätten wir doch beschlossen, daß wir's nur mit dem einen Schuh machen. Da stehst Du nur da und sagst: Ja, stimmt.

Beim »Othello« in Anklam gab's mal einen Fall, da kritisierte er mich für eine Szene, die wir gar nicht geprobt hatten. Das zeigt eben, daß er eine unglaubliche Phantasie hat.

Dieses papierne, weiße, fleckenlose Etwas
Hartmut Meyer, Bühnenbildner

DIE NACHT NACH DER ABSCHLUßFEIER, DIE SCHLACHT, OTHELLO, DER AUFTRAG, TROMMELN IN DER NACHT, NORA – ANKLAM
BERNARDA ALBAS HAUS – NEUES THEATER HALLE
DER VOLKSFEIND – STÄDTISCHE THEATER KARL-MARX-STADT
HAMLET – SCHAUSPIEL KÖLN, THEATER IN DER KUPPEL
AIAS, WILHELM TELL – THEATER BASEL
STELLA – DEUTSCHES SCHAUSPIELHAUS HAMBURG
MISS SARA SAMPSON – PRINZREGENTENTHEATER MÜNCHEN
TORQUATO TASSO – RESIDENZTHEATER MÜNCHEN
LEAR, RHEINISCHE REBELLEN, CLOCKWORK ORANGE, FRAU VOM MEER, DANTON – VOLKSBÜHNE

Die Arbeit mit Frank ist immer ganz angenehm. Es sind interessante, witzige Geschichten. Er läßt sich ja nicht so auf dieses traditionelle Theater ein, was ich immer wieder mal erlebe, wenn ich mit anderen Leuten arbeite. Er stößt immer wieder an Wände, schlägt sich die Rübe ein, leidet darunter, daß er kein richtiger Theaterdirektor ist. Er ist eben immer noch der wildgewordene Dramaturg. Damals in Senftenberg muß er aus einem großen Aggressionstrieb gesagt haben: Ich mach's jetzt mal selber, diese Scheiße kann man nicht mehr ertragen. Das spüre ich bei ihm immer noch.

Eigentlich hätte ich nach meinem Studium an der Kunsthochschule Berlin-Weißensee zum Fernsehen zurückgehen müssen, wo ich mein Volontariat gemacht hatte. Dort war ich der Jüngste unter richtigen Parteigenossen, die in ihren Versammlungen buchstäblich Strafgerichte abgehalten haben. Im 4. Studienjahr wurden meine Akten angefordert, wodurch die Fernsehleute wußten, daß ich ein ganz guter Student war. Damals gab's diese Absolventenlenkung, der man eigentlich ausgeliefert war. Meine Dozenten hatten für mich Verständnis und versuchten, Auswege zu finden. Der bestand darin, daß ich nur in einem dritt- oder viertklassigen Theater untertauchen konnte. Berlin und B-Theater kämen gar nicht in Frage. Übrig blieb dann sowas wie Rudolstadt. Dann hörte ich im Prenzlauer

Hartmut Meyer, 1994

Berg, ich solle nach Anklam gehen, dort fange Castorf an, das sei so'n Wilder.

Anklam war zunächst nicht ganz einfach, auch mit uns nicht. Für eine Verständigung fehlten uns zunächst die Worte. Frank hat auf der einen Seite ein hochintellektuelles Vokabular, auf der anderen ein nebulöses pragmatisches, womit man relativ wenig anfangen kann. Dann muß man in diesem Menschen suchen und für sich übersetzen, was er sagt. Er erzählt parallel, assoziativ irgendwelche Geschichten, deutet eine Richtung an und wählt irgendwann Kampfbegriffe, die Beschleunigung reinbringen sollen. Das war nicht ganz einfach. Ich habe mich ein halbes Jahr rumgequält. Für einen Bühnenbildner ist das wahnsinnig schwer, denn du mußt nicht nur verbal übersetzen, sondern auch eine Form finden. Und die Mittel natürlich, denn Anklam war ein armes Haus mit wenigen Möglichkeiten.

Es war eine heftige Suche. Irgendwann stellte sich heraus, daß man mit einfachen Dingen gut arbeiten kann, wenn man sich auf das verläßt, was immer vorhanden ist: Wände und Farben, wenn man keine anstrengende Materialschlacht anvisiert, sondern einfache Raumkonstellationen, eben aus der Not eine Tugend macht. Das ist uns einigermaßen gelungen.

Für mich ergab sich ein grundlegendes Konzept nicht erst bei der »Nora«. Im Prinzip war's schon »Othello«. Zwei Dinge als Fragment, als Ausschnitt: Für Tendrjakows »Nacht nach der Abschlußfeier« hatten wir nur eine Fläche, ein paar Sitzmöglichkeiten – Gestaltung plus minus null. Dann folgte die »Die Schlacht«. Ich hatte damals »Schlangenei« von Ingmar Bergmann gesehen. Bei mir setzte sich dieses Weiße fest, das aufbricht und ein Monster entläßt. Das haben wir ausgebrütet. So ergab sich dieses papierne, weiße, fleckenlose Etwas. Das war der Raum, in dem diese Wahnsinnsgeschichte von Müller spielte. Mit Weiß fing's an, Das war's für mich. Mit Null. Null ist weiß. Dann machten wir das Gegenteil. Wie in der Informatik – das andere Bit ist Schwarz. In Franks Art der Kommunikation läuft die Polarisation, der große Gegensatz. Extreme suchen – ein für ihn wichtiger Arbeitsauftrag. Pendelausschlag von einem Extrem ins nächste. Schon war das zweite Bit gefunden.

Auf diesen zwei Bits bauten sich alle anderen Farben auf. »Othello« war für mich der Punkt, wo das Spiel mit Formen und Farben losgehen konnte.

Die Erfahrungen vom Studium haben sich mit der Anklamer Praxis im Prinzip gar nicht gerieben. Nicht die Postmoderne, um die es auch damals schon ging, sondern die Klassische Moderne setzte den Grundstock, war unsere Religion und ständig im Gebrauch wie ein aufgeschlagenes Lexikon mit all seinen expressionistischen, dadaistischen, futuristischen Absätzen. Darauf basierte ja die Grundausbildung in Weißensee.

Die emotionale Individualität spielt 'ne ganz große Rolle, auch die Widersprüchlichkeit und der Aspekt der Musikalität. Das ist verdammt wichtig in seinen Inszenierungen. Frank versucht einen eigenen Rhythmus zu finden. An diesem Phänomen versucht er zu arbeiten. Nicht parallel zu dem, was der Autor geschrieben hat, sondern im Sinne eines Rhythmus für den gerade stattfindenden Abend. Das ist wie ein Konzert. Man kann auch Rock'n'Roll-Konzert sagen. Das ist ein musikalischer Abend mit einem bestimmten Rhythmus. Solche Dinge spielen im Bühnenbild genau die gleiche Rolle, nur daß sie dem zeitlichen Ablauf nicht so unmittelbar unterworfen sind: Im Prinzip wie eine musikalische Nummer – Anfang, Höhepunkte, irgendwann ist das Ding abgegessen, dann muß man aufhören. Der Abend ist eine Show – Selbstdarstellung, ausschließliches Leben von Individuen, die gerade auf der Bühne sind. Das gibt's ja auch im Rock'n'Roll-Konzert. Alles lebt von dieser momentanen Situation. Das kann man auch übersetzen. Wenn man in der Musik ein Thema hat, dann muß man auf der Bühne auch ein Thema haben, ein formales Thema. Das setze ich und sage: Jetzt quält euch damit. Ob's euch nun gefällt oder nicht, ihr müßt es aushalten können. Das Problem besteht darin, Bewegung reinzukriegen. Wie kann ich Dialoge mit anderen Bildern schaffen? Nehmen wir den »Danton«. Da wäre erst mal die Farbe, die Raumkonstellation. Wenn man in den Abend reinkommt, ganz normal hinschaut, sieht man erst mal vorne dieses weiße Loch. Was ergibt sich jetzt aus diesem Loch? Das ist das angerissene Thema. Ein Loch kann sich verändern, schmeiße einen Stein ins Wasser, und du siehst konzentrische Ringe, die sich ausdehnen. Das war der Grundgedanke. Aus den Kreisen entwickelten sich weitere Formen, z.B. die Galerie oder die Wanne, die Negativform, oder der Portalausschnitt mit der Treppe. Loch war Revolution: Wir machen etwas kaputt. Ganz zum Schluß kommt noch mal ein kleines, ein schwarzes Loch. Geburt im Weißen Loch/ Tod im Schwarzen Loch – Formalismus hoch drei. Egal.

Dieses Bühnenbild war zu Inszenierungsbeginn komplett fertig. Da wußte ich nicht, was passieren würde. Wenn man jahrelang mit Frank gearbeitet hat, dann kann man sich darauf verlassen, daß er das Stück in dieser Bühne auch inszeniert, daß er die Konstellation für sich auch ganz neu zu entdecken gewillt ist. Wie ich irgendwas meine, fragt er sowieso nie. Er interpretiert die Bühne genauso, wie er das Stück interpretiert. Der freie Umgang damit, das ist sein Bier, da fragt er nie wieder.

Ich hatte einen Ausreiseantrag, als Frank aus Anklam wegging. Hätte ich in Anklam gekündigt, hätte sich der Intendant gefreut. Deswegen habe ich nicht gekündigt – vielleicht auch mit dem Hintergedanken, daß sie was tun müssen. Haben sie dann auch: Sie haben mich rausgefeuert wegen irgendwelcher haarsträubender Arbeitsrechtsvergehen. Im Laufe der Jahre, also ab dem Zeitpunkt, wo ich dann wieder arbeiten konnte, habe ich es genossen, in größeren Häusern zu arbeiten, wo man auf Sparsamkeitszwang verzichten konnte. Die grundsätzliche Zusammenarbeit mit Frank hat sich dabei nicht verändert. Ich hab' Spaß dran, so weiterzumachen. Aber es wäre furchtbar, wenn seine Bühnen nur von Meyer wären.

Zehn-Liter-Eimer, handelsüblich

Beatrix Uwiera, Requisiteurin

Ich bin 13 Jahre hier am Theater. In fast allen Volksbühnen-Stücken spielen Lebensmittel eine Rolle. Bei »Clockwork Orange« beispielsweise Mehl, Eier, 18 Fleischtomaten, zwei Orangen. Die Tomaten werden geschmissen, mit den Mehltüten bepudert sich Schauspieler Herbert Fritsch. Vorher sind noch zwei Eimer Blut ausgeschüttet worden. Hinzu kommen Eier, die überall landen, nur nicht in der

Pfanne. Das bäckt zusammen, logisch, du läufst auf 'ner dicken Pampe, die immer fester wird. Blut, Ei und Mehl – damit haben die früher Häuser gebaut. Bei Johann Kresniks »Ernst Jünger« haben wir Erdbeeren und ein Stück Fleisch, das eine Tänzerin im Bauch trägt und, wie ihre Geburt an der Nabelschnur, auf der Bühne herumschleudert. Das sind so die Obszönitäten, die halt da reingehören, die sein müssen. Und dieses Fleisch wird anschließend gleich entsorgt.

Zuerst war ich in der Küche, dann bei der Bühnentechnik und seit anderthalb Jahren in der Requisite. Das macht Spaß, bloß manche Sachen finde ich nicht so schön – woanders hungern Leute und bei uns fliegen die Lebensmittel durch die Gegend. »Schöller/Schlacht« war meine erste Produktion gewesen. Die Idee mit dem Kartoffelsalat entstand in der Kneipenszene von »Schöller«. Die Ansage hieß dann: handelsüblicher Kartoffelsalat, ein Eimer, zehn Liter. Also haben wir einen normalen, handelsüblichen 10-Liter-Eimer gekauft, und zwar ohne alles, nur mit Mayonnaise. Den Kartoffelsalat holen wir meistens vom Großhändler, ist preiswerter, weil wir ja mehrere Vorstellungen im Monat haben. Wir haben das Zeug dann rübergeschickt zur Probebühne und bekamen die Nachricht: Ja, das wird's wahrscheinlich sein. Aber dazu noch Matjesfilet und ein Kasten alkoholfreies Bier. Damit die Probebühne und auch die Kostüme länger sauber bleiben, wir also nicht dort schon die ganzen Sauereien haben, versuchen wir solche Sachen zurückzuhalten und fangen mit Lebensmitteln, also mit dem großen Schmutz, erst während der Bühnenproben an.

Den Kartoffelsalat holen wir immer nur für die laufenden Vorstellungen. Wenn wir also innerhalb von 14 Tagen das Stück dreimal auf dem Plan haben, dann holen wir drei Eimer. Fällt nun eine Vorstellung aus, und das Verfallsdatum ist ran, dann dürfen wir's nicht mehr benutzen. Und manchmal haben wir 'ne Spielplanänderung, dann müssen wir schnell in die Kaufhalle gehen, weil wir's vom Großhandel nicht mehr kriegen.

Bevor der Kartoffelsalat auf die Bühne geht, koste ich vor. Das ist für mich persönlich wichtig. Da kann draufstehen, was will, ich muß wissen, ob er in Ordnung ist. Und da ich ja mal in der Küche gearbeitet habe, würde ich mich, ohne gekostet zu haben, nicht wohlfühlen. Ob er mir schmeckt oder nicht, ob ich ihn anders machen würde, das ist nicht die Frage. Auf den Geschmack kommt's sowieso nicht an, denn in dem Stück wird wenig davon gegessen. Das meiste wird entweder auf der Bühne verstreut oder die beschmeißen sich damit. Also von Geschmacks wegen müssen wir uns keine große Arbeit machen. Und den Matjes, eigentlich Heringsfilet nach Matjesart, probiere ich auch. Davon brauche ich neun Pakete, zehn Teller müssen voll werden. Ich mach' das gerne. Ich habe auch keine Probleme mit den beiden Schlangen auf der Bühne. Ich sage auch nicht, um Gottes willen, heute ist wieder »Schöller«, jetzt muß ich schon wieder den dämlichen Salat kosten. Uns kann eigentlich kaum noch was überraschen – wer »Clockwork Orange« gesehen hat, weiß, was los ist. Und wer Frank kennt, weiß auch, was Sache ist.

Und manchmal denkt man: Also nee!

Heide Kipp, Schauspielerin

REGAN – KÖNIG LEAR
AMALIE PFEIFFER – SCHÖLLER/SCHLACHT
UTE – NIBELUNGEN/BORN BAD
LUCILE – DIE SACHE DANTON
AMALIA – RÄUBER VON SCHILLER

Castorf hat uns einen tollen Erfolg beschert, wir sind 'ne Weile aus'm Beschuß. Aber das Eis ist dünn, irgendwie spürt man schon, wir müssen dranbleiben.

Seitdem ich Castorf-Inszenierungen gesehen habe und auch immer wieder besetzt bin, langweilt mich »normales gutes« Theater so sehr. Ich kann's nicht mehr sehen, weil ich immer schon alles vorher weiß. Die Tür geht auf – und wirklich, es kommt jemand rein. Überraschungen, Spannung, Poesie und Abscheuliches sind matt vertreten im perfektionierten Theater.

Christoph Marthalers »Murx« reflektiert ein wenig die Volksbühne der Nachwendezeit. Am Rande der Gesellschaft, ein bißchen draußen, nicht geliebt, wenig geachtet und nur

Heide Kipp in Christoph Marthalers Inszenierung »Der Eindringling«, Volksbühne, November 1994

geduldet, weil wir nichtkündbare Verträge hatten. Dann kramt man in Erinnerungen, denkt über die Vergangenheit nach, daß man was geleistet hast, daß man doch ganz gut war, daß es auch ganz schön war ... Und ich singe dieses Lied »Hoch im Blauen fliegen Fahnen, blaue Fahnen nach Berlin« – ein Lied von 1951 zum Weltjugendtreffen. Jungsein in der DDR, Verantwortung bekommen, das Leben mitgestalten – das war eine Hoffnung. Nun saßen wir in der Volksbühne ein bißchen im Abseits, obwohl wir doch unter Benno Bessons Leitung gespielt und mit Heiner Müller, mit Fritz Marquart, mit Karge und Langhoff Theater gemacht hatten und im Ausland bejubelt worden waren. Wir waren viele Jahre lang ein Spitzenensemble. Und jetzt kommen die neuen Leute und teilen ein in wertvoll, brauchbar und Schrott. Schrott galt für sehr viele. Das hat uns bitter gemacht, und irgendwie floß das in Marthalers Inszenierung ein.

Die Probenarbeit machte sehr viel Spaß, Marthaler ist ein so angenehmer Mensch. Er trinkt gern, ißt sehr gern – ein sinnlicher Mensch und stiller Genießer. Man steht bei ihm nicht so unter Leistungsdruck wie bei Castorf. Da werden Geschichten erzählt, wird nach Liedern gesucht – eigentlich hat man nie das Gefühl einer Probe. Doch am Ende stellt sich heraus, wir waren fleißig, drei Lieder sind dabei herausgekommen, eine bestimmte Konstellation, ein paar scharfe Texte. Marthaler hat sich gern angehört, was wir erzählt haben. Und seine Schweizer Kollegen haben eine große Musikalität eingebracht. Ihre Bescheidenheit und die Achtung vor der Arbeit anderer hat uns wohlgetan. Jeder war für sich eine spezielle Einsamkeit.

Unter Castorf wurden viele junge Leute engagiert. Kriegenburg brachte auch welche mit, und plötzlich hatte die Volksbühne in der Überzahl wieder ein junges Ensemble. Und wir waren die Übriggebliebenen, mit deren Qualität Castorf nun rechnen wollte.

Ursprünglich hatten wohl Henry Hübchen und Hermann Beyer angeregt, Castorf zu holen. Wir haben uns die Anklamer »Nora« als Video angesehen. Das war schon sehr gut. Mit Dr. Rödel, Intendant bis 1989, kam die Devise ins Haus: Still ruht der See. Und so liefen die Jahre dahin. Wer gehen wollte, den ließ er gehen.

Innerhalb des Ensembles war als eigener Kandidat B. K. Tragelehn als Intendant im Gespräch. Wir sind zu ihm gegangen, haben mit ihm Form und Inhalt einer neuen Volksbühne erwogen. Daß Castorf selber als Intendant zur Verfügung stehen könnte, hatten wir gar nicht erwartet. Als guter Regisseur ja, aber als Intendant? Er hat nie gesagt, daß er die Volksbühne wieder hochreißt. Am Biertisch meinte er: Woll'n mal sehen, sagt doch mal, was ihr denkt.

Mein Einstieg bei Castorf passierte bei den »Räubern«, wo ich (als Übernahme) zum dritten Mal in meinem Leben die Amalia spielte. Er erklärte mir, daß die Amalia nun eine Alte ist, im verstaubten Schloß sitzt, alle reden von Karl, und keiner weiß mehr, wie der aussieht. Ich hatte eine Probe oder eine Besprechung und konnte machen, was ich wollte. Er meinte bloß, ich soll's nicht so komisch anlegen. Preusche ist der Karl, Hübchen der Franz, die sind auch in meinem Alter. Das paßte.

Beim »Lear« war ich von vornherein dabei. Das hat mir nichts gebracht, ich möchte es nicht noch mal spielen müssen. Die einzige stark gezeichnete Frau war Lear-Tochter Cordelia von Annette Kruschke, die andere, Walfriede Schmitt, hatte auch eine größere, eindrucksvolle Rolle – und ich war eigentlich bloß ihr blaues Kleid. Bei dieser Inszenierung habe ich Castorf ganz unangenehm erlebt, weil es ihm sicherlich auch schwerfällt, mit so vielen Leuten umzugehen, jedem gerecht zu werden und auch noch sensibel zu bleiben. Er war unverschämt und zynisch. Wie Schulkinder hat er uns niedergemacht. Wenn wir so Theater spielen, sagte er, dann gehe er nach Hause. Sowas läßt er sich nicht von uns bieten. Das gibt's doch nicht, sagten wir uns, so kann er doch nicht mit erwachsenen Leuten reden. Das kann man doch auch anders sagen. Da saßen erwachsene Männer und haben geweint, weil sie persönlich angegriffen wurden. Er äußerte sich ja nicht über die zu spielende Figur, sagte nicht, das ist mir zu unkonkret oder nicht kräftig genug, sondern: Du bist Scheiße, ich finde es zum Kotzen, wie du das machst. Wir verzeihen ihm solche Entgleisungen, weil wir genau wissen, daß er keinen Schauspieler auflaufen läßt. Jeder kommt am Ende mit Qualität raus. Castorf ist so empfindlich, so störbar, daß wir ihm am besten an der Augenbraue ablesen sollten, was er sich so denkt. Und er denkt in großen Bildern, die große gesellschaftliche Verhältnisse widerspiegeln. Manchmal aber kommt man wirklich nicht dahinter und wird ganz unsicher. Braucht man aber nicht, weil er keinen Schauspieler, den er besetzt, denunziert oder zu wenig von ihm verlangt. Hilflosigkeit nimmt er uns nicht übel, aber Faulheit und matte Angebote.

Bei den »Nibelungen« spiele ich die Ute, also Kriemhilds Mutter. Und ich dachte mir bei den Vorbereitungen die ganze Zeit, was ist das bloß für eine Frau, die immer nur rumjammert: Ach mein Kind, wenn du noch einmal an meinen Busen kämst, dann wär's so wie in deiner Kindheit. Ich habe auch geliebt, und ich bin stolz auf meine Söhne, heirate doch den Etzel ...!

Es ist doch furchtbar mit dieser alten Tante, ich hatte keine Lust auf dieses ständige Klischee. Und genau das, worüber ich mich die ganze Zeit geärgert habe, ist die Rolle! Und er sagte: Ja, genau, es ist auch rührend. Weil Mütter immer versuchen, die Tradition, das Gute und Wertvolle zu erhalten. Ringsherum bricht alles weg, Fremde kommen, und sie versucht, die Familie zusammenzuhalten, die Kinder zu stützen, zu ermahnen. Niemand hört zu, jede Mutter kennt das. Und so ist das mit der Ute. Die hat drei Söhne und Tochter Kriemhild. Ihr Mann ist tot, sie führt das Haus allein, die Söhne bescheißen sie, bringen den Siegfried um, die Kleine ist bockig, ruft nach Rache, und die Mutter steht da und ermahnt die Kinder. Frank Castorf will das aber nicht lustig haben, sondern die Frau ernstgenommen sehen, und das hat dann, sagte er, auch das Rührende. Er hält sich ja, abgesehen von einigen Kürzungen, total an den Text von Hebbel. Gut, in einer Probe gab's mal eine Änderung, wo's in meinem Text heißt: Und denke nicht daran, den Falken zu verscheuchen. Meint er, ich soll verscheißern sagen. Da müssen doch die Leute denken, sie haben nicht richtig gehört.

Ja, er ist ganz süß, man kann ihn sehr gut leiden. Und manchmal denkt man, also nee!

Wir bedauern manchmal, daß wir kaum am Tisch sitzen und reden. Das Vergnügen an gemeinsamer Arbeit kommt nicht so recht auf. Aber er hat ja seine Intendanz zu machen, inszeniert hier und dort, ist sehr fleißig und produktiv. Dann hat er noch seine Familien, die ihm auch Fragen stellen. Er hat Respekt vor der Arbeit und vor uns, vor jedem einzelnen – wie wir vor ihm. So wie er die Premiere von »Danton« gespielt hat – dieses Vergnügen hat er öfter beim Inszenieren. Er kommt mir manchmal vor wie ein kleiner Junge, der auf dem Bauch vorm Fernseher liegt, Video-Filme laufen, und vor sich hat er kleine Figuren und Autos, mit denen er spielt. Er ist Kind geblieben, und er kann über sich lachen.

Im Moment spüre ich an der Volksbühne ein paar Anzeichen von Ermüdung. Außer Castorf gibt's ja auch keine Regisseure weiter, die wahnsinnig tolle Sachen machen. Marthaler ist ein Spezialist und ein feinsinniger musikalischer Mann. Ich habe da gern gearbeitet, und fürs Haus war »Murx« ein großes Glück. Aber man muß doch irgendwie einen Gegenpol haben. Nur die eine gute Suppe schmeckt auf Dauer auch nicht. Castorf sagt immer, sucht mir jemanden, der hier inszeniert. Ich bin bereit, ich probier' sie alle aus.

Anfänglich fielen ganz wenige Vorstellungen aus, wir standen alle wie 'ne Eins, gespannt wie ein Flitzbogen. Und jetzt fallen sehr viele Vorstellungen aus, die Kollegen haben Befindlichkeiten, sind wirklich krank. Aber letztendlich haben wir früher mit Fieber gespielt, und wenn einer einen gebrochenen Fuß hatte, dann kam er im Rollstuhl auf die Bühne. Vielleicht wäre es passender, wenn noch ein, zwei Regisseure dazu kämen, die extrem anders sind.

Wahrscheinlich trickse ich Frank permanent aus

Herbert Fritsch, Schauspieler

MELLEFONT – MISS SARA SAMPSON (MÜNCHEN)
ALEX – CLOCKWORK ORANGE
DR. ARNHOLM – FRAU VOM MEER
FRITZ BERNHARDY – SCHÖLLER/SCHLACHT
ROBESPIERRE – DIE SACHE DANTON
HAGEN – NIBELUNGEN/BORN BAD

Wir treffen uns außerhalb der Arbeit fast gar nicht, was ich, ehrlich gesagt, auch ganz gut finde, weil ich mein privatestes Verhältnis zu ihm während der Arbeit empfinde.

Da hat man sich was zu sagen. Außerhalb der Arbeit labert man rum. Wobei das Wort Arbeit schon irgendwie doof ist. Mit ihm zusammen ist's unheimlich verspielt. Ich hab' wirklich das Gefühl, im Sandkasten zu sein, wenn ich zur Probe gehe. Ich kann meine ganze Kindlichkeit ausleben, wobei ich nicht weiß, ob Kindlichkeit der richtige Ausdruck ist. Ich war am Münchner Residenztheater, wo wir zum erstenmal miteinander zu tun hatten, unheimlich gestreßt, hatte ein paar blöde Erfahrungen hinter mir und konnte mich selber schwer beruhigen. Durch Franks Lokkerheit fand ich zu einer Ruhe, zu einer Gleichgültigkeit, die mir auch für andere Sachen sehr nützte. Das heißt nicht, ich betrachte ihn als großen Therapeuten. Im Theater ist das immer eine Frage der Chemie, mit wem man zusammentrifft, ob da sowas passiert oder nicht. Und bei Frank fühle ich mich nie eingeschränkt, komme mir nie gegängelt vor. Ich fühl' mich aber herausgefordert, manchmal auf eine fast unangenehme Weise, weil er in der Lage ist, Konkurrenzen aufzukochen. Er ist ein raffinierter Hund, sitzt da und jagt die Leute aufeinander. Oft sind das sehr mörderische Augenblicke. Auf eine ganz verblüffende Weise stellt er Druck her, wird mein unangenehmster Zuschauer, an dem ich mich trainieren kann wie an einem Sparringspartner. Er läßt nicht locker, bleibt dran, und ich bin gezwungen, die Spannung zu halten und damit umzugehen. Natürlich wär's schön, wenn er dabei mal k.o. ginge. Aber das gelingt mir nicht. Nein, ein Sparringspartner kann ja nicht knock out gehen, der ist ja bestens geschützt. Der trägt einen Riesenhelm, Riesenhandschuhe und hat noch was um den Bauch, dem kann ja wirklich nichts passieren – muß also vor Schlägen keine Angst haben. Aber ich, denn ich bin nicht gesichert und darf auch nicht gesichert sein, denn ich muß auf die schwierigste existentielle Situation, die nachher für mich vor den Zuschauern läuft, vorbereitet sein, muß die Ruhe daraus entwickeln. Wenn vor mir ein sich wild gebärdendes Ungetüm im Zuschauerraum sitzt, dann muß man ganz ruhig bleiben, wie der Matador vorm Stier. Sparringspartner ist deshalb vielleicht nicht ganz der richtige Begriff, Trainer wäre richtiger. Und zwar ein sehr guter Trainer, weil er in Personenkonstellationen denken kann, er weiß, welche Personen er aufeinanderja-

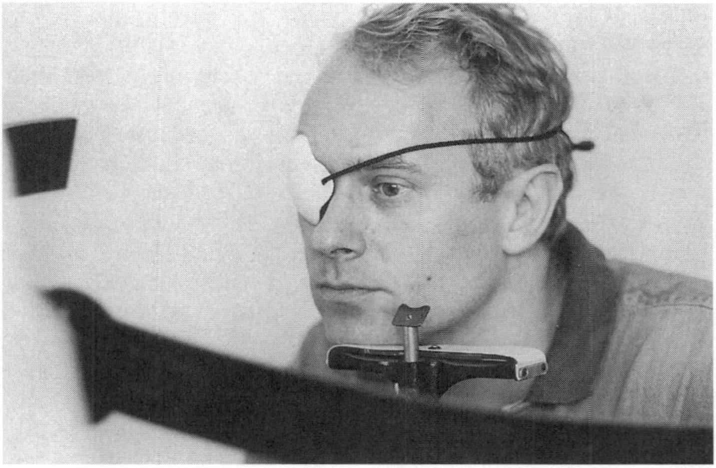

Herbert Fritsch beim Schauspieler-TÜV, Juni 1995

gen, wo sich was entzünden kann. Da geht er auch sehr raffiniert zu Werke, fast wie ein seltsamer Detektiv.

Er zieht kein Trainingsprogramm aus der Tasche, nach dem er arbeitet. Das Stück ist das Trainingsprogramm. Wir spielen nicht Fußball, wir spielen Theater. Die Strategie ändert sich beispielsweise von Stück zu Stück, von Probe zu Probe. Wollte man dieses Regelwerk aufschreiben, wäre es vermutlich noch dicker als das Strafgesetzbuch. Vielleicht lassen wir den Vergleich mit Fußball lieber fallen und nehmen Pokern. Bei diesem Spiel ist man in der Lage, die Regeln zu brechen, ohne sie zu brechen. Also Bluffen. Er fordert mich ständig zum Bluffen heraus und dabei ruhig zu bleiben. Das ist es ja, was Schauspielerei ausmacht.

Frank ist alles andere als ein aggressiver Mensch. Auch wenn er bei den letzten Proben von »Danton« (was im Fernsehen gezeigt wurde) rumgebrüllt hat. Das ist normal, die Nerven sind ihm halt durchgegangen. Nein, er ist in der Lage, auch eine gewisse Bösartigkeit auf sehr charmante Weise rüberzubringen. Ich hab' Regisseure gekannt, die absichtlich kurz vor der Premiere etwas ganz Schlimmes sagen, weil sie wohl auch unter ihrer eigenen Position leiden, mit irgendwas nicht klarkommen. Ich kann's ihm heimzahlen, ohne daß er's mitbekommt. Ich spiele ihm z.B. irgendwas vor. Und er fällt drauf rein. Das ist ein wunderbares Gefühl. Ein Beispiel will ich lieber nicht verraten. Es ist sowieso eine grundsätzliche Schauspielersache. Da unten sitzt jemand und sagt: Paß auf, ich glaub' dir das nicht. Und der da oben sagt: Aber ich habe wirklich geweint. Mir ging's ganz schlecht, als ich geweint hab'. Das kenne ich aus meiner Anfängerzeit. Meinetwegen habe ich mir draußen noch eine vor den Kopf geschlagen, daß ich wirklich Schmerzen empfand. Und keiner hat's mir geglaubt. Bis ich dann irgendwann rauskriegte, wenn ich den Leuten was vormachte, sagten die: Mensch, was ist los, hast du was, ist alles in Ordnung? Komisch, das funktionierte. Ich merkte also, daß die dümmsten Mittel am stärksten wirkten. Auf die billigste Weise lieferst du 'ne Schnulze ab, und die Leute reagieren. Ich trickse Frank wahrscheinlich permanent aus, weil ich Sachen spiele, die ich im Moment sowieso nicht fühle. Ihm geht's zwar darum, daß die Sachen authentisch sind, aber er hat mir hin und wieder abgenommen, was ich da gespielt habe.

Es wird immer wieder behauptet, Frank wäre ein Typ, der die Leute knechtet. Das ist völliger Blödsinn. Ich hab' beim Frank die Möglichkeit, mich anzuvertrauen. Nicht ihm persönlich, sondern innerhalb der Arbeit. Durch eine Sache zu gehen, die ich mir persönlich ganz anders vorstellen würde, reizt mich. Ich will wissen, was in einer bestimmten Situation mit mir passiert. Ob das dann von mir ist oder von ihm – das ist scheißegal. Es geht um diese geistige Aufbereitung, um den spirituellen Aspekt von unserer Arbeit. Da werden Sachen miteinander diskutiert und abgehandelt auf einer anderen Ebene. Ein Schauspieler muß sich hingeben können. Wenn ein Schauspieler sagt, er möchte es auf seine bestimmte Weise machen, dann hat das etwas Gequält-Gezwungenes. Wenn ich mich hingebe, wenn ich das für mich Unmögliche als Anlaß fürs Spiel nehme – das finde ich hochinteressant. Das ist in meiner Arbeit die große Chance. Das war bei »Clockwork Orange« so, wo ich gerade beim zweiten Teil gelitten habe. Ich sagte mir: Es geht darum, nur die Augen aufzumachen, durchlässig zu werden, wach zu sein. Ich kam damals gerade nach Berlin. Berlin war für mich neu, Ostberlin war erst recht neu. Ich konnte nicht müde sein. Ich war immer gefordert, wach zu sein. Ich mußte in der Woche fast dreimal nach Düsseldorf fliegen. Es war ein Riesenstreß, und es hat mich total begeistert. Aus jeder Scheiße, die auf mich zukommt, sagte ich mir, backe ich was. Dieses Herausgefordertsein bei Frank hatte auch viel mit Berlin zu tun. Ich habe die Stadt auch so erfahren, den Osten speziell. Und das war für mich ein großer Reiz. Zu Anfang wäre ich fast nicht gekommen, weil man mir sagte, wie hart das im Osten als Westschauspieler sein soll. Ich habe »Die Stadt der Gerechtigkeit« von Andreas Kriegenburg gesehen und hatte mich vom Inhalt des Stücks so gefangen nehmen lassen, daß ich richtig Angst bekam. Ich fand das Stück hervorragend, dachte bloß, die Schauspieler sind so wie in dem Stück, bin also selber drauf reingefallen. Ich hab' also vor Torsten Ranft und René Lüdicke richtig Angst gehabt. Kommt also jemand aus dem Westen, spielt gleich den Alex, und schon machen die dich fertig. War nicht so. Seitdem ich hier bin, gab's für mich nie das Ost/West-Thema. Für mich ist Frank ein Mensch mit einem sehr großen Herzen, ich will nicht zu viel schmeicheln, ich kann ihn nicht festlegen auf Ost oder West. Seine Arbeit hat, vielleicht realisiert man das nicht in Deutschland, einen internationalen Standard oder setzt ihn selbst.

Mit dem, was ich hier tue, habe ich eine viel größere Chance, als wenn ich im Westen arbeiten würde. Es wird eine andere, viel extremere Wachheit gefordert. Hier ist was möglich, hier kann was entstehen. Ohne mich an den Osten ranschleichen zu wollen – ich wohne hier und fühle mich hier sehr wohl –, hab' genau das erlebt, was man das Zerbröckeln eines Klischees nennt, gerade hier am Theater. Diese Sachen kommen durch diese politische Konstellation zustande, das ist klar. Das Ost/West-Ding kommt mehr von außen, von jenen, die von dieser Spannung profitieren wollen.

Nehmen wir mal »Clockwork Orange« und »Frau vom Meer«. Das sind zwei verschiedene, absolut andere Inszenierungsvorgänge. Andere Räumlichkeit, bei »Frau vom Meer« böse Absturzmöglichkeiten, körperlich anders. Und Robespierre ist wieder etwas total anderes. Natürlich ist das eine traurige Geschichte mit »Danton«, wie das gelaufen ist. Das war wirklich schade. Ich hab' immer noch das Gefühl, das Stück wäre gar nicht richtig rausgekommen – auf Grund dieser Konstellationen. Es geht auch darum, nicht permanent das Publikum zu bedienen. »Pension Schöller« ist möglicherweise sein größter Erfolg. Da kommen alle hin. Auf diese Weise könnte man gut weitermachen. Aber das hat eben bei »Danton« nicht stattgefunden. Nicht, weil wir's nicht gekonnt hätten, sondern weil wir's tatsächlich nicht gewollt haben. Insofern ist es für mich jedesmal eine andere Strategie, jedesmal geht es um was anderes.

Eigentlich finden bei Frank keine Proben, sondern Rituale statt. Und er ist der Zeremonienmeister. Ich muß einfach warten, daß der Geist reinkommt. Wie beim Voodoo-Tanz, wo einer ewig lange immer nur einen bestimmten Schritt macht, den ganz penetrant wiederholt, bis der Geist über ihn kommt. So empfinde ich die Arbeit bei Frank. Der Geist, mit dem wir uns auseinandersetzen, will aber jedesmal anders überlistet sein. Oft hat man das Gefühl eines ähnlichen Ablaufes – man kommt zusammen, redet miteinander, und auf einmal knallt's, und man macht es. Aber es ist auch schon oft ganz anders passiert. Das finde ich interessant.

Von den sechs Arbeiten, die ich jetzt bei ihm gemacht hab', hatte keine mit der anderen etwas zu tun. Die Arbeit in München war für mich die Zusammenfassung dessen, was nachher kommen sollte.

Kritiken, ob schlecht oder gut, kriege ich nur stimmungsmäßig mit. Ich traue mich nicht, sie zu lesen – auch wenn sie positiv sind. Das Lesen tut mir nicht besonders gut. Ich finde es viel wichtiger, daß wir bei uns bleiben, daß jeder bei sich bleibt. Ich les' so'n Satz – und der ist drin, der schwirrt immer irgendwie rum, taucht auf von einem Menschen, mit dem ich überhaupt nichts zu tun haben möchte. Und dessen Satz schwirrt bei mir im Kopf rum. Als hätte ich mit dem gevögelt und dessen Filzläuse dran. Das will ich nicht. Man muß pur bleiben bei der Arbeit. Ich wär' fast dafür, daß man sich so extrem abriegelt, fast mönchisch, daß keiner rankommen kann. Daß man bei der Premiere mit 'ner dicken Sonnenbrille auf die Bühne geht. Wenn man in der Lage ist zu begreifen, daß alles Spiel ist, dann wäre man wirklich ein freier Mensch. Wenn ich beim Vögeln bin, und merk', das klappt nicht, dann laß ich's halt bleiben. Wenn Vögeln Arbeit wird, sollte man schnell die Hose wieder anziehen.

Bei Frank möchte ich möglichst unvoreingenommen in die Produktion reingehen. Für mich ist immer der Augenblick entscheidend, im Kämmerlein was auszudenken, finde ich stinklangweilig. Ich komme zur Probe, sehe die Gesichter, sehe vielleicht auch neue Gesichter, sehe mich einer anderen Situation ausgesetzt – da kann ich mich nicht vorbereiten, das wäre nur schädlich. Aber ich kann mein Gehirn nicht am Denken hindern. Ich hab' das gelesen, das Stück rotiert bei mir im Kopf, und es fallen mir bestimmte Sachen dazu ein.

Nehmen wir »Pension Schöller«. Am Probenbeginn der späteren Schlangen-Szene brachte Frank Texte über Kannibalismus mit und meinte, ich als der Weltreisende Bernhardy soll Henry Hübchens Klapproth einschüchtern, indem ich ihm von diesen gefährlichen Sachen erzähle (denn es geht ja darum, ihn zu einer Reise in den Urwald zu überreden). Und am Ende komme ich mit zwei Löwenbabies rein, und Klapproth kriegt einen totalen Schock, fertig. Die Löwennummer gefiel mir aber nicht, und ich schlug eine Riesenschlange vor. Frank glaubte mir nicht, daß ich das kann. Ich hätte also diese Schlange umgehabt und die Texte dazu geredet. Und alle machten mich an. Okay, sagte ich, machen wir. Dann habe ich ganz fachmännisch die eine und – weil noch eine Ersatzschlange zur Verfügung stand – die zweite umgelegt, und Frank war ganz begeistert. Nun standen wir vor der Frage, ob überhaupt noch Texte nötig waren. Es findet viel Rambazamba statt, die Schlangen bringen eine unheimliche Poesie mit. Da braucht man also nicht als Schauspieler mit den Schlangen zu konkurrieren. Meine Idee war dann noch, die Schlangen auf den Tisch zu legen, rauszugehen und Hübchen mit den Biestern allein zu lassen. Das aber konnte man technisch nicht machen, höchstens mit einem Vorhang. Hinzu kam noch, daß Schlangen auf Kleidung unangenehm sind, die rutschen runter. Also zog ich mich aus und das brachte uns in die Lage, die Zuschauer und Klapproth so zu verwirren, daß die Gedanken in eine ganz andere Richtung gingen. Und dann noch die Schlangen. Dazu braucht man kein Wort. Ich bin sowieso dafür, in Zukunft nur noch stumm zu spielen – obwohl ich sehr gern rede. Diese Szene ist wirklich schwebend entstanden, weil es keinen Druck gegeben hat. Und Henry, der Schweinskerl, konnte wunderbar reagieren, und so wurde es ein Zusammenspiel. Kein Gag war einzeln, sondern der Gag fand immer gemeinsam statt. Das war ein tolles Erlebnis.

Es gibt auch Sachen, womit ich bei Frank nicht klarkomme. Es gab Zeiten an der Volksbühne, wo ich alles gräßlich und zum Kotzen fand, wo ich am liebsten abgehauen wär'. Solche Situationen habe ich für mich immer wieder. Der Schatten ist auch da, und zwar permanent. Aber er hält sich gut im Gleichgewicht mit dem Licht. Da fällt mir der Film »Funny Bones« ein, wo dieser alte Komiker 13 Jahre kein einziges Wort redet, weil ihm damals irgendein Akt geklaut wurde. Nach dieser langen Zeit des Schweigens macht der seinen Mund wieder auf und sagt einen total banalen Satz: Wir Komödianten sind wie der Mond. Auf der einen Seite Licht, auf der anderen Schatten. Und sein Bruder meint dazu: Also ich muß dir sagen, das war der beste Satz, den du in den letzten dreizehn Jahren gesagt hast.

Ich hab' jetzt nicht erzählt, was in mir abgeht, wenn ich zu Hause bin. Ich hab' nur die leichten Dinge erzählt. Die entstehen über einen Haß, über eine Liebe. Ich bin in der Grundstimmung sehr euphorisch, was die Arbeit hier betrifft. Das soll aber nicht darüber hinwegtäuschen, daß es auch die andere Seite gibt. Bei der Konkurrenz gibt es auch den Neid, man ist selber neidisch, auch auf Frank. Weil es bei ihm so toll läuft. Aber das ist Showbusiness. Am Theater ist man ein Show-Mensch, steht in der Öffentlichkeit. Frank steht ganz stark in der Öffentlichkeit, viel mehr als der Schauspieler. Das ist schon beneidenswert. Wenn ich mit Frank einen Haß habe, dann ist dies eine Sache zwischen ihm und mir. Entscheidend ist, was wir auf der Bühne machen. Und deshalb fühle ich mich dort sehr wohl. Ich glaube, manche Medien verwinden einfach nicht, was trotz aller Querelen bei uns an Qualität herauskommt. Darauf trampeln sie rum, wollen's nicht sehen. Und das verletzt am laufenden Band. Ich habe schon öfter mal irgendwo von heute auf morgen aufgehört. Im Fall der Volksbühne wär's mir wie Flucht vorgekommen. Egal was bei uns passiert – nichts, aber auch gar nichts ist mittelmäßig. Es geht ganz hart zur Sache. Und deshalb will ich dort bleiben, will mit Frank arbeiten und mich notfalls auch mit ihm prügeln.

Einfach auf die Bühne und Spaß haben

Isabella Parkinson, Schauspielerin

DEWOTSCHKA – CLOCKWORK ORANGE
HILDE WANGEL – FRAU VOM MEER
FRISÖR – DIE SACHE DANTON

Mit 19 bin ich von Rio für zwei Jahre nach New York gegangen, wo ich meinen Mann kennengelernt habe. In Europa haben wir geheiratet und sind nach Wien gezogen. Wien war ganz schrecklich. Wien ist wahnsinnig konservativ, alles um dich herum ist Vergangenheit, die Gegenwart existiert nicht. Ich habe gerade einen Artikel übers Wiener Burgtheater gelesen. Unter der letzten Intendanz war es immer am besten, stand drin. Sobald Peymann weg ist und ein neuer Intendant kommt, sagt man, ach, hätten wir doch noch den Peymann. So existiert diese Stadt, nichts Neues, alles ist so alt. 70 Prozent der Menschen, die du auf der Straße triffst, sind über 65, und die Jüngeren sind verklemmt. Verglichen damit ist Berlin eine junge Stadt. Man muß sich einfach nur in Bewegung setzen, obwohl ich das Gefühl habe, daß die Leute dies zu wenig tun. Sie sehen erst mal die Probleme, anstatt etwas auf die Beine zu stellen. In Brasilien bist du glücklich, wenn du die Möglichkeit zu arbeiten hast. Selbst wenn es erst mal Scheiße ist, stehen die Leute volle Kanne dahinter. Die erste Einstellung heißt: Ja, toll! Mein Gott, Arbeit, die auch noch Spaß macht, ist ein Luxus. Und wenn du davon noch halbwegs leben kannst, dann sollte man glücklich sein. An der Volksbühne ist diese Bewegung, diese ständige Suche und die Frechheit zu sagen, wir machen es, obwohl wir es nicht genau wissen. So entstehen immer wieder hervorragende Momente und Inszenierungen und immer wieder auch leicht dilettantische Sachen. Das gehört dazu.

50 Prozent dessen, was in Berlin gemacht wird, ist altmodisch. Wer braucht das? Kunst muß man brauchen, sonst hat sie keine Existenzberechtigung. Wenn es für Kunst keine Notwendigkeit gibt, dann kann ich auch zu Hause bleiben und RTL angucken. Natürlich werden auch immer wieder geile Sachen gemacht, but they don't happen – die finden zwar statt, aber es pulsiert nicht, die Stadt sagt nicht, ja, da muß man hingehen. Das ist gerade mit einem Stück von meinem Mann passiert – ein unglaublich geiles Ding. Er wurde damit eingeladen nach München, Potsdam, Hamburg, wahrscheinlich auch nach Wien. Eine Kritikerin von der New Yorker »Village Voice« reist an und ist total begeistert, und trotzdem gehen nur 20 Leute hin (von denen 18 superbegeistert sind). Das ist so frustrierend und offenbar ein Berliner Phänomen. Wir haben auch schon mal an einem Samstag »Danton« vor nur 350 Leuten gespielt.

Ich komme in Deutschland mit der Einstellung nicht klar, daß viele Leute erst mal Nein sagen, daß sie zu sind. Das macht mich wahnsinnig. Das ist sehr unbrasilianisch. In Rio gibt es nie ein Problem, sondern mögliche Lösungen. Man sitzt nicht unaktiv blöde rum, sondern sucht nach Wegen. Da gibt's auch diese Schnelligkeit, die fehlt hier ein bißchen. Die Österreicher haben das auch ganz extrem. Erst mal Nein. Diese Tendenz zum Selbstmitleid kann ich nicht ausstehen. Es gab mal einen Moment in meinem Leben, wo ich das ganz spannend fand, diese düstere Tiefe. Da rutsche ich rein und merke erst mal nicht, daß ich nicht ich selbst bin, sondern mir die Probleme von anderen Leuten reinziehe. Eine Suche nach Vergangenheit kenne ich von mir auch. Das sind aber Sehnsüchte nach den 20er Jahren oder den 60ern – Bewegungen, die etwas bedeuteten. Das fehlt mir. Vielleicht kommt das mit der Jahrtausendwende wieder – eine Bewegung, die kleine Babys macht. Es muß kommen. Ich bin optimistisch. Berlin ist eine Stadt, die darauf wartet, gebaut zu werden. Deshalb verstehe ich diese Nein-Einstellung nicht. An der Volksbühne gibt's keine Zeit zum Nein.

In Berlin kannst du es dir z.B. leisten, einen total schlech-

Isabella Parkinson, 1994

ten brasilianischen Liederabend zu machen – wen interessiert das? Das geht in Rio nicht, dort kriegst du keine zweite Chance. Im kleinen Rahmen hast du hier die Möglichkeit, verschiedene Sachen zu probieren. Und Castorfs Klasse besteht darin, dies im ganz großen Rahmen zu tun. Er probiert mit einer unglaublichen Frechheit. Und wenn es mal scheitert – okay, haben wir alle was gelernt. Hauptsache, du bleibst in Bewegung. Vor der Probe können wir eine Stunde Kaffee trinken und über die Szenen reden – aber wenn's losgeht, geht's los. Schalte mal kurz deinen Kopf ab, dein Körper wird's schon finden. Du kannst ihm total vertrauen, weil er einen superdramaturgischen Kopf hat. Er wird dich nicht verlassen, wird nicht zulassen, daß du Scheiße machst. Und wenn, dann ist es Scheiße mit totaler Überzeugung, mit totalem Mut.

Zunächst bin ich für die schwangere Annett Kruschke in »Clockwork« eingesprungen. Das war total merkwürdig. Ich sah irgendwann im Spielplan, daß ich in zwei Wochen eine Vorstellung habe. Dann haben sie mir ein ziemlich schlechtes Videoband gegeben, auf dem ich kaum was erkennen konnte, und dazu das Stück (aber nicht die Castorf-Fassung), am Freitag Probe und am Montag meine Premiere. Das war ein ganz schreckliches Wochenende. Aber es war dann ganz witzig, was mit Franks Ding zu tun hat, sich nicht wahnsinnig viele Gedanken zu machen, sondern einfach reinzuspringen. Augen zu und durch. Die Probe habe ich mit Lukas Langhoff gemacht. Eigentlich wußte die Souffleuse am ehesten, was ich zu tun hatte. Sie kannte den Text am besten, auch jene Sachen, die längst gestrichen waren. In der ersten Szene werde ich hin und her geprügelt, singe irgendwann »Freude schöner Götterfunken«, dann komme ich als Tussi mit zwei Hunden, und am Schluß ziehe ich mich zu einem Nietzsche-Text aus. Dazwischen tauche ich noch als Krankenschwester auf. »Clockwork!« ist toll – einfach auf die Bühne und Spaß haben.

Bei »Frau vom Meer« war ich als eine von den beiden Wangel-Töchtern von Anfang an dabei. Ich bin ganz sicher, daß Henry und Herbert und andere Leute, die schon ewig Theater spielen, ewig Franks Arbeit kennen, viel mehr Ideen einbringen können als ich. Bei Ibsen sind das an und für sich ganz klare Figuren, mit klarem Konflikt. Ich spiele einen Teenager. Das ist sowas von klar, dachte ich. Grundeinstellung: alles Scheiße. Dann sagt Frank: Mach mal. Und dann machst du halt – und er sagt dir (zumindest war das bei »Frau vom Meer« so): Ach laß das, ist totale Scheiße. Dann nimmst du eben das andere Extrem. Mit dieser Direktheit kann ich total was anfangen. Frank hat ein gutes Gefühl für Menschen und weiß ganz genau, wo ein Schauspieler sicher arbeitet. Er erkennt deine Maschen, weiß, wann du dich zu verstecken beginnst. Er hat mich mal in einer Inszenierung gesehen, wo ich einen Harlekin gespielt habe, eine Rolle also, von der ich annahm, sie total in der Tasche zu haben. Ach bin ich süß und spritzig, dachte ich. Er aber fand das total Scheiße und unspannend, weil kein Risiko dabei war. Das stimmt. Ich mußte dafür nicht arbeiten, ich kam auf die Probe und spielte halt einfach. Und Frank kann genau sehen, wo man unsicher wird, wo das eigene Risiko einsetzt, wo man versagen, wo es peinlich werden könnte. Im normalen Leben versuchen wir, uns hinter irgendwas zu verstecken. Aber das kann nicht die Theaterfunktion sein. Es geht nicht um das eigene Präsentieren, sondern: Was bin ich.

Die Volksbühne ist Castorf und Castorf die Volksbühne

Matthias Lilienthal, Chefdramaturg

Gegen Ende meines Studiums fing ich an, für Zeitungen wie die »taz« zu schreiben, und versuchte es dabei mit der Lücke DDR-Theater. Zum einen, weil ich mich – angeregt durch Inszenierungen wie »Leonce und Lena« von Gosch und Müllers »Macbeth« an der Volksbühne – für die Theaterlandschaft der DDR generell interessierte, zum anderen, weil ich Westberliner Theater langweilig fand (und von Zeitungen dafür sowieso keine Aufträge bekommen hätte).

Frank Castorf lernte ich 1987 in Potsdam bei den Tagen des jungen DDR-Theaters kennen, wo von ihm zwei Inszenierungen gezeigt wurden («Bau« aus Karl-Marx-Stadt und »Clavigo« aus Gera). Die Aufführungen sind extrem kontrovers aufgenommen worden. Ich kann mich erinnern, daß Hans-Peter Minetti im Foyer rumstand und vor sich hin schimpfte. Frank galt zu diesem Zeitpunkt, vermittelt vor allem über Anklam, einem kleineren Kreis als Kultgestalt. Im Westen hingegen wußte überhaupt niemand, wer Castorf war.

Vom »Clavigo« war ich erst mal entsetzt, fand das relativ schrecklich. Am Abend danach lief »Der Bau«, eine Inszenierung von knapp fünf Stunden, ein ganz merkwürdiges DDR-Produktionsstück, eine richtig aufregende Entdekkung, wo man eine andere Vitalität, Kraft, Verzweiflung, Bösartigkeit gespürt hat. Ich fand spannend, daß sich ein Regisseur die Frechheit herausnimmt, jemanden eine Fahne 15 Minuten lang schwenken zu lassen oder einen Akkordeonspieler in ein FDJ-Hemd zu stecken und ihm ein hochrotes Gesicht aufzuschminken. Das geschah ein Jahr, bevor ich ans Theater Basel gegangen bin. Aufgrund der beiden Inszenierungen habe ich mir noch andere von Frank angeguckt, z.B. den Karl-Marx-Städter »Volksfeind«, und Frank auch irgendwann als Gastregisseur für Basel vorgeschlagen. Als Anfängerdramaturg lag's überhaupt nicht im Bereich meiner Möglichkeiten, ihm eine Inszenierung aus der Hand heraus anzubieten. Ich mußte den dortigen Intendanten und Chefdramaturgen langsam überzeugen, daß an Castorf was dran ist. Begünstigend wirkte, daß sich Düsseldorf und Köln ebenfalls für ihn zu interessieren begannen.

Über Frank Castorf und Silvia Rieger habe ich eine andere Welt kennengelernt, eine Welt, die völlig andere Strukturmerkmale hatte als die mir bekannten. Wenn du bei Frank nachmittags vorbeigegangen bist, dann sind in dieser Wohnung Menschen aufgetaucht, die miteinander geredet haben, obwohl sie nur insofern miteinander zu tun hatten, als sie zufällig Herrn Castorf kannten. Aus dieser Art von Langeweile und Gespräch, aus dem Spinnen und Saufen heraus, hat sich eine eigenartige Radikalität und Verrücktheit, ein anderes Extrem ergeben. Mir kam das wie der vitale Gegenwert zu den dunklen, menschenleeren Ostberliner Straßen vor.

Ost-Theater war für mich nie auf die unmittelbare Aufführung beschränkt. Wenn du als Westler beispielsweise

Matthias Lilienthal, 1993

zur Aufführung der »Wolokolamsker Chaussee« mit der Bahn nach Frankfurt/Oder gefahren bist, wenn du, an einem sehr heißen Tag, auf dem Bahnhof ankamst, wo 20 russische Soldaten rumlungerten, zum Teil auf dem Boden schlafend, wenn du in die Stadt reinkamst, wo überhaupt niemand auf der Straße war, wenn du zum Theater kamst, das am Rande der Stadt liegt, und dir dort diese merkwürdigen Geschichten aus dem Zweiten Weltkrieg erzählt wurden, wo Leute mit ihren Fingern Papierwände zerrissen – dann nahm ich als Westler Momente einer surrealistischen Installation wahr. Für Ostler hingegen war dies nichts weiter als Normalität. Denn die Russen sind eben nicht für Castorfs Inszenierung installiert worden; sie waren alltägliche Realität. Für jemanden, der mit den Schwierigkeiten dieser Gesellschaft nicht konfrontiert war, wirkte das wie ein Abenteuer, wie eine surreale Welt, die sich mit den Inszenierungen verband.

Ich hatte extreme Befürchtungen, an die Volksbühne zu gehen. Es ging nicht darum, ob ich mit Castorf klarkommen kann oder nicht, sondern ob ich schon an dem Punkt meiner Biographie war, diesen Job an einem solchen Haus ausfüllen zu können. Dann ging's auch um Arbeitsbedingungen, um die finanzielle Gesamtausstattung des Hauses, um die Möglichkeiten des Ensembles und um dramaturgische Voraussetzungen. Und ich hatte eine extreme Angst vorm Springen. Ein dreiviertel Jahr bevor es in Berlin losging, habe ich mir ein Büro gesucht und Vorbereitungen getroffen. Es war relativ kompliziert, sich hier zu bewegen und zu verhalten, also innerhalb der alten Intendanz für das Kommende zu arbeiten, während der alte DDR-Apparat weiter vor sich hin lief. Das war für die Leute hier auch eine total blöde Situation, weil sie etwas produzierten, woran sie selbst eigentlich nicht mehr glaubten.

Dieses Haus ist ein Panzerkreuzer (auch wenn man's inzwischen nicht mehr hören mag) – es hat eine schlagende Häßlichkeit, eine Monumentalität, und die Bühne ist so groß, daß du mit filigranen psychologischen Spielen nicht durchkommst, sondern Kraft brauchst. Inszenierungen, die aus einer Sensibilität leben wie »Borkmann«, »Hermes in der Stadt« oder der Baseler »Aias«, sind hier einfach nicht möglich. Castorf vermittelt die Gegebenheiten seiner subjektiven Person mit dem, was so ein Haus darstellt. Er würde nie Schaubühne oder Deutsches Theater machen. Aber wenn er's täte, würde er z.B. beim Schillertheater darüber nachdenken, daß es aus den 50er Jahren, aus der Wirtschaftswunderzeit kommt. Oder daß die Schaubühne, seitdem sie am Ku-Damm existiert, ein Boulevardtheater ist – und kein Panzerkreuzer.

Diese Art, wie wir mit der Ost-Identität umgegangen sind, hat natürlich was zu tun mit dem Gegenüber der PDS-Zentrale und dem Kino Babylon und der dahinter liegenden Betonwüste vom Alexanderplatz. Jeder gute Theatermacher wird sich Gedanken über ein Haus und seine Umgebung machen und aus diesem Impuls heraus leben.

Über politisches Theater entstand ein ziemlicher Streit zwischen Castorf und mir, zum Beispiel bei der Frage, ob man das Theater mit einer politischen Diskussion eröffnet. Er fand das total doof – aus dem DDR-Impuls heraus, daß man eigentlich mit Politik verschont werden sollte. Und dann liefen an dem Abend 2 000 Leute im Theater rum.

Die Begriffe Surrealismus oder Dadaismus fallen an unserem Haus nicht zufällig, wenn man die Art bedenkt, wie hier gearbeitet wird. Das hat mich am Anfang fast in Verzweiflung gestürzt. Jegliche Logik – wir haben ein Konzept, aus diesem Konzept folgen Stücke und aus denen die Besetzungen; oder wir reden drei Stunden, und am Ende fällen wir eine Entscheidung – funktioniert hier nicht. Und das wird eher immer schlimmer.

Wenn man mit Castorf an der Volksbühne arbeitet, hat man eine relativ große Freiheit, an der Linie des Hauses zu bauen und andere Regisseure wie Marthaler, Kresnik oder demnächst Michael Simon vorzuschlagen und hier arbeiten zu lassen. Wenn ein Dramaturg mit einem Regisseur arbeitet, besteht für ihn eine wichtige Funktion im Aufbau einer Gegenposition. Wenn man mit Castorf arbeitet, geht es nicht um die Potenzierung von Diskontinuität und Verrücktheit, sondern um die Gewährleistung einer gewissen Mitte, zumal die Gefahr immer nahe liegt, daß er sich so in den Verästelungen der Geschichte verliert, daß das Zentrum, um das herum er assoziiert, aus dem heraus er zerschlägt, nach außen hin nicht mehr nachvollziehbar ist. Dort liegt ein wichtiger Punkt für die Arbeit eines Dramaturgen. Was die Intendanz betrifft, haben wir eine Reihe von Mitarbeitern, die Teile davon mit übernehmen. Trotzdem: Alle Entscheidungen trifft Castorf letztlich mit und steht für sie gerade. Die Volksbühne ist Castorf und Castorf die Volksbühne. Er steht für jeden Punkt des Programms ein.

Flops gehören zur Theaterrealität, sind das normalste der Welt. Wo richtige Flops nicht erlaubt sind, sind auch richtige Erfolge nicht möglich (wie offenbar zur Zeit in der perversen Berliner Theatersituation, wo sich alles in einer Mittelmäßigkeit zusammendräut).

Am Anfang hat jeder um sein Überleben gekämpft. Jeder wußte, daß normale Arbeit nicht mehr reicht. Entweder das Schiff läuft, oder es säuft ab. Du merkst innerhalb eines halben Jahres, daß sich die Berliner Situation verändert hat, daß man auf die alten Weisheiten nichts mehr geben kann. Sie sind übermorgen Makulatur. Wir müssen in der vierten, fünften Spielzeit mit neuen, mit anderen Regisseuren arbeiten, neue Impulse reingeben, müssen die Ost-Polemik und das politische Theater weitertreiben. Nach drei Jahren sind die Mittel der drei stilbildenden Regisseure Kresnik, Marthaler und Castorf bekannt, und wir müssen uns fragen, in welchem Spannungsfeld sie wieder neu und überraschend sein können. Die Frage ist auch, wie wir die Polemik gegen die Gesellschaft weiterentwikkeln. Wenn es vor drei Jahren ein Schock war, daß ein paar krakelende Idioten gegen Zahnärzte pöbelten und meinten, sie machten für DDR-Bürger Theater, dann war das damals eine unglaubliche Frechheit. Diese Frechheit existiert heute so nicht mehr. Inzwischen kümmert sich jeder Getränkelieferant um die Spezifika der Ost-Identität. Behauptet man, daß die alten Osttugenden mit ihrer anderen Resistenz gegenüber Ideologien jene Tugenden sind, die wichtiger für die Zukunft sind als ein westdeutsches Wohlstandsbürgertum? Versucht man, den Finger darauf zu legen, daß die Mauer 60 Kilometer weiter östlich als eine Barriere mit noch größerer Virulenz neu aufgebaut wird?

Wie'n russischer Handwerker

Henry Hübchen, Schauspieler

TORWALD HELMER – NORA
VERLAINE – DAS TRUNKENE SCHIFF
CLAUDIUS – HAMLET
FERNANDO – STELLA
FRANZ MOHR – RÄUBER VON SCHILLER
OCCC – RHEINISCHE REBELLEN
DR. WANGEL – DIE FRAU VOM MEER
KLAPPROTH – SCHÖLLER/SCHLACHT
DANTON – DIE SACHE DANTON

Anfang der 80er wohnte bei mir um die Ecke Gabriele Gysi. Wir beide waren zu dem Zeitpunkt an der Volksbühne engagiert. Als ich irgendwann mal zu ihr ging, saß Frank da und löffelte Suppe. Er war wohl gerade aus Brandenburg rausgeflogen oder durfte dort nicht arbeiten. Ich kannte ihn bloß als nichtstuenden, immer etwas fröstelnden, spitznasigen, an der aufgedrehten Gasheizung sitzenden Brillenträger. Was er machte, habe ich nicht mitgekriegt. Gaby hatte mir früher schon mal von Frank erzählt, als sie in

Henry Hübchen, 1993

seiner Dramaturgen-Zeit in Senftenberg gastierte. Schon damals sagte sie: Da ist einer, der wird mal gut. Die hat für ihn pausenlos und überall Reklame gemacht.

Will Frank von jemandem was, schickt er einen anderen vor. Insofern hätte er nie gefragt, ob ich Lust hätte, bei ihm zu spielen. Das Angebot wurde über Gaby vermittelt. Frank fragt mich ja heute nicht mal. Kurz bevor das Ding losgeht, kommt er und sagt: Was machst du'n heute, ich bin noch im Theater ... Also er sagt nicht: Du, ich würde mich gern um 15 Uhr mit dir treffen, weil ich mit dir über die Besetzung sprechen will, sondern: Ich bin in der Kantine, kannst ja mal vorbeikommen. Da weiß ich schon, daß er was vorhat. Wir sitzen dann so rum, blödeln ein bißchen. Und ich sage: Na ja, in den »Nibelungen« ist ja für mich eigentlich nichts dabei (weil ich ihm nicht sagen will, daß ich keine Lust drauf habe). Nee, nee, sagt er dann, habe ich auch schon gesehen. Also er sagt nie direkt, was er eigentlich will. Er ruft auch nicht an, sondern läßt anrufen. Ruft er wirklich mal an, steckt er echt in Schwierigkeiten.

Das Theater in Berlin war damals langweilig. Ich hatte Erfahrungen mit Fritz Marquardt, mit Karge/Langhoff, auch ein bißchen mit Besson. Aber zu dieser Zeit war's an der Volksbühne armselig. Es war so'n saft- und kraftloser Haufen. Wir haben den Intendanten bekniet, Castorf im 3. Stock der Volksbühne inszenieren oder wenigstens das Anklamer Theater mal gastieren zu lassen. Nein, der wollte nicht. Ich habe dann eine lukrative Fernsehsache von Horst Drinda sausen lassen. Da gab's richtig Geld, nach Anklam mußtest du noch was mitbringen. Aber darum ging's nicht – es hat mich einfach gereizt. In dieser Phase waren wir Partner. Wir fuhren immer gemeinsam nach Anklam und quatschten in den zwei Stunden viel über die »Nora«. Heute machen wir das nicht mehr. Absolut Null. Das ist ein Riesenunterschied. Aber der Abend in Anklam war erfolgreich, und zwar in doppelter Hinsicht. Er wurde angenommen von Intellektuellen, aber auch von den normalen Anklamern und den NVA-Besuchergruppen. Es war ein Abend, der ganz entscheidend dazu beitrug, daß Frank neue Angebote aus Gera und Karl-Marx-Stadt erhielt. Er bekam auch massive Unterstützung der Zeitschrift »Theater der Zeit«, z.B. eine positive Besprechung von Martin Linzer. Damit hatte er eine kleine Schallmauer durchbrochen.

Anfangs war ich unsicher, weil ich diese Art des authentischen Inszenierens nicht kannte. Mir war mehr das auf der Schule vermittelte Verstelltheater geläufig. Das Authentische ergibt sich dadurch, daß du viel von dir in die Figur reinnimmst, wobei der Begriff Figur (also etwas Fremdes von dir) keine Rolle spielt. Es geht darum, möglichst bei dir zu bleiben; Empfindungen, die dich selber gerade beschäftigen, müssen, obwohl sie so nicht drinstehen, in den Abend einfließen. Mit Wilhelm Reichs »Funktion des Orgasmus« hatte ich mich damals beschäftigt, und die Eifersuchtsgeschichte von Helmer und Nora konnte ich auf mein eigenes Leben übersetzen. Wir haben eben versucht, Spielsituationen zu erfinden, die viel mit unserer Befindlichkeit zu tun hatten.

Castorf holt seine Kraft neben dieser biographischen Anreicherung auch aus der Beschränkung. Er ist das ganze Gegenteil von Leuten, die Maximalforderungen stellen, also Drehbühne, Mickey Rourke, Ekkehard Schall und Marylin Monroe müssen her, sonst können wir nicht inszenieren. Bei ihm funktioniert das so: Er hat das Thema und guckt, was da ist. Er würde in jeder Kneipe inszenieren. Das ist ja von großem Reiz. Ich vergleiche das mit dieser Fernsehsendung, wo ein berühmter Koch mit einem Fernsehjournalisten (angeblich unangemeldet) zu irgendwelchen Promis nach Hause geht. Während der Journalist mit dem Prominenten quatscht, stöbert der Koch in der Küche herum, um ein Gericht aus dem herzustellen, was er vorfindet. Das kann Frank. Das ist 'ne Meisterschaft. Daraus kannst du eine ungeheure Kraft entwickeln, anstatt dich zu blockieren, weil du im Kühlschrank keine Artischocken findest, sondern bloß Rüben. Anderes Beispiel: Der Anklamer Schauspieler Marx wurde verhaftet, ich konnte nicht einspringen, und so besetzte er die Rolle mit Silvia Rieger, also mit einer Frau. Das ergab ein ganz anderes Spannungsfeld. Oder nehmen wir den »Hamlet« in Köln. Während der Proben wurden die Beschränkungen immer größer. Zunächst wurde die Bühne wegen Asbest geschlossen, wir zogen auf die Hinterbühne. Dort war's sowieso viel besser. Hardy Meyer hatte ein wunderbares Bühnenbild geschaffen. Dann durfte es auch dort nicht sein, wieder wegen Asbest. Wir hatten den Eindruck, irgendwer wollte eigentlich den Intendanten absägen. Die nächste Alternative bestand in einem Zelt auf dem Theatervorplatz. Das war natürlich eine total andere Situation. Aber Frank, wir hatten schon drei, vier Wochen probiert, ließ sich auch darauf ein. Der kommt mit allem klar. Ich würde sagen, wie so'n russischer Handwerker – der braucht bloß einen Hammer und einen abgebrochenen Schraubenzieher. Damit kann er ganze Pipelines zusammenschweißen. Die haben dann auch eine künstlerische Qualität – als Pipeline zwar weniger, aber als Kunstobjekt. Aus der Beschränkung Kraft zu ziehen – das ist ein Punkt, den ich von Frank gelernt habe.

Frank sucht von den Leuten das, was sie gut können. Das ist eine profane Weisheit, aber die kennt fast keiner (oder praktiziert sie zumindest nicht). Als Schauspieler fühlst du dich wohl, weil du plötzlich begreifst, daß Theaterspielen ganz leicht sein kann. Weil du nicht gegen deine Person, deinen Körper oder gegen deinen Kopf anspielst. Du mußt dich nicht in irgendwas reinquetschen. Es gibt wirklich Regisseure, die zu einem Zweizentnermann sagen, er soll ein bißchen schlanker spielen, verbunden mit dem Hinweis, er sei doch Schauspieler. Verstellen Sie sich doch mal! So unsäglich ist eben dieses Verstelltheater, das keiner glaubt.

Ich kann bei Frank alles machen, was ich kann. Ich kann sogar das machen, was ich nicht kann (wenn es einen Sinn ergibt und ich es bewußt tue). Mit drei Griffen Gitarre zu spielen, ist dann in Ordnung, wenn es für die Figur und die Situation stimmt. Wobei Frank die Leute auch so führen kann, daß sie mit ihrem Dilettantismus ausgenutzt werden. In »Frau vom Meer« treten drei Obdachlose auf. Denen kann er natürlich nicht sagen, worum es eigentlich geht. Dieses ganz Authentische – sie kommen gerade aus der Kantine, sind meistens besoffen, reden irgendwas, weil er ihnen auch gar keine Texte gegeben hat – besitzt einen ungeheuren Reiz. Er ist Musiker, er komponiert und weiß natürlich, wie das klingt. Wenn er diesen Klang gegen einen ganz artifiziellen Arienton setzt, dann kommt es zu einer wunderbaren Wirkung. Er muß dann bloß sehen, daß die wirklich sind wie aus der Kantine. Da wird auch nicht viel geübt. Er ist ohnehin gegen's Üben, er findet es wunderbar, wenn es noch nicht probiert ist, wenn es ehrlich wirkt. Trotzdem müssen natürlich ein paar Sachen geübt werden. Zum Beispiel wollte ich immer, daß wir mal ganz konkret bei »Schöller« ausmachen, wann die Tür aufgeht, damit ich die slapstickmäßig-perfekt an den Kopf kriege. Dazu sind wir nie gekommen. Und dann passiert folgendes: Ich reiße aus Wut selber die Tür auf. Natürlich sieht man, ob die Tür entgegenkommt oder ob ich sie mir ranreiße. Plötzlich sieht ein Feuilletonist, wie Hübchen an die Tür greift, gehen will, sich die Tür aber an den Kopf reißt und umfällt. Und was beschreibt der dann? Daß Hübchen schon so durcheinander ist, daß er nicht mal Türen öffnen kann. Frank hat diese Wirkung garantiert von unten so gesehen, mir aber nichts gesagt. Also bist du doch der Blöde da oben irgendwie.

Ich bin der einzige, der mal versucht, ihm die Meinung zu sagen (ist ja auch ganz klar, wenn wir uns so lange kennen). Wir sind mit dem »Danton« in echte Schwierigkeiten geraten. Er ist mit Selbstdarstellung beschäftigt, muß in die Medien. Ich höre ja auch gern zu und bin begeistert.

Er wird auch immer besser, aber verbraucht damit viel Zeit.

Jetzt, da er älter geworden ist, viel gemacht hat, Intendant ist, nicht mehr so kämpfen muß, strengt er sich immer weniger an. Er hat keine Zeit mehr, weil er z.B. Radio machen muß. Die Zeit an der Gasheizung, die ein Künstler wirklich braucht, gibt es nicht mehr. Er produziert, und ich reproduziere nur noch, und er reproduziert auch ganz viel. Auf deiner 1984 herausgebrachten Platte darfst du dich aber nicht ausruhen, du mußt immer wieder neu produzieren. Aber wie man weitermachen müßte, weiß ich auch nicht. Er hat 1992 an der Volksbühne begonnen. Wenn du an die Zeit unter Benno Besson mit den beiden großen Spektakeln und den Karge/Langhoff-Inszenierungen denkst, dann ging das sechs Jahre und trudelte am Ende auch aus. Das scheint so in der Natur der Sache zu liegen. Da muß man sehen, wie man wieder zu einer neuen Produktivität findet.

Message of love statt Eitelkeit

Stefan Bieniek (Steve Binetti), Musiker

GITARRIST – CLOCKWORK ORANGE
EIN FREMDER MANN – DIE FRAU VOM MEER

Ich glaube, Frank Castorf und das Theater haben mich ziemlich nach vorn getreten und gepeitscht. Seitdem bin ich sehr am Arbeiten, um mich zu bilden, meine Sachen zu ordnen, während ich vorher alles laufen ließ. Ich versuche, mehr zu erkennen, was ich machen könnte, und Sachen zu sehen, die fehl am Platze sind, objektiv zu sein. Daran hat das Theater einen großen Anteil, speziell die Arbeit an diesen beiden Stücken. Genau genommen hat mich das Theater vollkommen umgeschmissen. Ich war ja schon unsicher beim Komponieren und bekam dabei überhaupt erst mit, wie es ist, mit jemandem zusammenzuarbeiten.

In der Zeit nach meiner ersten Platte »Delphinium & Cynosure« habe ich noch ein bißchen mit Klaus Selmke und Conny Bauer gespielt und dann solistisch gearbeitet, sehr viele Konzerte in kleinen Klubs gegeben, auch für'n paar

Mark im Fußgängertunnel gespielt. Frank fragte mich, ob ich Lust hätte, meinen Scheiß in »Clockwork Orange« zu spielen? Beim ersten mal dachte ich noch, es sei nicht so ernst gemeint. Beim zweiten Mal hab' ich's dann geglaubt.

Im Ensemble wollte ich der Abseitige, der Exot sein. Andererseits fühle ich mich in der Volksbühne sehr zu Hause, weil eine sehr warmherzige Aufnahme stattfand, alle waren sehr offen, kumpelhaft, sehr lieb und warm. War auch irgendwie schick, da zu sein. Es war einfach 'ne gute Zeit – auch finanziell gesehen. Im Fußgängertunnel habe ich 20 Mark gekriegt, im Konzert 150 Mark, im Theater plötzlich ein Vielfaches. Das hat sich gelohnt, aber das ganze Geld ist weg, hat nicht lange gereicht. Ich habe 'ne Menge Schulden bezahlen können, bin Taxi gefahren. Ich hätte mir von dem Geld lieber eine Hütte kaufen sollen.

Vielleicht war die Musik gar nicht so wichtig, sondern mehr die Person, also meine Person, die die Musik spielt. Ich habe es gerade so geschafft, daß die Musik dazu paßt, ohne meine Schwächen bloßzulegen. Es kam nie eine Kritik von Frank, sondern Bemerkungen wie: Mach mal was Lautes. Was sollte er auch sagen? Einmal hatte er die Idee, mich die Hendrix-US-Hymne auf dem Rücken spielen zu lassen. Meine Ideen waren auch ziemlich eitel. Deshalb fühle ich mich nicht mehr so wohl damit, finde meinen Teil unbedeutend. Aber möglicherweise ist gerade das gut, weil großartige Kompositionen, irgendwelche Supersongs oder Kurt-Weill-hafte Lieder eher unpassend wären. Ich weiß es nicht, bin in einer gewissen Verwirrung. Für mich ist das so wie ein modernes hingeknalltes Bild, das ich eigentlich nicht so sehr schätze, das meinem Herzen keine Empfindungen gibt, sondern nur Verwirrung stiftet. Ich stehe also meiner Arbeit sehr skeptisch gegenüber und mache es nicht mehr so gern. Ich will die Arbeit von Frank nicht abwerten. Die CD ist okay und auf ihre Art einzigartig, aber ich spiele auch nach dem 70. Mal immer wieder genauso, komme nicht über diese laute Gitarre hinweg und würde es inzwischen gern anders spielen. Aber das würde das ganze Ding zerstören, weil es ja genauso inszeniert wurde, genau so laut. Das ist der Sinn. Aber meine Seele steckt einfach nicht mehr drin, ich bin jetzt ein anderer.

Steve Binetti in »Frau vom Meer«, 1993

Bei »Frau vom Meer« hatte ich den Stoff vorher bekommen und Lieder aus den Texten komponiert bzw. eigene Texte geschrieben und die dann übersetzt. Anders als bei »Clockwork« bin ich zu jedem Song rausgekommen und dann wieder verschwunden, mußte dann so zehnmal auf die Bühne, 'ne seltsame Sache – zehnmal Lampenfieber. Alle gucken wieder – komisch, ich war so wichtig dadurch. Und dann lese ich auch noch eine Kritik, die mich sehr verletzte: »Ein eitler Fant machte die Musik.« Nix war eitel daran, höchstens meine Situation, als Rock'n'Roll-Star immer noch in diesem Geschäft zu hängen. Ich denke nämlich, daß die Botschaft eher eine Message of love war. Aber ich glaube, daß es seinerseits ein Vorurteil war, und das fand ich fies. Denn ich möchte nur arbeiten können, nicht berühmt werden. Ich habe immer gehofft, bei den »Nibelungen« dabei zu sein – nicht als Schauspieler. Da hätte ich überhaupt keine Ahnung, aber ich würde schon wieder was mitmachen, einfach um zu zeigen, daß ich mich entwickelt habe – vielleicht auch, um etwas gutzumachen.

Frank und ich haben ein seltsames Verhältnis, wir brauchen nichts zu sagen, alles ist klar (stell' ich mir jedenfalls in meiner naiven jungenhaften Seele vor). Vielleicht denkt er auch: Der Herr Bieniek, na ja! In Schweden nach der Premiere waren wir in der Kneipe bei einer riesengroßen Feier. Da haben wir uns mal gedrückt, und alles war klar.

So'n Haus ist wie sein Chef

Sophie Rois, Schauspielerin

JOSEPHINE KRÜGER – SCHÖLLER/SCHLACHT
BRUNHILD – NIBELUNGEN/BORN BAD
NUMMER FÜNF – FREMDE IN DER NACHT

Meinen ersten Auftritt hatte ich im Kino Babylon bei »Fremde in der Nacht« von Jochen Berg – das Stück war mir völlig fremd, machte auf mich den Eindruck eines nachgemachten Heiner Müllers. Vielleicht war es aber auch ganz toll – ich weiß es nicht. Fiel mir total schwer, ich war total helpless. Hat trotzdem Spaß gemacht. Dann habe ich unbezahlten Urlaub genommen und am Schillertheater gespielt.

Neuenfels habe ich einiges zu verdanken und nicht zuletzt Gerhard Klingenberg vom Renaissance Theater – ein Österreicher, ganz konventionell, wie es so im Theater an der Josephstadt gemacht wird (worüber meine Künstlerfreunde die Nase rümpfen). Aber richtig solides Theater. Zweimal Feydeau habe ich dort gespielt. Die Ehepaare da drin wollen sich ständig betrügen, was ihnen jedoch nicht gelingt, weil die Angst vor der gesellschaftlichen Bloßstellung immer größer ist. Alles lügt wie irre, ein Affentanz. Die Leute werden immer erfinderischer, lügen immer mehr, machen die ersten Kapriolen, schlagen die unglaublichsten Purzelbäume, und letzten Endes ist alles wieder wie es war. Nichts ist passiert. Keiner hat keinen gefickt – jedenfalls nicht den Falschen. Und im Zuschauerraum schwitzen alle mit, man identifiziert sich total. Nun kann man sagen, das sei eine miefige Angelegenheit, weil sich darin

Sophie Rois (mit Walfriede Schmitt, r.) in der Schlingsief-Inszenierung »Fehler des Todes«, 1995

nichts verändert. Es gibt keine Toten, es erhebt nicht den Anspruch auf gesellschaftliche Veränderung. Die Konventionen und Verkehrsformen dieser Gesellschaft, die da vorgeführt wird und im Zuschauerraum sitzt, werden nicht verhandelt und kritisiert, sondern vorausgesetzt. Das ist der Witz bei dieser Art von bürgerlichem Lachtheater. Das Publikum wird nicht angepißt, niemand sagt, ihr seid die letzten Trottel und wir viel klüger als ihr. Wenn sich das an ein selbstbewußtes Publikum richtet, dann macht das Spaß. Der Georges Feydeau ist dermaßen intelligent und witzig, seine Stücke sind ganz böse und gemeine Analysen.

Dafür liebe ich das Renaissance-Theater. Alles wackelt, schlimme Farben, eklige Tapeten und wunderbare Schauspieler, die gar nicht in Versuchung kommen, sich als sensible Feingeister zu gerieren.

Frank inszeniert nämlich auch manchmal in einer seltsamen Naivität – wie im Kindertheater. Natürlich nicht ausschließlich – wie er die Szenen montiert, wie sich die Dinge auf der Bühne zueinander verhalten, ist wieder eine ganz andere Sache. Ich habe mir so etwas immer gewünscht. Was heißt gewünscht. Ich konnte es mir gar nicht so recht vorstellen. Ich habe mich gewundert, daß es so etwas am Theater gibt. Alles, was mich sonst immer gestört hat, worüber ich sonst immer gestolpert bin, gibt's bei Castorf gar nicht oder ganz anders. Vielleicht hat das auch damit zu tun, daß ich einfach mit einer anderen Generation von Regisseuren aufgewachsen bin. Die kamen eben alle aus den fünfziger Jahren, letzten Endes aus dem 19. Jahrhundert.

Dieses Theater, wie ich es kenne, ist zutiefst bürgerlich. Das ist doch auch der Grund, warum kein vernünftiger Mensch ins Theater geht. Es ist einfach gegessen und vorbei – außer für Handtaschenträgerinnen, die das Stück absitzen. Ich sehe das ja! Man sitzt da so wie in der katholischen Kirche – ein bißchen meditativ läßt man's über sich ergehen.

Was eventuell an Intelligenz drin steckt, merkt eh keiner. Der kleinste gemeinsame Nenner, wo dann alles lacht, ist schon sehr klein. Dann explodiert ein Scheinwerfer, die Schauspieler tun, als wäre nichts, spielen ihr Drama weiter.

Ich lach' mich tot da unten. Die Schauspieler, von denen ich rede, sind das Beste, was Deutschland zu bieten hat, ich könnte das gar nicht so gut wie die. Aber wenn man in so einer Veranstaltung drin ist, dann spielt man auch so, der Rahmen ist halt so. Um den sprengen zu können, bin ich nicht anarchistisch genug. Meinen Regisseur brauche ich schon.

Normalerweise versucht der Schauspieler herauszufinden, was der Regisseur will – ein endloses Unterfangen. Der Regisseur sagt: Nein, ich stell mir das jetzt so vor, sag den Satz jetzt mehr so ...

Frank will das gar nicht, der legt's gar nicht drauf an, deswegen kommt man gar nicht in diese blöde Situation. Das ist eine Freiheit, die man erst mal begreifen muß. Nun habe ich aber am Anfang überhaupt nicht kapiert, wie der inszeniert und wie der so relativ low über alles redet: Na ja, machen wir mal. Macht aber nichts. Ich mag's sowieso viel mehr, wenn man sich nicht so ganz versteht, wenn man ein bißchen aufeinanderknallt. Das ist wie in der Liebe. Wenn du dich von oben bis unten erklärst, dann kannst du gleich nach Hause gehen. Es sind ja auch die Fremdheiten, mit denen man leben möchte. Wenn man seinen Regisseur nicht mehr überraschen kann, dann ist das Scheiße, dann ist die Spannung weg. Das spüre ich sofort.

Merkwürdigerweise kommt mir das Flair der Volksbühne bekannt vor, erinnert mich irgendwie an Österreich (obwohl sich Frank schwerstens dagegen verwahren würde); politisch gesehen natürlich nicht, aber die Sozialisation der Kleinbürger betreffend – das Abgeschlossene, was der Osten hatte, wie man sich in Cliquen zusammenfand, daß man sich über Jahre kannte. Zu allen hattest du eine persönliche Beziehung, weil die Kreise so klein waren. Du wußtest, wen du magst und wen nicht. Es baut sich darüber eine andere Verständigung auf, eine Kommunikation, die ich z.B. halt auch nur mit meinen alten österreichischen Freunden habe. Jetzt bin ich hier mit Leuten nur so lange zusammen, wie ich mit ihnen arbeite. Mein Freund Donke sagte bei der Prater-Eröffnung (wo wir beide gespielt haben), er fühle sich um 15 Jahre jünger – das sei ja wie im Linz der 80er Jahre. Das stimmt total. Diese Art von Freakigkeit, die spezielle Form von Freiraum. Es hat irgendwas Provinzielles. Aber daraus kann man eine unglaubliche Freiheit gewinnen.

Angestammte Rechte zählen nicht so im Ensemble, alles ist etwas aus den Angeln, man vergißt, in einer Institution Theater zu sein. Ich glaube, so ein Haus ist wie sein Chef. Und da sich Frank einer Hierarchie entzieht, ist die Atmosphäre in der Volksbühne seltsam entspannt. Daß Schlingensief derartige Inszenierungen machen darf – das gäb's in keinem anderen Theater. Und diese Figuren, aus denen sich das merkwürdige Ensemble rekrutiert: diese tollen alten Schauspieler, die auf der Bühne irre Sachen machen, auch plötzlich total kindisch werden können, oder Leute, die überhaupt noch nie gespielt haben, oder Herbert Fritsch in seinem genialen Autismus und der begnadete Kleinbürger Henry Miller Hübchen, mit dem zu spielen es total geil ist. Das ist so lustig – das entfesselt – das ist Spiel. Weshalb ich auch nie das Gefühl habe, wirklich zu arbeiten. Mich wundert's, daß ich dafür überhaupt Geld kriege (wobei ich allerdings total unterbezahlt bin). Ich könnte sagen, es war anstrengend oder gut oder langweilig oder daneben. Ich würde aber nie sagen, ich habe gearbeitet. Was ich zu geben habe, ist nicht die Schinderei, sondern die Freude. Und das danken mir die Leute.

Ich möchte gerne, daß der Castorf einen Film dreht und ich da mitspiele.

Schach oder Gameboy – Das ist die Frage

Lukas Langhoff, Regieassistent, Prater-Chef

Frank ist der autonomste Mensch, den ich kenne, der autonomste Punk, ein Gesellschaftsverweigerer. Jemanden stehenlassen, jemanden beschimpfen oder drei Frauen gleichzeitig lieben, sie miteinander bekannt machen und es ihnen überlassen, wie sie damit umgehen ... Es gibt keinen Intendanten, der nach einer Kneipen-Schlägerei mit blauem Auge und aufgeschlagener Lippe zur Vollversammlung kommt und dort darüber spricht, wie er den Typen verprügelt hat. Was der in seinem sozialen Raum macht, ist die absolute Verweigerung. Als ich ihn kennenlernte, lebte er in einer unvorstellbaren Wohnung. Er hatte einen Cam-

Lukas Langhoff, 1995

pingtisch, darauf ein Six Pack Bier und ringsrum ein paar Stühle. Das war die Wohnung eines Intendanten. Gegenstände, Technik, was man sich eben so hinstellt – alles fremd für ihn.

Ich bin sein Fan, und das bin ich gern. Ich fühle mich in diesem Fan-Sein wohl. Das ist auch die Grundlage unserer Zusammenarbeit. Ich halte das vielleicht für ein manipuliertes, aber nicht für ein verwerfliches Verhältnis. Als Schüler muß man das schon sein. Und Kritik hat da eigentlich für mich nicht den Raum, zumal ich nicht davon überzeugt bin, daß man schlauer sein sollte als sein Meister. Dafür ist die Situation des Assistenten auch nicht geschaffen. Meiner Meinung nach besteht sie einzig und allein darin, ihn zu verehren und aus dieser Verehrung soviel wie möglich zu lernen. Ein altes Prinzip, das sich nicht verändern sollte. Möglicherweise geht mir auch einiges an kritischem Blick verloren. Aber ich habe keine Sorge, daß ich den wiederbekommen werde.

Frank braucht keinen Assistenten, mit dem er redet. Bei unserer Arbeit – sie begann noch am Deutschen Theater mit »Hermes in der Stadt« – habe ich für mich nebenbei im Kopf inszeniert. Wenn du das nicht machst, bist du ausgeschlossen, dann macht die Assistenz auch keinen Spaß, da fängst du an, Gehilfe zu werden. Frank weiht dich nicht in seine Welt ein, er spricht nicht darüber, was er machen will, vielleicht weiß er's auch manchmal nicht. Manchmal hat er sich vorbereitet, oftmals entsteht die Idee aus dem Moment heraus. Ohne falsche Verehrung zu betreiben: Er ist wirklich einer der genialsten und schnellsten Denker, die ich kennengelernt habe. Ich habe nie jemanden in unserer Zusammenarbeit getroffen, der Frank in der Entwicklung von Inszenierungsideen hätte folgen können. Auch mir ging's nie so, daß ich das Prinzip verstanden hätte.

Frank ist ein unheimlich guter Praktiker, er ist sehr lange am Theater, er weiß um Wirkungen, um Töne, Farben, um Spielvorgänge, Augen, Hände – Dinge, die er Stummfilmen entnommen hat. Er ist Vollprofi, sehr genau und holt das Beste aus den Schauspielern heraus. Frank läßt sie anlaufen, kippt immer wieder Benzin nach und brüllt, ohne daß sie sich auf seine Worte konzentrieren können. Stehenbleiben und nachfragen gibt es nicht, das wäre wie ein unterbrochener Orgasmus. Er bekommt einen totalen Anfall, wenn du nicht gleichzeitig hörst und spielst. Bei dieser Geschwindigkeit kommen wir auch kaum zum Mitschreiben und Protokollieren. Wir skizzieren quasi während der Probe ein richtiges Drehbuch, das die Schauspieler zum Probenende kriegen. Sie müssen diese Sachen dann reproduzieren, denn sie wissen ja nicht, was sie im Affekt gemacht haben. Damit umzugehen, ist verdammt schwer für die Schauspieler. Neueinsteiger können da schon völlig verzweifeln, weil sie sich an nichts erinnern können – nicht kurz danach und schon gar nicht zur Premiere.

Frank tut alles, damit aus der Volksbühne kein normaler Betrieb wird. Er ist der größte Brandstifter im Haus. Wenn irgendwo etwas funktioniert, Gemütlichkeit, Ruhe droht, ist er dabei, das zu demontieren. Er bringt alle auf Trab, auch mit autonomen Aktionen. Von der FDS-Sache beispielsweise wußte niemand im Haus. Es gab keine Absprachen, keine Dramaturgie-Sitzung. Das ist Franks Art: wo es funktioniert, reinzuhauen, Leute wach zu machen. Wenn sich Schauspieler querstellen, z.B. in »Frau vom Meer«, hat er Obdachlose besetzt, die sowieso bei uns im Haus waren. Und die Schauspieler kamen ins Grübeln, weil jetzt drei Obdachlose sechs Schauspielern gegenüberstanden. Beim nächsten Mal ist das Verhältnis vielleicht umgekehrt. So setzt er Zeichen, macht Politik. Bei »Clockwork« hatte sich ein Schauspieler kurzfristig krank gemeldet. Frank strich ihn eine Stunde vor der Aufführung einfach raus – und es war trotzdem ein Erfolg.

Es gibt eine ganz große Angst vor seiner Unkontrollierbarkeit und Unberechenbarkeit. Das ist wie mit einem ruhigen Boxer, von dem du nicht weißt, wann er zuhaut. Da du jederzeit damit rechnen mußt, bleibst du eben wach. Das macht er mit jedem. Er läßt sich nicht in die Karten gucken. Wahrscheinlich kennt er die selber noch nicht mal. Es kommen intuitive Schlagkraft, intuitive Reflexe dazu.

Das größte Problem nach den erfolgeichen drei Jahren: Man wird zum Modeartikel – 501 besucht die Volksbühne. Es kommen Leute an die Kasse, die wollen gar nicht wissen, was gespielt wird. Die wollten nur rein – gehört eben zum Berlinbesuch.

Die Volksbühne ist ein Glücksfall für die Berliner Theatersituation. Gegenpole sind wichtig. Man lebt nicht knapp daneben, sondern es existieren zwei Kräfte, die sich etablieren, also die sogenannten konventionellen und die modernen Theater. Mein Vater (Thomas Langhoff) z.B. benutzt immer Stühle und Tische. Niemand würde ihm das vorwerfen. Wenn Frank zum zweiten Mal einen Wassereimer benutzt, plagiiert er sich angeblich selbst. Meinem Vater hätte man das schon längst vorwerfen müssen, denn ich sehe jedesmal einen Tisch und Stühle auf der Bühne. Es geht also nicht um die Beliebigkeit der Mittel, sondern um die Beliebigkeit der Betrachtung, nicht um die Oberflächlichkeit der Regisseure, sondern um die der Betrachtungsweise. Schach oder Gameboy – das ist die Frage. Theaterbesuche können und müssen zuweilen anstrengend sein.

Was nicht zusammenpaßt

Rede zur Verleihung des Kortner-Preises 1994 an Frank Castorf von Ivan Nagel, gehalten am 11. Dezember 1994 im Deutschen Theater zu Berlin

1.

Die Gemeinsamkeiten zwischen Kortner und Castorf beschränken sich auf ganz wenige Punkte. Es wäre beider unwürdig, diese Punkte heute mit feierlich pompösen Farben zu überschmieren, statt ihren Ort hart und genau einzugrenzen.

Die erste Gemeinsamkeit: das Wissen, daß Regiearbeit darin besteht, Schauspieler zum Arbeiten zu bringen. Die zweite Gemeinsamkeit: eine unheimliche Schläue und Gewalt, Schauspieler aus den Konventionen hervorzulocken, hinauszustoßen. Die dritte Gemeinsamkeit: die bittere Einsicht beider, daß es für sie kein anderes Mittel gibt, zu leben, zu denken, zu wirken, als das Theater. Und die vierte, wichtigste Gemeinsamkeit, trotz solchem totalen Theatermetier, Theaterwissen, Theaterverfallensein: daß das Leben in jedem Augenblick wichtiger ist als das Theater – und daß jeder, der nicht um der Wirklichkeit, um einer Wahrheit willen Theater macht, schlechtes Theater macht.

Daraus folgen allerdings ein Fünftes und ein Sechstes: ein Technisches und ein Ästhetisches. Das Technische heißt: daß das Proben für eine künftige Aufführung nicht nur eine Kunst des Findens ist, sondern auch eine Kunst des Verlierens, damit am nächsten Morgen etwas Schärferes, Erhellenderes gesucht wird. Das Ästhetische heißt: daß die Aufführung selbst, jede Aufführung, kein Werk ist, sondern eine Tat. Oft eine gescheiterte, eine abgebrochene – aber: eine Tat. Ich sehe nicht, was Kortner und Castorf sonst miteinander zu tun haben; vielleicht ist das genug. – So will ich von Kortner, dem ich alles schulde, nichts mehr sagen: nur von Castorf und von der Wirklichkeit, in der er wirkt mit seinem Theater.

2.

Das Hippokratische Gesicht (lat. »facies hippocratica«) heißt: das seltsam verzogene Gesicht des Menschen in seiner Sterbestunde, in seinem Tod. In *dem* Stück über Dantons Tod, das Frank Castorf nicht inszeniert (und nicht gespielt) hat, steht der Satz: »Das ist so seine Gabe, er sieht den Leuten ein halbes Jahr vor dem Tode das hippokratische Gesicht an.« Castorfs Gabe ist nun nicht, den Menschen um uns anzusehen, daß sie sterben werden; seine Gabe ist, ihnen anzusehen, daß sie schon tot sind. Sein Blick war in der DDR stark beschäftigt: Die Untoten füllten Ämter und Parteibüros, erließen Verbote und Genehmigungen. Sie auf der Bühne darzustellen, war gewiß Realismus. Aber da es kaum einen Kulturfunktionär oder Theaterkritiker gibt, der die Darstellung von Untoten wie er als Realismus anerkennt, galt Castorfs Blick auf die Welt stets als das Gegenteil des genehmen, genehmigten Realismus: als surreal. Die neue Bundesrepublik Deutschland hat Frank Castorf viel zu verdanken: Ohne sein Theater wüßten wir nicht, wie dicht auch wir in unserer »brave new world« von Untoten umgeben sind – in der Kunst nicht anders als in der Politik.

Damit das nicht bloße Metapher bleibt, versuche ich, Sie an einige Eigentümlichkeiten der Castorfschen Figuren (das heißt, der Castorfschen Strategien für Schauspieler) zu erinnern. Wir haben den Eindruck: diese Figuren (Schauspieler) dürften uns jeden Augenblick mit irgend etwas Unvorbereitetem, Plötzlichem überrumpeln, kurz, sie könnten machen, was sie wollten. Man kann ruhig von Willkür sprechen, Castorfs Kritiker tun das auch. Aber »Willkür«, die nicht nur bei Luther, sondern auch noch für Herder, Schleiermacher »freie Wahl«, »freier Wille des Einzelnen« heißt, hat hier etwas gänzlich Unfreies. Was aus einem Menschen in irgendeinem Moment hervorbricht (denken Sie an Herbert Fritschs Lehrer Arnholm in der »Frau vom Meer«), scheint auch ihm selbst fremd zu sein – und »Willkür« heißt plötzlich nicht Freiheit, sondern Fremdbestimmtheit. Auch wenn das Jähe im Verhalten der Figur nicht von kosmischen Strahlen der »science fiction«-Sorte dirigiert wird, wenn es augenscheinlich aus dem Innern der Figur, des Schauspielers herauspurzelt – so ist doch dieses

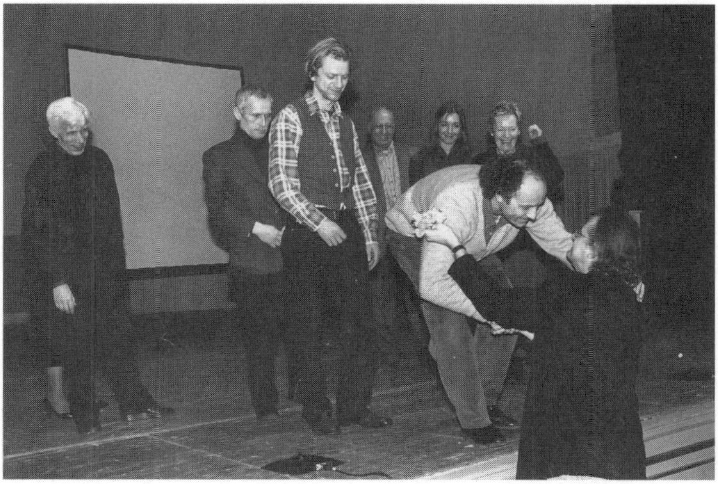

Kortner-Preisverleihung am 11.12.1994 im Deutschen Theater Berlin, neben Frank Castorf Ivan Nagel und Bernhard Minetti; Gratulation durch das Schauspielerensemble »Murx den Europäer«

Innere selbst wie unbeherrschbar, und die für sich schon sinnfremde Geste oder Silbe wiederholt sich fünf- oder zehn- oder zwanzigmal, ohne daß die Figur etwas über ihre Aktion, der Schauspieler über seine Hand oder seine Zunge vermag. – Das ist eine unter Castorfs Strategien, Untote darzustellen.

Untote nähren sich vom Blut der Lebendigen und verwandeln diese in Untote, bis es keine Lebendigen mehr gibt. Um so merkwürdiger, daß Castorf, der kaum ein Pop-Motiv ausläßt, in keine seiner Inszenierungen Vampir-Szenen eingebaut hat: nicht einmal in »John Gabriel Borkman«, der doch davon handelt, daß drei alte Sterbende zwischen sich das Leben des einzigen Jungen aufteilen wollen. Die Inszenierung hatte hier nebenan, in den Kammerspielen des Deutschen Theaters, am 21. Dezember 1990 Premiere. Sie endete mit dem Abhauen Erhart Borkmans (auf das keine Erschießung an der Hinrichtungsmauer mehr stand). Sie ließ die Alten, ohne den Ibsenschen Verklärungstod, in kalter, reinigender Höhenluft, unbelehrt allein bleiben. Aber das Bühnenpersonal wurde nicht in Vampire und Opfer aufgeteilt. Solche Grenzziehung hätte etwas platt Rechthaberisches; denn natürlich zählt man sich selbst dabei zu den Opfern. Eben weil für Castorf das Theater, seit Beginn seiner Arbeit, der Ort des Widerstands gegen das Tote, Leblose war – eben deshalb zog er niemals gerade Fronten zwischen Guten und Bösen durch die Bühne. Kein Vorwissen über das Ganze als Weltkonzept, Regiekonzept – sondern erst die riskanteste Theaterarbeit darf für ihn beweisen, daß das Theater der Ort, das Asyl des Lebens ist.

Am Ende der Baseler »Aias«-Inszenierung, im September 1989, standen die Toten auf – die lebenden Schauspieler – und zogen in die Kantine. Vielleicht hatte ihnen der Regisseur aus der DDR, die es noch gab, in den Proben gesagt, was er jetzt im Rückblick sagt: *Theaterarbeit* sei nicht die Herstellung von luxuriösen Marktprodukten, sondern *Überlebensarbeit*.

3.

Castorf hat sich selbst, in den Jahren seit der »Wende«, niemals auf der siegreichen Seite positioniert. Er könnte sich als Opfer der DDR rühmen. Nach dem Studium der Theaterwissenschaft fing der 25jährige 1976 in Senftenberg als Dramaturg an. Kaum begann er zu inszenieren, riet man ihm, ein anderes Theater zu suchen. Er fand Brandenburg, bekam aber dort nach Reibungen mit der Politik keine Aufträge mehr. Er gewann einen Prozeß vorm Arbeitsgericht, worauf ihn das Kulturministerium ins ferne pommersche Anklam abschob. Zwei gute Arbeitsjahre folgten, zum Ärger der Bezirksleitung der SED und des ihr ergebenen Intendanten. Im dritten Jahr probte man »Trommeln in der Nacht«. Zwei Tage vor der Premiere wurde die Generalprobe abgeblasen, die für sie angereisten Freunde mit Androhung von Polizei aus dem Haus gedrängt, das Stück abgesetzt, Castorf fristlos entlassen. Er war nun 35. Er bekam kein Arbeitsverbot, aber auch keine Arbeit. Mutige Intendanten ließen ihn dann einzelne Inszenierungen machen: in Gera, Karl-Marx-Stadt, Halle, Frankfurt/Oder. »Theater der Zeit« schrieb über ihn, aber keine Berliner Tageszeitung. 1988, mit 37 Jahren, durfte er zum ersten Mal in Berlin inszenieren: Paul Zechs Rimbaud-Stück »Das trunkene Schiff« mit sechs Schauspielern auf wenigen Quadratmetern – im 3. Stock der Volksbühne, die er jetzt leitet.

Castorf gibt sich heute die penibelste Mühe, nicht als Märtyrer zu erscheinen. Auf frontbildende Fragen antwortet er mit Differenzierungen (oder mit Paradoxen, die zur Differenzierung stacheln). Die Zensur? Antwort: »Wir hatten Erfolg, wir wurden verboten. Das hat den Menschen gestärkt.« Das Schweigen der Blätter, wenn man gerade nicht verboten wurde? Antwort: »Seitdem bin ich relativ immun gegen Lob und Tadel in Printform.« Der politische, der kulturelle Druck? Castorf holt zu großer Genauigkeit aus: »In der DDR wurde man psychologisch konditioniert. Man dachte immer, wenn die mich bloß lassen würden, wäre ich der Größte. Erfolglosigkeit wurde an den Staat delegiert. Das konnte vor Neurosen schützen. Jetzt schaut der Einzelne sich um, sieht die Erfolgreichen und meint, nur er habe etwas falsch gemacht. Erfolglosigkeit wird nicht mehr an die Gesellschaft, sondern ans eigene Subjekt gebunden. Das schafft die Neurosen. Ich werde nicht immer Erfolg haben, aber diese Neurosen werde ich nicht bekommen.« Auf die Frage »Trauern Sie der DDR nach?« kommt die Antwort ohne Überlegungspause: »Nein, um Gottes willen!« Aber er sagt auch: Er schaffe nicht aus Nostalgie nach der DDR – doch aus der Erfahrung der DDR. Solche Differenzierungen haben Castorf in der »Frankfurter Allgemeinen« nur die Formel eingebracht: Seine Volksbühne sei »im PDS-Kiez« eine »Wärmestube für Leute, die sich als Ausgestoßene, Entrechtete inszenieren«.

Er machte sich, wie wir wissen, mittlerweile den Spaß, diese Formel wörtlich zu nehmen: Gysi und Bisky setzte er als seine erfolgreichsten Selbstdarsteller ein, im Billigstbühnenbild einer Wärmestube. Was übrigens dafür spricht, daß im Augenblick die größte Gefahr für die deutsche Demokratie nicht die PDS, sondern die »FAZ« ist. Käme ich in vier Jahren auf die fürchterliche Idee, PDS zu wählen, dann gewiß nicht, weil ich dem Charme Gregor Gysis verfalle – sondern weil ich das tue, was die »FAZ« von mir verlangt: sie täglich lese.

4.

Zwei Sätze, die ich über Castorfs Ästhetik sagte, versuche ich hier in einen Zusammenhang zu bringen. Theater wird zum Ort, zum Asyl des Lebens nicht durch feste Fronten zwischen Gut und Böse, nicht durch fertige Regie- und Gesellschaftskonzepte, sondern einzig durch das Risiko der Theaterarbeit. Der andere Satz: Castorfs Aufführungen verstehen sich nicht als »Werk«, sondern als Tat. Der älteste Sinn des deutschen Wortes »uuerc« hieß ja »Tat« und »Schaffen« – gerichtet auf das, was jedes gute Theater schaffen will, nämlich: auf Wirkung. Castorfs Inszenierungen rütteln am »Ding«-Charakter des Kunstwerks, der im Theater ja etwas besonders Schiefes hat. Zwanzig Schauspieler schuften wohl nicht vier Stunden lang – damit das am Ende nicht wie eine Aktion, sondern wie eine Vase der Königlichen Porzellanmanufaktur wirkt, also »interesseloses Wohlgefallen« bewirkt, also gar nicht wirkt.

Die Voraussetzung dafür, das Gegenteil zu erzielen, beschreibt Castorf in präzisen und doch gerührt sehnsüchtigen Worten (die ich hier ein wenig raffe): »Mir ging es darum, die Theaterarbeit als Spezialfall glücklicher Produktion, als Modellfall freier Arbeit herzustellen, die nicht fremdbestimmt ist, sondern aus sich selbst kommt: ein alter marxistischer, vielleicht auch anarchistischer Gedanke. Das Abbild, das aus solcher Arbeit entspringt, ist etwas, was eine anarchoide, vielleicht sogar nihilistische Färbung hat. Da verqueren sich links und rechts, es fehlt eine gedankliche Klarheit, vielleicht fehlt auch die geforderte und notwendige analytische Kraft. Das mögen berechtigte Einwände sein, und man wird mit solchen Inszenierungen viele Probleme haben. Aber man wird sie nicht zerschlagen können, weil das Grundgeheimnis ein ganz simples ist: die glückliche Arbeit. Und das ist das prinzipiell Politische daran.«

5.

Fast alle Elemente von Castorfs Inszenierungen ließen sich aus diesen beiden Geboten ableiten: daß die Aufführung intern Arbeit bleibt, statt Leistung wird – und daß sie extern als Tat statt als Gebilde wirkt. Zunächst folgt daraus das Postulat der Unvorhersehbarkeit: des Proben- wie des Aufführungsablaufs. Weder offene Arbeit noch wirkende Tat sind denkbar, wenn hier der Schauspieler, dort der Zuschauer von vornherein das Resultat kennt. So könnte man auch die »Mißhandlung der Klassiker«, die man Castorf vorwirft, aus diesem Doppelprinzip rechtfertigen. Denn die Priorität, die Herrschaft einer »Vorlage«, setzt in unserem Staats- und Stadttheater, das überwiegend Texte toter Autoren reproduziert, dem Produktionscharakter der Proben, dem Tatcharakter der Aufführung die faßbarsten Grenzen.

Unnötig zu sagen, daß in Theatersystemen, die vorzugsweise mit lebenden Autoren arbeiten (dem englischen, dem amerikanischen), keine einzige Uraufführung, ob Drama, Komödie, Musical (von den Happenings des Off-Theaters gar nicht zu reden), als Reproduktion einer Vorlage entsteht. Unsere Dramaturgen und Übersetzer stöhnen darob: Sie bekommen die Stücke aus London, New York erst zu lesen, wenn die Uraufführung mit allen Veränderungen des Produzierens stattgefunden hat. Dagegen gilt bei uns als Paradigma sogar für Uraufführungen: der Umgang mit Texten der Klassiker. Dramaturgen, ja Kritiker erhalten lange im voraus die (oft schon für den Druck gesetzten) Rollenbücher – mit Wissen und Willen des Autors. Denn der darf sich fast als ein Shakespeare, als ein Molière fühlen, wenn er seinen kostbaren Text gegen jede »Verfälschung« schützt.

Ich will Sie hier nicht mit den dümmsten Widersprüchen der sogenannten Werktreue unterhalten: daß es Werktreue ist, wenn man Julius Cäsar in einem Römerkostüm auftreten läßt, selbst wenn man weiß, daß er bei Shakespeare ein englisches Hofkostüm trug; daß es noch raffiniertere Werktreue ist, wenn man ihn in ein englisches Hofkostüm steckt. Nur wenn man ihn den Janker tragen ließe, der bei bayerischen Staatsempfängen mit dem Smoking gleichgestellt ist: dann wäre das eine unerlaubte »Aktualisierung«. Ich will diese Argumente nicht auswälzen: weil es Castorf nicht um sie geht. Selbst jenes Gebot der Offenheit, Unvorhersehbarkeit der Abläufe, von dem ich sprach, ist zu äußerlich, formal, um den letzten Grund für die notwendige Veränderung seiner Lessingschen, Goetheschen, Ibsenschen »Vorlagen« herzugeben.

6.

Sondern: Das was man Castorfs »Regiestil« nennt und was sein Blick auf die Welt ist, sieht die Heteronomie des Wirklichen. Er hält sowohl die Autonomie des Subjekts als auch die Theonomie des Weltalls (diese beiden Zuflüchte der Einheit) für fiktiv und lügenhaft. Da es ihm um Wirklichkeit und Wahrheit geht, gilt für ihn das Verbot, uns eine einheitliche Welt und einen sie wahrnehmenden, begreifenden einheitlichen Menschen vorzutäuschen. So muß er die prachtvollen Weltsysteme, als die sich manche großen Theaterstücke geben, zerbrechen; und die Figuren zerbrechen, die, wenn schon nicht von Shakespeare oder Ibsen, so doch von jedem Gymnasiallehrer als geschlossene Charaktere gedeutet werden. Er muß sie dann neu zusammensetzen: nicht nur aus Fragmenten, sondern auch zu Fragmenten. Erlassen Sie mir die Beispiele, und schauen Sie sich »Die Frau vom Meer« oder »Pension Schöller/Die Schlacht« nochmals an. (Das zweite Sehen ist natürlich ein verfälschendes Sehen, denn nun kennen wir den Ausgang jeder Aktion und des ganzen Stückes; trotzdem lohnt es sich für Theaterleute und Theaternarren, beim zweiten Sehen sich auf das Wie, statt auf das Was zu konzentrieren.)

Man kann die Frage seines »Stils« (dessen Dank an Dada, an Artaud er selber viel zu klug formuliert hat, um hier eine Paraphrase zu brauchen) auch anders fassen: von meiner Anfangsbehauptung her, daß diesem Theaterbesessenen das Leben wichtiger ist als das Theater. Man sagt zu leichtfertig und routiniert: »Wir spielen Theater.« Nein, das Theater spielt Leben. Daraus folgt erst einmal: Nur das leichtfertige, das routinierte Theater spielt fröhlich nichts als Theater. Aber die Geschichte ändert die Welt und unsere Wahrnehmung von Jahrzehnt zu Jahrzehnt. So kann es plötzlich geschehen, daß das Theater nur noch auf eine ästhetisch perfekte, aber substanziell fiktive Weise Leben spielt: Leben als zweieinhalb mißlungene Lehrstunden in der Stanislawski-Methode. Ich sprach in den letzten zwei Jahren öfter mit den zwei, drei Regisseuren der mittleren Generation, auf die es ankommt. Für sie lohnte es sich offenbar nur, sich mit einer einzigen Aufführung deutscher Sprache auseinanderzusetzen: mit Zadeks Inszenierung von Tschechows »Iwanow«. Sie räumten ein, daß es dem Theater dort gelang, Leben zu spielen. Hält der Regisseur das, was dort erreicht wurde, für sich nicht für möglich oder nicht für richtig, so muß er ein radikal anderes Verhältnis zwischen Leben und Theater vorschlagen.

Castorfs Vorschlag könnte lauten: Der Entschluß, im Theater Theater zu spielen, darf kein dummes, aber auch kein hehr schönheitsfrommes, gestelzt würdevolles, sondern muß ein skandalös schreckenerregendes Ereignis sein – durchmischt mit dem entgegengesetzten Skandal: daß der Schauspieler auf der Bühne gar nicht spielt, sondern in seiner faktischen Körperpräsenz lebt, ist. Castorf drückt das wurschtig in den Proben zum »Trunkenen Schiff« aus:

»Wir werden zwischen Konstruktion und Authentischem hin und her pendeln, und das macht den Reiz aus.« In zäherer Sprache: Da Castorf es hier und jetzt nicht für erlaubt hält, auf dem Theater Leben zu spielen, zwingt er das willkürlich ausgefallenste Theaterspielen und das unverhohlen roheste Nichtmehrspielen zueinander – um doch noch beim Leben anzukommen. Diese Unternehmung gelingt ihm in Berlin zweifellos besser, spannender, als es ihm in Köln, Hamburg oder München der alten Bundesrepublik 1988–90 gelang. Denn dort bot sich als Material seiner Bruchwut nur das lokale Staatstheater an: eine dürftige Wirklichkeitsmenge, wenn ich das sagen darf. So verkam manches zum zufälligen Spaß und Späßchen. Hier in Berlin strömen in die zerbrochenen Formen von Stücken und Figuren alle Wirklichkeiten einer seit der Vereinigung erst recht zerbrochenen Stadt ein – durchsetzt mit den Erfahrungen seiner Vergangenheit und den Unsicherheiten unserer Zukunft.

Um ihn ein letztes Mal zu zitieren: »Berlin trägt selbstbewußt und ehrlich den deutschen Konflikt aus. Es wird hier dröhnend, knarrend, quietschend zusammengeschraubt, was so gar nicht zusammenpaßt.« Berlin, eine Castorf-Inszenierung? Wir sind mitten drin.

»Fremde in der Nacht«, 1992

Regieverzeichnis

Chronologie aller Castorf-Inszenierungen

Oh
Brecht-Einakter
Theater der Bergarbeiter Senftenberg
Premiere 6.4.1978
Ko-Regie Annette Klare
Ausstattung Joachim Vogler

Tüchtige Leute
Wassili Schukschin
Theater Greifswald
Premiere 29.9.1978
Ko-Regie Manfred Rafeldt
Ausstattung Michael Gundermann
Dramaturgie Inge Lorbeer

Golden fließt der Stahl
Karl Grünberg
Brandenburger Theater
Premiere 5.5.1979
Ko-Regie Manfred Rafeldt
Ausstattung Carl Hoffmann

Die Forschungsreise des Professors Taratoga
Stanislaw Lem
Brandenburger Theater
Premiere 25.1.1980
Ko-Regie Manfred Rafeldt
Ausstattung Carl Hoffmann

Die Nacht nach der Abschlußfeier
Wladimir Tendrjakow
Theater Anklam
Premiere 9.10.1981
Dramaturgie Gudrun Wilzopolski
Ausstattung Hartmut Meyer

Die Schlacht
Heiner Müller
Theater Anklam
Premiere 3.4.1982
Dramaturgie Gudrun Wilzopolski
Ausstattung Hartmut Meyer

Othello
William Shakespeare
Theater Anklam
Premiere 6.11.1982
Dramaturgie Siegfried Wilzopolski
Ausstattung Hartmut Meyer

Der Auftrag
Heiner Müller
Theater Anklam
Premiere 2.7.1983
Dramaturgie Siegfried Wilzopolski
Ausstattung Hartmut Meyer

Trommeln in der Nacht
Bertolt Brecht
Theater Anklam
Leitungsvorstellung 7.4.1984
Dramaturgie Siegfried Wilzopolski
Ausstattung Hartmut Meyer

Nora
Henrik Ibsen
Theater Anklam
Premiere 16.2.1985
Dramaturgie Gudrun Wilzopolski
Bühnenbild Hartmut Meyer

Clavigo
Johann Wolfgang Goethe
Greiz/Gera
Premiere 15.2./11.4.1986
Ausstattung Peter Schubert

Der Bau
Heiner Müller
Städtisches Theater Karl-Marx-Stadt, Schauspielhaus
Premiere 27.6.1986
Dramaturgie Andrea Koschwitz
Ausstattung Volker Walther

Bernarda Albas Haus
Federico García Lorca
neues theater halle
Premiere 13.11.1986
Dramaturgie Erhard Preuk
Ausstattung Hartmut Meyer

Ein Volksfeind
Henrik Ibsen
Städtisches Theater Karl-Marx-Stadt, Schauspielhaus
Premiere 12.2.1988
Ausstattung Hartmut Meyer

Wolokolamsker Chaussee
Heiner Müller
I Russische Eröffnung (nach Motiven von Alexander Bek)
II Wald bei Moskau (nach Motiven von Alexander Bek)
III Das Duell (nach Motiven von Anna Seghers)
Kleist-Theater Frankfurt/Oder
Premiere 29.4./4.5.1988
Ausstattung Gerald Narr

Das trunkene Schiff
Paul Zech
Volksbühne OST, Berlin (3. Stock)
Premiere 9.9.1988
Ausstattung Bert Neumann

Paris, Paris
Michail Bulgakow
Deutsches Theater Berlin
Premiere 17.9.1988
Dramaturgie Susanne Thielemann
Ausstattung Peter Schubert

Hamlet
William Shakespeare (Übersetzung Heiner Müller)
Schauspielhaus Köln
Premiere 8.4.1989
Dramaturgie Joachim Lux
Ausstattung Hartmut Meyer

Aias
Sophokles
Theater Basel
Premiere 14.9.1989
Dramaturgie Matthias Lilienthal
Ausstattung Hartmut Meyer

Miss Sara Sampson
Gotthold Ephraim Lessing
Prinzregententheater München
Premiere 22.10.1989
Dramaturgie Günther Erken
Ausstattung Hartmut Meyer

Stella
Johann Wolfgang Goethe
Deutsches Schauspielhaus Hamburg
Premiere 29.4.1990
Dramaturgie Bruno Hitz
Ausstattung Hartmut Meyer

Räuber von Schiller
Friedrich von Schiller
Volksbühne OST, Berlin
Premiere 22.9.1990
Dramaturgie Sabine Zielke
Ausstattung Bert Neumann

John Gabriel Borkman
Henrik Ibsen
Deutsches Theater Berlin, Kammerspiele
Premiere 21.12.1990
Dramaturgie Susanne Thielemann
Ausstattung Peter Schubert

Wilhelm Tell
Friedrich von Schiller
Theater Basel
Premiere 8.5.1991
Dramaturgie Matthias Lilienthal
Bühnenbild Hartmut Meyer
Kostüme Peter Schubert

Torquato Tasso
Johann Wolfgang Goethe
Residenztheater München
Premiere 26.10.1991
Dramaturgie Sebastian Huber
Ausstattung Hartmut Meyer

Hermes in der Stadt
Lothar Trolle
Deutsches Theater, Berlin
Premiere 16.2.1992
Dramaturgie Susanne Thielemann
Ausstattung Peter Schubert

König Lear
William Shakespeare
Volksbühne OST, Berlin
Premiere 7.10.1992
Ausstattung Hartmut Meyer

Rheinische Rebellen
Arnolt Bronnen
Volksbühne OST, Berlin
Premiere 22.10.1992
Ausstattung Hartmut Meyer

Fremde in der Nacht
Jochen Berg
Kino Babylon, Berlin
Premiere 9.11.1992
Ausstattung Bert Neumann

Clockwork Orange
Anthony Burgess
Volksbühne OST, Berlin
Premiere 25.2.1993
Ausstattung Hartmut Meyer

Alkestis
Euripides
Wiener Festwochen/Volksbühne OST, Berlin
Premiere 26.5.1993/4.6.1993
Ausstattung Bert Neumann

Frau vom Meer
Henrik Ibsen
Volksbühne OST, Berlin
Premiere 10.12.1993
Ausstattung Hartmut Meyer

Pension Schöller/ Die Schlacht
Carl Laufs & Wilhelm Jacoby/Heiner Müller
Volksbühne OST, Berlin
Premiere 21.4.1994
Ausstattung Bert Neumann

Die Sache Danton
Stanislawa Przybyszewska
Volksbühne OST, Berlin
Premiere 27.11.1994
Dramaturgische Mitarbeit Carl Georg Hegemann
Ausstattung Hartmut Meyer

Raststätte oder Sie machen's alle
Elfriede Jelinek
Deutsches Schauspielhaus Hamburg
Premiere 27.1.1995
Ausstattung Bert Neumann

Nibelungen – Born Bad
Friedrich Hebbel
Volksbühne OST, Berlin
Premiere 27./28.5.1995
Dramaturgie Matthias Lilienthal
Ausstattung Peter Schubert

Pelmeni
Wladimir Sorokin
Prater, Berlin
Premiere 23.6.1995
Ausstattung Bert Neumann

Gescheiterte Vorstellung
Daniil Charms
Prater, Berlin
Premiere 23.6.1995

Zitatnachweis

Soweit die Quellen der Zitate nicht zu Beginn des jeweiligen Textes ausgewiesen sind oder sich die Texte auf Gespräche mit dem Autor beziehen, finden sie sich in folgenden Werken:

S. 19: Knöfel/Lindner: Ich werde Soldat. Staatsverlag der DDR, Berlin 1983, S. 62

S. 32: Ernst Schumacher: Darsteller und Darstellungskunst in Theater, Film, Fernsehen und Hörfunk. Berlin 1981

S. 74: Friedrich Engels: Der Schweizer Bürgerkrieg. In: Marx/Engels: Werke, Bd. 4, S. 392

S. 77: Ivan Nagel: Die Situation der Berliner Theater. Zitiert nach: Frankfurter Rundschau vom 2.5.1991, S. 23

S. 105: Friedrich Hebbel zitiert nach Joachim Müller: Das Weltbild Friedrich Hebbels. Halle 1955, S. 215

S. 106ff.: Friedrich Hebbel: Die Nibelungen. Stuttgart 1967

S. 110, 136: Jo Groebel: Keiner gewöhnt sich an Hitchcocks Mord in der Dusche. In: Berliner Zeitung vom 13./14. Mai 1995, S. 36

S. 110: Jean Baudrillard/Francois Ewald: Der Haß. In: Lettre International, Heft 26

S. 138: Frank Keding: Willkommen Deutschland. In: Blutende Herzen. CD der Linkssentimentalen Transportarbeiterfreunde. Berlin 1994

S. 139: Friedrich Schiller: Über Kunst und Wirklichkeit. Schriften und Briefe zur Ästhetik. Leipzig 1985, S. 253

S. 139: Peter Koslowski: Der Mythos der Moderne. München 1991, S. 13

Bildnachweis

Gerhard Amos: S. 91 o.

Jürgen Balitzki: S. 167

David Baltzer/Sequenz: S. 79 o., 83 u.; 91 u., 93, 95, 99, 103, 119, 123, 127, 145, 147, 149, 159, 175, 185, 191, 199, 203, 207, 215, 219, 225, 233 o., Titel

Privatarchiv Frank Castorf: S. 13, 17, 21, 27, 31, 33, 37, 45, 49, 51, 57, 61, 125 u.

Làszlò Farkas: S. 67

Thomas Grabka: Umschlagklappe hinten

Wolfgang Gregor: S. 73, 117, 129, 179, 213, 233 u.

Burkhard Lange: S. 83 o.

Lars Reimann/Zeitbild: S. 79 u., 101

Ingolf Seidel: S. 115, 125 o.

Warner Home Video: S. 107

Angermü.: 106,1 MHz Frankf./O.: 89,1 MHz Cottbus: 95,1 MHz
Pinnow: 99,9 MHz Berlin: 95,8MHz Frankf./O.: 89,1MHz Angermü.: 106,1MHz
Pinnow: 99,9 MHz Berlin: 95,8 MHz Cottbus: 95,1 MHz
Pinnow: 99,9 MHz Berlin: 95,8MHz Frankf./O.: 89,1MHz Cottbus: 95,1 MHz
Was glauben Sie denn, ist Kultur?
RADIO
BRANDENBURG